Erik Boehlke, Andreas Heinz und Manfred P. Heuser (Hrsg.)

Über Gott und die Welt

edition GIB
Berlin

SCHRIFTENREIHE DER DEUTSCHSPRACHIGEN GESELLSCHAFT FÜR KUNST UND PSYCHOPATHOLOGIE DES AUSDRUCKS E. V. (DGPA) - BAND 24

Erik Boehlke
Vorstandsvorsitzender des GIB e. V., Berlin

Professor Dr. Andreas Heinz
Direktor der Klinik für Psychiatrie und Psychotherapie, Charité-Universitätsmedizin, Berlin

Professor Dr. Manfred P. Heuser
Präsident der DGPA, München

Für Redaktion und Lektorat gilt unser besonderer Dank Frau H. Majewski und Frau K. Hölzer. Für die Gestaltung des Umschlags danken wir Frau A. Gubig und Herrn G. Bersch.

Titelbild: Das Auge Gottes in barocker Darstellung,
vermutlich süddeutsch bzw. Tirol um 1750,
Sammlung Manfredo las Casas, München

Über Gott und die Welt/Erik Boehlke ... (Hrsg.)
Berlin, edition GIB, 2005

ISBN 3-00-017495-8

Manfred P. Heuser

Vorwort

"Über Gott und die Welt".
Im landläufigen Sinne bedeutet dies doch wohl "Reden über alles und nichts". Betrachten wir jedoch einmal das Frontispiz unserer diesjährigen Jahrestagung genauer, dies dunkle linke Auge im dreieckigen Strahlenkranz, welches uns aufmerksam verfolgt, so fühlen wir uns zur Ordnung gerufen.

"Was der Mensch als Gott verehrt, ist sein Innerstes nach außen gekehrt."
J. W. v. Goethe.

"Der Mensch schuf Gott nach seinem Ebenbilde"
Ludwig Feuerbach.

"Das eigentliche, einzige und tiefste Thema der Welt bleibt der Konflikt des Unglaubens und Glaubens."
J. W. v. Goethe.

Die Neuro-Biologie und die Neuro-Theologie des 21. Jahrhunderts bieten auch keinen Gottesbeweis. Im Gegenteil, religiöse Vorstellungen werden als Zeichen einer beginnenden Seelenkrankheit gedeutet oder ein Suggestiv-Mechanismus diene dem Gemüt im Sinne von Napoleons berühmtem Ausspruch "Religion ist Opium fürs Volk." Andere wiederum klagen über naiven Biologismus im Sinne von Charles Darwin "Der Mensch ist ein zwangsläufiges Produkt der Evolution. Alles ist nur Zufall." Albert Einsteins Diktum "Gott (der Alte) würfelt nicht", bedeutet doch, es gibt ihn nicht und wenn es ihn gäbe, unterliege auch er den Naturgesetzen.

Da hilft auch das Ergebnis des britischen Mathematikers Stephen Udwin, 2004, nicht viel weiter, dass die Wahrscheinlichkeit, dass Gott existiere bei immerhin 67 % liege. "Die Leute traktieren Gott, als wäre das Unbegreifliche, gar nicht auszudenkende höchste Wesen nicht viel mehr als ihresgleichen .... Wären sie aber durchdrungen von seiner Größe, sie würden verstummen und ihn vor Ehrfurcht nicht nennen können." J. W. v. Goethe.

Ist Gott nur eine Idee? Nach David Hume ist eine Idee aber eine Vorstellung, die unabhängig von der Existenz des damit Gemeinten ist. Die Idee von einem Gott finden wir in allen Kulturen, sie begleitet die Menschheitsgeschichte.
Gegen Ende der 37. Jahrestagung der DGPA - und dieses Sammelbandes - werden wir das Thema noch einmal aufgreifen in einer Variation des Schlusswortes "Über Gott und die Welt - und über die DGPA".

Proömium

"Im Namen dessen der sich selbst erschuf! Von Ewigkeit in schaffendem Beruf; In seinem Namen der den Glauben schafft, Vertrauen, Liebe, Tätigkeit und Kraft; In jenes Namen, der, so oft genannt, Dem Wesen nach blieb immer unbekannt."

J. W. v. Goethe.

Thomas Flierl

Schriftliches Grußwort des Berliner Senators für Wissenschaft, Forschung und Kultur

Gott und die Welt - das Leitthema der diesjährigen Jahrestagung der Deutschsprachigen Gesellschaft für Kunst und Psychopathologie des Ausdrucks ist ein doppelsinniger Spruch. Einerseits bedeutet er das Unbestimmte, das Allgemeine unseres Alltagslebens - etwas, worüber es sich nicht lohnt, im Besonderen zu sprechen. Zum anderen meint er die Trennung zwischen dem, was für uns Menschen erfahrbar und dem, was nicht erfahrbar ist: Es geht also um die Grenze zwischen Religion und Wissenschaft.

Wenn wir das Thema strikt unter dem Aspekt der säkularen (oder nach Jürgen Habermas auch der postsäkularen) Gesellschaft verstehen - und dies tut der Senator für Wissenschaft und Forschung selbstverständlich, dann ist die Tendenz der vergangenen Jahrzehnte eindeutig und insbesondere auch an Berlin abzulesen: Es ist eine Zeit, in der sich die Kirchen leeren, in der für viele die Mitgliedschaft in den Kirchen wesentlich unter dem fiskalischen Gesichtspunkt - dem der Kirchensteuer - gesehen wird. In Berlin gehören gegenwärtig deutlich weniger als 50 Prozent der Bevölkerung (792.925 ev. Kirche; 309.563 kath. Kirche; 206.308 Muslime; ca. 110.000 in weiteren Religionsgemeinschaften) einer Religionsgemeinschaft an, mit eher abnehmender Tendenz.

Aber inzwischen wissen wir, dass die Mitgliedschaft in einer Religionsgemeinschaft und die Bedeutung von Religion nicht nach denselben Maßstäben zu messen sind. Vielmehr hat der Anschlag vom 11. September 2001 in New York die Abgesänge auf die Religion wenn nicht verstummen, so doch vorsichtiger werden lassen. In der postsäkularen Gesellschaft wirke die Religion, so hat Habermas das Phänomen in der Paulskirche kurz nach dem Ereignis erklärt, gleichsam „osmotisch" auf die gesellschaftliche Entwicklung ein.

Religion und das Religiöse werden heute also deutlich schärfer und differenzierter wahrgenommen als zuvor. Das hat auch Auswirkungen auf ein wichtiges gesellschaftliches Feld wie die Kunst. Das Thema Kunst und Religion ist nicht erst seit der Ausstellung „Was ist der Mensch!" auf dem Ökumenischen Kirchentag 2003 in Berlin wieder vermehrt in den Blickpunkt gerückt. Vielmehr wird heute deutlich stärker der Charakter der Kunst als Medium der Religion verstanden. In den Museen, so erklärte kürzlich ein Experte, den bekannten Satz von Durkheim abwandelnd, bete sich die Gesellschaft selbst an. Die dort ausgestellten Objekte vermittelten einen Zugang zum Transzendenten, sie hätten Verweischarakter.

Unter welchem Blickwinkel man über Gott und die Welt auch nachdenken oder reden mag, Berlin ist für die Tagung der Deutschsprachigen Gesellschaft für Kunst und Psychopathologie des Ausdrucks ein spannender und zugleich traditionell geeigneter Ort. Dies nicht allein, weil der Campus Charité Mitte als Wiege der Hochschulmedizin - mit Persönlichkeiten wie Rudolf Virchow, Emil von Behring und Paul Ehrlich - bezeichnet werden kann und die Dichte der Wissenschaftslandschaft mit 17 Hochschulen und mehr als 70 außeruniversitären Forschungseinrichtungen das Interesse der Stadt an der wissenschaftlichen Weiterentwicklung unterstreicht. Auch das Wort Kunsttherapie findet in Berlin einen positiven Wiederhall, wie etwa der im Jahr 2000 eingerichtete Weiterbildungsstudiengang des Kollegs Kunsttherapie Berlin zeigt. Und welche Beziehung die Stadt zur bildenden Kunst hat, lässt sich allein an der Aussage festmachen, dass die Stadt mehr Museen als durchschnittliche Regentage (etwa 150) aufweist.

Ich freue mich, dass Sie Ihre Jahrestagung in Berlin durchführen und heiße Sie hier sehr herzlich willkommen. Allen Teilnehmern wünsche ich anregende, interessante Diskussionen, einen regen Geistesaustausch und angenehme Tage in unserer Stadt.

Hartmann Hinterhuber

Laudatio
Roland Kuhn

Das wahre Große dieser Welt lebt und gedeiht in der Stille, scheut das Rampenlicht der Öffentlichkeit und wird von Menschen geschaffen, die ihre Leistungen als Dienst an der Gesellschaft begreifen und ihr Leben in Bescheidenheit führen.

„Die Vorgänge am Himmel und auf Erden beobachtete er mit liebendem Staunen. Er trug zusammen, was von ihm geforscht, ihm zugetragen und von ihm selbst gefunden wurde, aber er wusste, des Wissens Ende ist nicht abzusehen." Dies schrieb Heinrich G. Reichert über Seneca, der mit seinen sieben Büchern der „Naturbetrachtungen - naturales quaestiones" das wichtigste naturwissenschaftliche Werk der Römer geschaffen hatte. In dieser seiner Schrift (7, 31) schreibt Seneca „Die Natur offenbart ihre Wunder nicht alle miteinander ... Die Zeit wird kommen, wo unsere Nachkommen sich wundern, dass wir so offenbare Dinge nicht gewusst haben".
Roland Kuhn - den wir heute ehren - bleibt auch wie Lucius Annaeus Seneca als Naturforscher, Ethiker und Philosoph. Beide vertreten sie die Meinung, das Wissen um die Natur solle den Menschen mehr läutern und bessern als belehren.

Der heute Auszuzeichnende verkörpert Spitzenleistungen in der forschenden Medizin, groß sind auch seine Impulse für Kultur, Philosophie und Daseinsanalyse.

In seiner „Kurzbiographie" schreibt Roland Kuhn: „Die Familiengeschichte ist für die Gestaltung des eigenen Lebens mitbestimmend." Mitbestimmend sind für die Entwicklung und Prägung unseres Preisträgers seine kulturell regen und viele Bereiche der Schweiz mitgestaltenden Vorfahren, die als Pfarrer und Dichter tätig waren. Einer davon, Bernhard Friedrich Kuhn, spielte eine zentrale Rolle in der Helvetik. In der mütterlichen Familie häufen sich bedeutende Ärztepersönlichkeiten, einer stiftete der Stadt Biel ein Kinderspital, das den Namen seiner mütterlichen Familie Wildermeth verewigt. Auch scheinen in seiner Ahnenreihe bedeutende Künstler auf. Sein Vater war wie sein Großvater Buchhändler und Verleger, beide pflegten frühzeitig zu fotografieren und ließen sich von der Möglichkeit der Farbfotografie begeistern zu einer Zeit, als diese noch in ihren Anfängen stand. Dies scheint auch Roland Kuhns Blick für das Wesentliche geschärft zu haben.

Roland Kuhn wurde am 4. März 1912 in Biel geboren, studierte in Bern und Paris Medizin und legte sein Staatsexamen im Frühjahr 1937 ab. Anschließend finden wir Roland Kuhn als Assistenten an der Psychiatrischen Universitäts-Klinik Bern-Waldau bei den Professoren Jakob Klaesi und Jakob Wyrsch. Bereits zwei Jahre später entdeckte ihn Dr. Adolf Zolliker und rief ihn als seinen Oberarzt und Stellvertreter an die Psychiatrische Klinik des Kantons Thurgau in Münsterlingen am Bodensee. Dieser Klinik hielt Roland Kuhn die Treue, er leitete sie von 1971 bis zu seiner Pensionierung im Jahre 1980.

1956 betrat Roland Kuhn das Rampenlicht der Öffentlichkeit, er durchbrach den therapeutischen Nihilismus in der Psychiatrie und veränderte durch seine Entdeckung das Leben von vielen Millionen von Menschen: Am Beginn des genannten Jahres entdeckte er in Zusammenarbeit mit der J. R. Geigy AG Basel das erste Antidepressivum: Bis vor zwei Jahren war das Imipramin (Tofranil[R]) die Leitsubstanz für alle antidepressiv wirkenden Pharmaka. Kurze Zeit später schlug er die Strukturformel vor, die Maprotilin (Ludiomil[R]) ergeben hat. Die Welt der Depressiven hellte sich auf, die Dimension der Hoffnung kehrte in das Leben der Hoffnungslosen zurück.

Diese seine Entdeckung hat nur wenige Parellelen in der Medizingeschichte. Die Bedeutung dieser epochalen Leistung wurde von allen Betroffenen bejubelt, von der Öffentlichkeit aber nicht entsprechend gewürdigt. Erlauben Sie mir dazu einen Gedanken: 1927 erhielt Julius Wagner Ritter von Jauregg, Professor für Psychiatrie an der Universität Wien, in Anerkennung der Malaria-Therapie der progressiven Paralyse den Nobelpreis. Wagner-Jauregg ist bis heute der einzige mit diesem Preis ausgezeichnete Psychiater. Bei aller Würdigung der großartigen Verdienste Wagner-Jaureggs erscheint mir die Frage gerechtfertigt, ob die Einführung der Antidepressiva nicht ein um vieles bedeutsamerer und größerer Meilenstein in der medizinischen Entwicklung dargestellt hat als jener von Wagner-Jauregg eingeführte, etwas rüde anmutende somatische Behandlungsansatz psychischer Störungen. Roland Kuhns Entdeckung der Antidepressiva gehört mit Sicherheit zu den größten Leistungen der Medizin- und der Menschheitsgeschichte: Der Initiator dieser therapeutischen Revolution wäre des Nobelpreises in der Tat würdig! Die Universitäten Löwen und Basel zeichneten Roland Kuhn mit der Ehrendoktorwürde der Medizin aus. Die DGPA findet sich somit in guter Gesellschaft, wenn sie ihm heute ihre höchste Auszeichnung, die Hans-Prinzhorn-Medaille, überreicht!

Bereits ein Jahr nach der Einführung des ersten Antidepressivums habilitierte Roland Kuhn an der Universität Zürich für das Fach Psychiatrie und heiratete Frau Dr. med. Verena Gebhart, Fachärztin für Psychiatrie und leitende Ärztin an der Klinik in Münsterlingen. Der glücklichen Ehe entsprangen drei Töchter, die alle in Gesundheitsberufen tätig sind. Die älteste Tochter Regula lebt in Berlin, sie übernimmt in Vertretung ihres Vaters - seinem Wunsch entsprechend - die Auszeichnung.

Unseren Preisträger nur als Psychopharmakologen zu würdigen wäre nur eine Seite einer fantastisch-ziselierten Medaille: Die andere Seite zeigt den Philosophen, Anthropologen und Daseinsanalytiker Roland Kuhn. Gerade seine Beschäftigung mit der Philosophie und den schönen Künsten stellt in Verbindung mit seinen großartigen medizinischen Leistungen die Grundlage dar, dass die DGPA ihn heute ehrt und auszeichnet. Roland Kuhn hat durch 40 Jahre an der Universität Zürich Vorlesungen über philosophische Aspekte der Psychiatrie gehalten.

In der zweiten Hälfte des 20. Jahrhunderts wird der Ruf nach einer ganzheitlichen Struktur der Seelenheilkunde laut. Allein mit dem „biopsychosozialen Modell" lässt sich jedoch im Sinne Kuhns keine ganzheitliche Struktur erfassen. Er selbst bekennt: „Eine Lösung dieser Probleme ist nur im Rahmen philosophischer Fragestellungen und Untersuchungen möglich. Wie in der Psychiatrie so auch in der Philosophie werden in den letzten Jahrzehnten Richtungen des Erfahrens, Denkens, Handelns und Forschens deutlich, welche in diese Zusammenhänge einzuordnen sind. Die phänomenologische Methode Edmund Husserls und die Orientierung an der Existenzanalyse Martin Heideggers lassen Strukturen von Raum, Zeit und mitmenschlichen Beziehungen erkennen, welche eine daseinsanalytische Richtung von Ludwig Binswanger, Wolfgang Blankenburg, Karl-Heinz Bauersfeld und (Roland Kuhns) eigene Arbeiten vertreten. Mit phänomenologischer Methode ergeben sich Fragen nach einer ursprünglichen Einheit, aus welcher naturwissenschaftlich-biologische und psychologisch-psychotherapeutische Aspekte der Psychiatrie hervorgehen."

Kuhns einfache Kategorien überspringendes Denken legte ihm 1958 den Titel „Wissenschaft und Kunst in der Seelenheilkunde" als das Thema seiner akademischen Antriebsvorlesung in Zürich nahe. Roland Kuhn bekennt, dass Wissenschaft und Kunst in seiner Forschung und seiner praktischen Arbeit durch phänomenologisch-daseinsanalytische Methoden verknüpft werden. Gerne zitiert er aus dem Text „Philosophie und Psychiatrie" von Richard Hönigswald, der von „einer künstlerischen Komponente auch schon in der diagnostischen Tätigkeit des Psychiaters gesprochen" hat.
Grundlegend sind seine Studien zur Daseinsanalyse. In seinem gerade erschienenen Buch „Psychiatrie mit Zukunft" setzt er sich für die ästhetischen und ethischen Dimensionen in der wissenschaftlichen Forschung und in der praktischen Arbeit der Psychiatrie ein. Kuhn wünscht sich den einzelnen leidenden kranken Mitmenschen ... zurückzuholen in eine menschliche Begegnung mit seinem Arzt, die beide in das Ereignis des Staunens führen kann ... Wechselseitiges Staunen zu ermöglichen und zu erfahren jedoch ist die Bewährung des Psychiaterseins!" Für seine daseinsanalytischen und philosophischen Arbeiten erhielt Roland Kuhn die Ehrendoktorwürde der Philosophie an der Sorbonne in Paris.

Das aktuelle Verzeichnis seiner wissenschaftlichen Publikationen umfasst heute 200 Titel, die Liste erweitert sich immer noch von Jahr zu Jahr, da unser Preisträger als sehr gefragter Redner wesentliche Kongresse mitgestaltet. Bis heute ist er, genauso wie seine Gattin, noch psychiatrisch tätig. Große Aufmerksamkeit widmet er auch seiner umfassenden Bibliothek, die nicht nur reich bestückt ist mit psychiatrisch-philosophischen Fachbüchern, sondern auch mit Werken zu Literatur, Kunst und Religion.

Für dieses gewaltige Lebenswerk verleiht die Deutschsprachige Gesellschaft für Kunst und Psychopathologie des Ausdrucks heute Professor Roland Kuhn die Hans-Prinzhorn-Medaille.

In der Äneis (9, 252) setzt sich Publius Vergilius Maro (70-19 v. Chr.) mit Ehre, Lohn und Würde auseinander und schreibt:

> „Welcher Lohn, ihr Männer, vermöchte für solche Verdienste
> würdig genug mir scheinen; den köstlichsten werden die
> Götter und euer eigenes Bewusstsein euch spenden."

Roland Kuhn

Psychopharmakologie gestern - heute - morgen
Vortrag zur Verleihung der „Hans Prinzhorn-Medaille" in Berlin am 28.10.2004

Einleitung: Hans Prinzhorn - Psychiatrie als Wissenschaft und als Kunst
Am 2. August 2004 schrieb Prof. MANFRED P. HEUSER aus München als Präsident der „Deutschsprachigen Gesellschaft für Kunst und Psychopathologie des Ausdrucks"[1] mir werde - mein Einverständnis vorausgesetzt - am 28. Oktober 2004 in Berlin die „Hans Prinzhorn-Medaille" verliehen. Prof. HARTMANN HINTERHUBER aus Innsbruck werde dort meine wissenschaftliche Arbeit, die gleichermaßen auf dem Gebiet der Philosophie als auch der Psychopharmakologie liege, würdigen. Dem Brief lagen die „Satzung der Gesellschaft" bei und ein Verzeichnis von 36 Personen, die von 1965 an mit der erwähnten Medaille ausgezeichnet worden sind. Deren Werke bestimmen sowohl einen beträchtlichen Teil der Psychopharmakologie in der zweiten Hälfte des 20. Jahrhunderts. Sie stellen andererseits auch eine Brücke zur Kunst- und Kulturgeschichte dar.

Zunächst drängen sich zwei Fragen auf: Was hat meine wissenschaftliche Arbeit mit dem Träger des Namens der Medaille „Hans Prinzhorn" zu tun, und inwiefern verbindet sein Werk die Psychopathologie des Ausdrucks mit der Kunst?

HANS PRINZHORN ist bekannt als Autor des Buches Bildnerei der Geisteskranken[2], das sich der künstlerischen Aktivität psychisch Kranker widmet. Es ist dies bis heute das grundlegende Standardwerk jeder Psychiatrie, insofern sie sich nicht mit ihr als Wissenschaft befasst, sondern mit jenem Anteil ihrer Aktivität, die sich am besten mit dem Wort „Kunst" bezeichnen lässt. PRINZHORN stellt Seelenheilkunde als Begegnung des Arztes mit dem kranken Mitmenschen dar, welche eine gegenseitige mitmenschliche Beziehung zwischen Arzt und Patient erstrebt und gestaltet. Der folgende Text ist vor dem Hintergrund eines solchen Verständnisses der ärztlichen Aktivität zu sehen.

Während dieser Zeit hat die Psychopharmakologie eine stattliche Menge neuer Psychopharmaka hervorgebracht und deren Biochemie erforscht. Der Wirkungsmechanismus der bekannten Psychopharmaka ist damit weitgehend geklärt. Was soeben berichtet wurde, stellt die Anfangsphase einer Geschichte der Psychopharmakologie in der zweiten Hälfte des 20. Jahrhunderts dar und ist die Grundlage für das Verständnis von deren Forschung und Praxis[3]. Dabei zeigen sich zwei gegensätzliche Richtungen.

1. Ursprüngliche Auffassungen der antidepressiven Wirkung

[1] Diese Gesellschaft ist weltweit verbunden mit wissenschaftlichen Vereinigungen des gleichen Stils.
[2] PRINZHORN, HANS: Bildnerei der Geisteskranken (Berlin: Sprinter 1923, 2001)
[3] Den ersten Schritt zur Aufklärung des Wirkungsmechanismus der Psychopharmaka hat frühzeitig ARVID CARLSSON gemacht, indem er die Bedeutung des Dopamins für die Wirkung der Antidepressiva erkannte. Rasch wurden die anderen Katecholamine Norepinephrin und Epinephrin entdeckt und die Wege ihrer Entstehung und ihres Abbaus gefunden. Für die Aufklärung ihrer Biochemie erhielten CARLSSON, GREENGARD und KANDEL 2000 den Nobelpreis. Parallel zu diesen Entwicklungen erkannte man die Rolle des SEROTONINS, dessen Biochemie schwierigere Probleme bot, auf die wir hier nicht eingehen müssen.
Zum Vergessen gehört die frühzeitige Geschichte der modernen Psychopharmakologie, wie sie FRANK, J. AYD Jr. Und ARRY BLACKWELL im Jahre 1970 an einem Symposium in Baltimore mit Referaten der an den damaligen Entdeckungen beteiligten Forscher kenntnisreich dargestellt haben. Vergleiche FRANK J. AYD JR., FAPA MARRY BLACKWELL, DPM (Ed.): Discoveries in Biological Psychiatry (Philadelphia: Lippincott Company 1970).

Meine ursprüngliche Auffassung der Wirkung von Imipramin aus dem Jahre 1957 über die Bedeutung vitaler Strukturen mit ihren biologischen und psychologischen Aspekten hat sich für die Indikation antidepressiver Therapien bis heute bewährt. Das gilt sowohl für die praktische Anwendung als auch für die wissenschaftliche Forschung.

Grundsätzlich ist festzustellen: Körperliche Symptome rufen nach medikamentöser Behandlung - beide gehören zusammen, auch wenn sie neben biologischen noch psychische Aspekte haben! Das ist eine elementare Grundlage medizinischen Denkens und Handelns!

Auf katecholinerge und serotoninerge Synapsen wirkende Medikamente stellen eine Einheit dar. Mit der erstgenannten Komponente ist stets eine Behandlung einzuleiten, obschon das Gegenteil immer wieder empfohlen wird. Sie kann selbständig wirken. Es ist verkehrt, mit einer nur auf serotoninerge Synapsen wirkenden Substanz zu beginnen und dabei zu bleiben. Dasselbe gilt für jedes Lebensalter, vor allem auch für Kinder und ältere Kranke. Je besser indiziert die Behandlung ist, desto weniger störende Nebenwirkungen treten auf.

2. Die gegenwärtig im Vordergrund stehenden Auffassungen über Indikationen der antidepressiven Therapie

a) Im Vordergrund der gegenwärtigen Psychopharmakologie stehen Betrachtungs- und Arbeitsweisen, deren Ursprung zwar weit in die Vergangenheit zurückreicht, die in der Gegenwart jedoch ganz bestimmend wurden. Schon bald nach der Entdeckung der antidepressiven Wirkung von Imipramin stellte sich eine der meinigen entgegengesetzte Auffassung ein, nämlich: Die Indikation für eine Behandlung depressiver Zustände sei nur noch in psychologisch-psychopathologischen Gesichtspunkten und in entsprechenden psychotherapeutischen Behandlungen zu suchen. Das hatte zur Folge, die vitalen – das bedeutet, die biologischen und die dazugehörenden psychopathologischen - Aspekte zurückzudrängen. In den neunziger Jahren wurden diese ursprünglichen Auffassungen sogar ausgeschaltet.

   Wesentlich ist für diese zweite gegenwärtige Stufe: Sie berücksichtigt nur die psychologisch-psychotherapeutische Seite. Ihr gelingt es noch, neue Medikamente von analoger Struktur zu finden. Sie macht aber keine entscheidend neuen Einsichten in die Funktionsweise. Depressionen und Manien verlaufen oft phasisch und verschwinden spontan nach Wochen oder Monaten, gelegentlich sogar erst nach Jahren. Wenn im Verlauf von Psychotherapien früher oder später Erfolge auftreten, nimmt man als selbstverständlich an, die psychotherapeutischen Anstrengungen hätten die Wirkung hervorgebracht. Angesichts des oft phasischen Verlaufes ist es aber schwierig oder unmöglich zu entscheiden, ob nicht in vielen Fällen, wenn nicht gar immer, der spontane Verlauf dem Therapeuten einen Erfolg vorgaukelt, an dem zu zweifeln ihm gar nicht in den Sinn kommt. Es ist dies ein geradezu klassisches Beispiel dessen, was EUGEN BLEULER als Das autistisch-undisziplinierte Denken in der Medizin[4] bezeichnet hat. Das hat in unserem Fall beträchtliche Konsequenzen, indem für Kranke und ihre Nächsten oft lang dauernde Belastungen entstehen, die große, durch richtige Behandlung zu vermeidende Kosten verursachen.

---

[4] BLEULER, EUGEN: Das autistisch-undisziplinierte Denken in der Medizin und seine Überwindung (Berlin: Springer 1919, 1962)

b) Im Hintergrund der gegenwärtigen Situation bleiben die vitalen, das heißt biologischen und psychologischen Betrachtungsweisen jedoch erhalten und haben sich weiter entwickelt, was von den herrschenden Auffassungen nicht zur Kenntnis genommen werden kann. Es handelt sich um wesentliche zusätzliche Einsichten in den Wirkungsmechanismus der Psychopharmaka. Sie bestehen vor allem darin, die obligatorische Rolle von Kofermenten für die Medikamentenwirkung zu erkennen, und zwar für die Synthese von Dopamin und Serotonin durch zweiwertiges Eisenion und von Noradrenalin durch zweiwertiges Kupferion. Zudem ist bei prämenstrueller Verschlimmerung der Depression der Wasserstoffwechsel von Bedeutung. Die soeben geschilderte Denkweise passt nicht in die heute allgemein verbreitete Psychopharmakologie und wird deshalb gar nicht erfasst.

3. Die sich abzeichnende Rückkehr zur ursprünglichen Auffassung

In den 90er Jahren sind wieder Überlegungen aufgetaucht, welche die Psychopharmakologie zu ihren Anfängen der Entdeckung der antidepressiven Eigenschaft des Imipramins zurückführen. Bewegendes Moment war vor allem die Erfolglosigkeit der Forschung, die keinen Fortschritt der Erkenntnis brachte.

Vom 25.-27. Oktober 1995 fand in Paris ein Symposium des Institut Pasteur über die Bedeutung der antidepressiven Pharmakotherapie im Hinblick auf das 21. Jahrhundert statt. Auf diesem Kongress sagte ALAIN PUECH von der Salpêtrière in Paris: „Unfortunately, no improvement in efficiency has been seen for the past 30 years".

Am 6. Dezember 1997 hat Prof. MAURER von der Psychiatrischen Universitätsklinik Frankfurt am Main gemeinsam mit Novartis Deutschland zum 40-jährigen Jubiläum der Einführung von Imipramin (Tofranil) ein Symposium organisiert mit dem Leitbild: „Ein Antidepressivum verändert die Welt". Es sprach unter anderen Prof. RICKELS von der University of Pennsylvania in Philadelphia. Er kam zu dem Schluss, Fortschritt benötige "Ideen und gute Primärbeobachtung aus der Klinik: Wir brauchen mehr Kuhns!"

Es wurde dargelegt, eine möglichst große Anzahl von Patienten in eine Untersuchung einzubeziehen, behindere die Forschung mehr als ihr zu nützen. Wesentlich sei die genaue Untersuchung des einzelnen Kranken aufgrund eines freien Gesprächs, das ihm die Möglichkeit gebe, seine Erfahrungen zu thematisieren. Dabei geht es nicht nur darum, ein dem individuellen Kranken angepasstes Medikament zu wählen, sondern auch um dessen Verabreichungsart im Tageslauf, die seine sympathikotonen Nebenwirkungen berücksichtigt. Es ist nicht dasselbe, ob ein Medikament vor oder nach dem Essen gegeben wird. Man muss ferner berücksichtigen, dass einzelne Medikamente eher Schlaf anstoßend und andere eher weckend wirken. Die Reaktion des einzelnen Kranken gibt dem Arzt die notwendigen Hinweise, um eine für ihn besonders geeignete Therapie herauszufinden. Das kann aber nur entschieden werden bei Berücksichtigung des physiologischen Wechsels zwischen Wachen und Schlafen. All das zeigt: Nur eine dauernde individuelle Führung der Behandlung durch den Arzt leistet Gewähr für ein optimales Resultat, eine zweckmäßige Medikamentenwahl, Verabreichungsart und Dosierung. Auf diese Weise werden länger dauernde störende Nebenwirkungen vermieden.

In diagnostischer Hinsicht ist zusätzlich zu bemerken: Nicht nur klassische Depressionen und Manien, sondern auch deren häufige Mischzustände und manisch-depressive Komponenten anderer psychischer Störungen - wie Psychosen, Zwangskrankheiten, Hysterien, hypochondrische Entwicklungen und Angstsymptomatik sowie das große Gebiet „psychosomatischer Erkrankungen" - werden durch eine antidepressive Medikation günstig beeinflusst. Das gilt auch für eine depressive Symptomatik, die nur aus der Anamnese ersichtlich ist. Jede manisch-depressive Komponente ist mit geeigneten Medikamenten zu behandeln, auch wenn sie in einem gegebenen Zustandsbild nur eine untergeordnete Rolle zu spielen scheint. Diese ist stets nicht nur als zu vernachlässigende Begleitung eines im Vordergrund stehenden anderen, auch psychogenen Zustandsbildes aufzufassen, sondern als immer primär biologisch begründende Komponente. Auch scheinbar nur psychisch bedingte Reaktionen können durch Beheben der biologischen Grundstruktur gebessert werden, oder sie verschwinden sogar.

So kehren wir denn am Schluss unserer Überlegungen an den Anfang zurück und hoffen, durch Klärung der gegenwärtigen Situation deren noch durchaus fragwürdige Aspekte zu durchbrechen und die weitere Forschung zu eröffnen. Das würde Fortschritte wesentlicher Art in die Behandlung depressiver Störungen in all ihren Erscheinungsformen bringen.

INHALTSVERZEICHNIS

Andreas Lob-Hüdepohl

Gott in Welt
Heilsames und Unheilvolles im Umgang mit psychisch versehrten Menschen

1. „Über Gott und die Welt" zum „Gott in Welt"

Wenn ein Theologe, zumal ein christlicher Theologe, dazu eingeladen wird, einen Jahreskongress zum Thema „Über Gott und die Welt" mit einem Festvortrag zu eröffnen, dann braucht er nicht viel Phantasie, um bei seinem ureigensten Thema zu sein; ein Thema, dass die eigentlich weit ausladenden Themenfelder des Göttlichen und des Weltlichen aufs Engste miteinander kurzschließt. Sein Thema muss lauten: Gott in Welt. Denn ein christlicher Theologe kann vom christlichen Gott nicht anders reden als von einem Gott, der zwar nicht von dieser Welt, so doch radikal auch in dieser Welt, besser: in dieser geschichtlichen Welt des Menschen ist.

Der christliche Gott in dieser geschichtlichen Welt des Menschen - das Thema eines Theo-Logen, eines „von und über Gott Sprechenden". Und dieses Thema hat viel mit dem zu tun, wie wir psychisch versehrten Menschen begegnen und deren Lebenslagen bewerten. Doch zunächst die Frage: welches Interesse könnte ein Jahreskongress von Psychologen, Psychiatern und Psychotherapeuten an diesem ureigensten Thema eines Theologen nehmen? Ist es ein pragmatisches Interesse, weil viele Einrichtungen der Psychiatrie seit je her in Trägerschaft der großen christlichen Kirchen sind? Oder ist es sogar ein programmatisches Interesse, weil man sich für das eigene professionelle Tun Aufklärung und Orientierung verspricht? Ich weiß es nicht.

Wenn es so etwas gibt, würde ich für ein paradigmatisches Interesse plädieren. Denn die Einstellungen und Umgangsformen des Christentums gegenüber Menschen mit geistigen Behinderungen und seelischen Erkrankungen sind für wichtige Epochen und Etappen in der Menschheitsgeschichte insgesamt paradigmatisch: höchst wechselvoll, von schroffen Gegensätzen und beinahe unglaublichen Widersprüchen geprägt. Als christlicher Theologe muss ich einräumen: Im Namen eines Gottes, der sich in jedem Menschen als sein Ebenbild wieder erkennen will, wurden im antiken Judentum Menschentypen, die nicht in das Normalbild eines Menschen passten, immer wieder abgewertet, ausgegrenzt und aussortiert. Und im Namen eines Gottes, der sich - fast schon als Antwort auf diese religiös legitimierte Strategie des Aussortierens - selbst bis in die äußerste Ausgrenzung und Absonderung eines Kreuzestodes entäußern ließ, wurden in der Christentumsgeschichte Menschentypen, die noch immer nicht in ein Normalbild zu passen scheinen, weiterhin abgewertet, ausgegrenzt und aussortiert - so, als ob nichts geschehen wäre!

Gewiss, es gab und gibt im Judentum und Christentum immer auch Gegenakzente. Es gab nicht nur unheilvolle Ausgrenzungen, sondern immer auch heilsame Rehabilitationen. Auf dieses Heilsame kann ein Theologe bauen, wenn er sich der eigenen unheilvollen Tradition erwehren muss. Einige Akzente und Gegenakzente möchte ich im Folgenden vortragen.[1]

[1] Auch wenn manch ein Kongressteilnehmer sich selbst nicht in den religiösen Traditionen des Christentums beheimatet fühlt, so tue ich das in dem Bewusstsein, dass man nicht zu allem Ja und Amen sagen muss, um zu

2. Der zur Welt gekommene Gott und seine ambivalente Wirkungsgeschichte

Der Gott Jesu Christi ist bekanntlich der Gott Adams und Evas wie der Gott Sarahs und Abrahams. Der biblische Gott ist ein geschichtlicher Gott. Er ist kein Gott, der die Welt, nachdem er sie erschaffen hat, ihrem Schicksal überlässt und - gleich einem eher gelangweilten Beobachter - von außen schaut, was mit ihr so alles passiert. Den Gott, den Christen mit ihren älteren jüdischen Glaubensgeschwistern bekennen, ist vielmehr ein Gott, der sich je neu auf die Geschichte dieser Welt einlässt; und das heißt: der sich den geschundenen und in Not geratenen Menschen dieser Welt je neu als Retter und Befreier erweisen will. „Ich bin der, als der ich mich je neu erweisen werde" (Ex 3, 14) - so lautet die berühmte Selbstbezeichnung Jahwes am brennenden Dornbusch, als Moses seinen Namen erbat, damit er Ihn seinem im Sklavenhaus Ägyptens nach Freiheit und Befreiung dürstenden Volk Israel angemessen vorstellen konnte.

Jahwe als Befreier, der heilsame Gott in höchster Not, in aussichtsloser Lage. Das wird das Markenzeichen für das Gottes-Bekenntnis des antiken Judentums, wenn es um die ungestillte Sehnsucht nach Überwindung aller Fesseln und Beschränkungen geht - egal, ob solche Fesseln und Beschränkungen das ganze Volk oder einen Einzelnen gefangen hielten. Gewiss, die Geschichte Israels ist angefüllt von Erfahrungen des Leidens und des Scheiterns, der Bedrohung und des Untergangs. Und dennoch ringen sich die Geschichten und Erzählungen immer wieder durch zur Hoffnung auf die Ankunft eines Gesandten Gottes („Messias"), der in der Verheißung des Propheten Jesaja sagen wird: „Der Geist des Herrn ruht auf mir; denn der Herr hat mich gesalbt. Er hat mich gesandt, damit ich den Armen eine frohe Botschaft bringe, und alle heile, deren Herz zerbrochen ist, damit ich den Gefangenen die Entlassung verkünde und den Gefangenen die Befreiung, damit ich ein Gnadenjahr des Herrn ausrufe, einen Tag der Vergeltung unseres Gottes, damit ich alle Trauernden tröste, die Trauernden Zions erfreue, ihnen Schmuck bringe anstelle von Schmutz, Jubel, statt Verzweifelung." (Jes 61,1ff)

Die Dialektik dieses Gottes will es, dass Er sich in die Geschichte der Welt zwar machtvoll einmischt, doch den Menschen dabei nicht entmächtigt. Im Gegenteil: Der machtvolle Gott will in der Welt einen gestaltenden Widerpart mit aufrechtem Gang - einen Menschen also, Ihm ähnlich, wie es in der biblischen Schöpfungserzählung heißt, sein Ebenbild (vgl. Gen 1,27).

Und paradoxerweise genau dieses Zeichen menschlicher Erhabenheit, also seine Gottebenbildlichkeit, wird Menschen mit Krankheit und Behinderung zum Verhängnis: Denn Menschen, deren Antlitz oder sogar ganzer Körper durch eine Krankheit oder sonstige Anomalie schwer gezeichnet oder sogar entstellt wurde, konnten im Denken der jüdischen Antike unmöglich angemessene, sondern maximal defizitäre Ebenbilder Gottes sein. Für die Menschen dieser Zeit war eine hierarchisierende Lehre von der Gottebenbildlichkeit des Menschen („imago-Dei-Lehre") eine pure Selbstverständlichkeit. Nur ansehnliche Menschen konnten vollgültige Ebenbilder Gottes sein. Denn jeder besondere Makel würde unweigerlich auf das Urbild zurückschlagen und das Ansehen Gottes trüben. Unansehnliche Menschen - und dazu gehörten neben Krüppeln, Blinden und Aussätzigen auch Menschen mit Verhaltensauffälligkeiten aller Art - konnten nur Minusvarianten der

---

verstehen und sich von dem angesprochen zu fühlen, was mit dem einem oder dem anderen Gottesgedanken eines Theologen in dieser Welt gemeint sein könnte.

wahren menschlichen Ebenbilder Gottes sein.[2] [Zementiert wurde diese hierarchisierende Lesart der imago-Dei-Lehre durch Bestimmungen des Heiligkeitsgesetzes, das Schädigungen als Ausschlusskriterium für den priesterlichen Dienst festschrieb: „Der Herr sprach zu Moses: Sag Aaron: Keiner deiner Nachkommen, auch in den kommenden Generationen, der ein Gebrechen hat, darf herantreten, um die Speise seines Gottes darzubringen(...): kein Blinder oder Lahmer, kein im Gesicht oder am Körper entstellter, kein Mann, der einen gebrochenen Fuß oder eine gebrochene Hand hat, keiner mit Buckel oder Muskelschwund, Augenstar, Krätze, Flechte oder Hodenquetschung." (Lev 21, 16 - 20)[3]]

Nun stellt sich natürlich die Frage, warum der den Menschen zugewandte Schöpfergott überhaupt unansehnliche Minusvarianten seines Ebenbildes Mensch zulassen konnte. Trüben denn solche Minusvarianten nicht auch das Ansehen Gottes ein? Diesem nahe liegenden Einwand kontert die Lebenswelt der antiken Bibel mit Verweis auf ein zweites Zeichen menschlicher Erhabenheit: Als Ebenbild Gottes ist dem Menschen auch die persönliche Autorschaft über das eigene Leben und damit neben seiner Freiheit auch die Verantwortung für seine Lebensführung zugesprochen. Er muss also auch für die Folgen seiner Taten wie Missetaten einstehen. Auf unsere Frage bezogen heißt das: Krankheiten, körperliche oder seelische Gebrechen wurden als Folgen persönlicher Verfehlungen gedeutet; Verfehlungen entweder des betreffenden Menschen selbst oder aber seiner Vorfahren. Im Sinne dieses Tun-Ergehen-Zusammenhangs wurden geistige Behinderungen und seelische Krankheiten als die gerechte Strafe Gottes für vorangegangene Schuld gewertet. Zu dieser Strafe gehört zudem, dass Menschen mit Behinderungen auch Gott fern sind - mit der erbarmungslosen Konsequenz, dass mit der religiösen Ächtung von Seiten ihres Gottes auch die soziale Ächtung und Ausgrenzung von Seiten ihrer Mitmenschen einherging.

3. Der fleischgewordene Gott und die Menschwerdung der Welt

Das ist - knapp skizziert - die soziokulturelle Welt, in der der Mann aus Nazareth sich ausdrücklich in die befreiende Tradition seines jüdischen Glaubens stellt. Sein Erkennungszeichen, so wird überliefert: „Blinde sehen wieder, und Lahme gehen. Aussätzige werden rein, und Taube hören" (Mt 11,5). Und dieses Erkennungszeichen hat sozusagen leibhaftig Gestalt angenommen - zum Beispiel in den Heilungsgeschichten, in denen oftmals nur eine kurze Berührung die geplagten Menschen von Krankheiten und Behinderungen befreite.

Für uns heute unglaublich? Ja doch, jedenfalls dann, wenn man die Heilungsgeschichten aus dem Umfeld Jesu lediglich als Geschichten eines mirakulösen Wundertäters liest. Sie sind aber keine. Die Heilungsgeschichten im Umfeld des Nazareners sind wesentlich Beziehungsgeschichten zwischen ihm, den Kranken und Behinderten sowie den „Normalmenschen" seiner Zeit. Diese Beziehungsgeschichten wollen die unheilvolle Macht sozialer Inszenierungen von Krankheit und Behinderung demonstrativ aufbrechen und darin die befreiende Wirklichkeit der Menschenzuwendung Gottes dokumentieren. [So besehen können wir neutestamentlichen Heilungsgeschichten auch heute noch mit Vertrauen begegnen, ohne unser

---

[2] Vgl. Hans R. Herbst: Behinderte Menschen in Kirche und Gesellschaft. Stuttgart 1999, bes. 51 - 208; *Hubertus Lutterbach:* Europäisches Jahr der Menschen mit Behinderungen. Kultur- und christentumsgeschichtliche Perspektiven. In: StdZ 221.Bd/128.Jg, 623 - 637

[3] Vgl. *Nancy Eiesland:* Encountering the Disabled God. In: The Other Side. September(Oktober 2002 (http//www.theotherside.org/archive/sepoct/eiesland_print.html)

modernes Wissen und Einsehen in Krankheits- und Heilungsverläufe ausblenden und uns unzugänglichen Vorstellungen von Magie aushändigen zu müssen.]

Ich will dies kurz an einer prominenten biblischen Erzählung erläutern: der Heilung des Besessenen von Gerasa (Mk 5,1-20). Ihre Geschichte ist schnell erinnert: Nahe des Sees Genezareth, so berichtet das Markus-Evangelium, lebte weitab von der normalen Zivilisation und peinlich gemieden vom gewöhnlichen Volk ein von unreinen Geistern zerrissener Mann. „Bei Tag und Nacht", so wurde beobachtet, „schrie er unaufhörlich in den Grabhöhlen und auf den Bergen und schlug sich mit Steinen." Als nun der Nazarener in seine Nähe kam, stürmte er auf ihn zu und flehte ihn an, rasch weiterzugehen, um seine innere Zerrissenheit durch dessen Gegenwart nicht noch weiter anzufachen. Der Nazarener aber hält an, geht auf ihn zu und befiehlt den unreinen Geistern, den Körper des geplagten Mannes zu verlassen. Sie lassen von ihm ab und fahren in die Schweineherde, die in der Nähe weidete. Die tausend Schweine aber, nun selbst von diesen Dämonen besessen, stürzten sich kopfüber in den nahe gelegenen See und ertranken.

Ich gebe zu: eine schwierige Erzählung, deren Bilder ausführlicher zu entziffern und zu erläutern jetzt nicht die Zeit reicht. Ich nenne nur den einen Aspekt: Ob der besessene Mann an etwas litt, was wir heute als eine bestimmte psychische Erkrankung diagnostizieren würden, wissen wir nicht. Was wir ausschließlich kennen sind die Reaktionen und Sichtweisen seiner durchschnittlich ausgestatteten und in diesem Sinne normalen Umwelt.[4] Und diese Reaktionen und Sichtweisen spiegeln die für das Umfeld Jesu typischen soziokulturellen Deutungsmuster von Krankheit und Behinderung wider. Noch stärker als körperlich Kranke und Behinderte galten Menschen mit psychischen Auffälligkeiten als von Gott bestraft. Für das, was wir heute als Schizophrenie, Psychosen oder andere Psychopathologien bezeichnen würden, gab es im jüdisch-antiken Denken keinerlei Erklärungen. Deshalb wurden sie kurzerhand als Ausdruck einer Besessenheit durch ‚fremde Mächte und Gewalten' gedeutet.[5]

Eben weil sie von ‚fremden Mächten und Gewalten' in Besitz genommen waren, mussten psychisch Kranke – so die Vorstellung – von der Alltagsgesellschaft ausgeschlossen werden, um nicht andere zu kontaminieren. Dass diese soziale Quarantäne die Situation des Betroffenen nur verschärfte; dass die Dämonisierung der Besessenen erst Ergebnis der Projektion jener war, die das Irritierende, das abstoßend Fremde eines psychisch auffälligen Menschen nur nicht an sich heranlassen wollten; dass soziale Quarantäne und Dämonisierung genau zu dem beitrug, was wir heute die soziale Inszenierung von Behinderung und Krankheit nennen würden; das alles wurde nicht nur in Kauf genommen; das alles war vor allem als gerechte Strafe Gottes religiös legitimiert.

Genau gegen diese soziale Inszenierung von Behinderungen und Beschädigungen versehrter Menschen richtet sich das Handeln des Nazareners. Dass er den Besessenen nicht meidet; dass er als Mann Gottes ausgerechnet an einem mutmaßlich von Dämonen besetzten und so Gott fernen Menschen Gottes Nähe demonstriert, das war für die Zeitgenossen Jesu ungeheuerlich. Gegen den Teufelskreislauf von Zerrissenheit und Ausgrenzung setzt der Mann aus Nazareth eine sub-

---

[4] Darauf weist zurecht *Klaus Berger* hin: *ders.:* Historische Psychologie des Neuen Testaments = Stuttgarter Bibelstudien 146/147. Stuttgart [3]1995, 69

[5] Vgl. *Helmut Merklein:* Der Besessene von Gerasa (Mk 5, 1-20). In: *Andreas Lob-Hüdepohl u.a. (Hg.):* Theologie in den Zeichen der Zeit. Berlin 1995, 193 – 213

versive Kraft, die die unmenschlichen Stigmatisierungen und Rollenzuweisungen einer „normalen" Gesellschaft als einen wichtigen Faktor für viele Erkrankungen entlarvt. Es ist die subversive Kraft, die die teilweise verheerenden Bilder, die sich die Normalgesellschaft von befremdlichen und „fremdseelischen" Menschen macht, wieder zurechtrückt und neue Maßstäbe im Umgang zwischen (psychisch) Kranken und Gesunden entgegensetzt.

Die fatalen Deutungsmuster seiner Zeit konnten sich auch bei Jesu eigenen Anhängern hartnäckig halten. Umso klarer Jesu entschiedene Absage an alle Spekulationen über Tun-Ergehen-Zusammenhänge im Kontext von Krankheit und Behinderung: Während sich seine Jüngerschaft bei der Begegnung mit einem Blindgeborenen (Joh 9, 1-7) in den gewohnten Spekulationen über die Ursachen für die angeborene Blindheit ergeht („Rabbi, wer hat gesündigt? Er selbst? Oder haben seine Eltern gesündigt, so dass er blind geboren wurde?"), schneidet Jesus solche Mutmaßungen, die ja nur den unheilsamen Ist-Zustand legitimieren und damit zementieren, mit der programmatischen Ansage ab: „Weder er noch seine Eltern haben gesündigt, sondern das Wirken Gottes soll an ihm offenbar werden." Dann widerfährt dem Blindgeborenen Heilung.

Neben dem Tun-Ergehen-Zusammenhang bricht das Evangelium Jesu Christi auch mit der genannten hierarchisierenden imago-Dei-Lehre. Die Fleischwerdung des Göttlichen in und durch Jesus Christus (vgl. Joh 1, 14) dementiert endgültig alle Abstufungen in der Gottebenbildlichkeit von Menschen. Die Metapher der Fleischwerdung Gottes in Leben und Geschick des Mannes aus Nazareth steht für die vollumfängliche Eintauchung des Göttlichen in die Welt des Menschen.[6] Die Fleischwerdung („Inkarnation") ist kein oberflächliches Eintupfen, sondern ist, wie es in der biblischen Tradition ohne Verharmlosung heißt, kenosis: Erniedrigung bis in die äußerste Dunkelheit menschlicher Existenz; bis zum schmachvollen, von Schmerz und Pein gezeichneten Tod am Kreuz (Phil 2, 6-8). Und gerade die hässlichen Narben dieser brutalen Gewaltanwendung, die Wunden an Rumpf und Gliedern, zählen zu den bleibenden Zeichen des Auferstandenen. Ausgerechnet an ihnen sollen die Seinen den Ermordeten wieder erkennen, als Er ihnen nach Ostern begegnet: „Warum lasst Ihr in euren Herzen solche Zweifel aufkommen? Seht meine Hände und meine Füße an: Ich bin es selbst. Fasst mich doch an, und begreift: Kein Geist hat Fleisch und Knochen, wie ihr es bei mir seht." (Lk 24, 38b) Die Botschaft ist eindeutig: Gott selbst existiert inmitten eines von schwerer Gewalt geschundenen und versehrten Körpers! Ein schärferes Dementi einer hierarchisierenden Lehre von der Gottebenbildlichkeit des Menschen ist vermutlich nicht denkbar.[7]

---

[6] Das Christusbekenntnis des kirchlichen *Credo* ist zwar nicht einfach vorzustellen, dennoch aber unzweideutig: wahrer Gott und wahrer Mensch zugleich; unvermischt, aber auch unzertrennt.

[7] Im Übrigen greift diese zentrale Botschaft des Neuen Testaments wichtige Intuitionen des Alten Testaments auf. Denn auch dort finden sich Berichte von versehrten Menschen, denen sogar eine bedeutsame Rolle zugebilligt wird: der sprachgestörte *Moses*, dem Gott seinen sprachgewandten Bruder Aaron als Hilfe zur Seite stellen muss; oder der Prophet *Ezechiel*, der ganz offensichtlich mit psychischen Auffälligkeiten belastet war. Wichtigster Anhaltspunkt für diese – oftmals vernachlässigte – Tradition des Ersten Testaments ist der prophetische Bericht über den Vierten Gottesknecht im Buch *Jesaja*: „Er hatte keine schöne und edle Gestalt, so dass wir ihn nicht anschauen mochten. Er sah nicht so aus, dass wir Gefallen fanden an ihm. Er wurde verachtet und von den Menschen gemieden, ein Mann voller Schmerzen, mit Krankheit vertraut. Wie einer, vor dem man das Gesicht verhüllt, war er verachtet; wir schätzten ihn nicht. Aber er hat *unsere* Krankheiten getragen und *unsere* Schmerzen auf sich geladen. Wir meinten, er sei von Gott geschlagen, von ihm getroffen und gebeugt. Doch er wurde durchbohrt wegen *unserer* Sünden zermalmt." (Jes 53, 2b-5); Hervorhebungen A.L.-H.) Die Tradition des Vierten Gottesknechtes wird gerne als Erläuterung des Lebens und Schicksals des Mannes aus Nazareth gelesen. Es ist bezeichnend, dass gerade hier die gewohnten Mutmaßungen über Ursachen von Unansehnlichkeiten und

4. Der in der Welt verdunkelte Gott

[Was aus biblischen Heilungsgeschichten für die Begegnung mit versehrten Menschen bis heute mindestens zu lernen wäre, ist die Beachtung des Bilderverbotes: das Verbot also, sich ein fest gefügtes Bild vom anderen Menschen zu machen. Diese Forderung mag für die moderne Medizin befremdlich, ja sogar extrem widersprüchlich und widersinnig sein. Ist es nicht gerade ein fachliches Erfordernis medizinischer Professionen, sich durch Anamnese und Diagnose ein möglichst detailliertes und präzises Bild vom Patienten zu machen - gerade in seinem Interesse?

Gewiss, doch meint das biblische Bilderverbot, auf das ich anspiele, etwas anderes: In seiner ursprünglichen Fassung verbietet es dem Menschen, ein Bild seines Gottes zu entwerfen in der Absicht, ihn „begreifbar" und damit für die eigenen Interessen verfügbar und verplanbar zu machen. Das biblische Bilderverbot will Gott dagegen offen halten für das von menschlicher Seite nicht restlos Planbare; offen halten für das überraschend Neue, das dem Menschen wann und wo auch immer von diesem Unverfügbaren in seiner Welt widerfahren mag.

In genau diesem Sinne gilt das Bilderverbot auch für jeden anderen, namentlich den beschädigten und versehrten Menschen. Das Bilderverbot warnt vor jedem Versuch, die Individualität und Einmaligkeit eines durch Krankheit oder Pathologien aller Art versehrten Menschen im letzten begreifen zu wollen und so über ihn wie eine Schachfigur planerisch verfügen zu können. Das Bilderverbot möchte die Lebensgeschichte eines jeden, auch und gerade eines in seiner Psyche Beschädigten und Erkrankten, offen halten für überraschend neue Wendungen und Entwicklungen. [Und: Das Bilderverbot schützt auch uns; es schützt unsere eigene Neugier auf die unvorhersehbare Kreativität des Anderen; es schützt uns vor einer Verblüffungsfestigkeit und Überraschungslosigkeit, die sich allzu schnell in der angestrengten und gehetzten Routine des medizinischen Alltags breit macht.]

Doch wir wissen: Nicht nur heute fällt die Haltung des Bilderverbots schwer. Auch das Christentum und seine Theologien haben sich mit ihrem eigentlich heilsamen Erbe sehr schwer getan. Und zwar von Anfang an: Jesu Heilungsbegegnungen mit Besessenen waren offensichtlich so ungeheuerlich, dass selbst seine eigene Familie, seine eigene leibliche Mutter mit Fassungslosigkeit reagierte und ihn - salopp formuliert - aus dem Verkehr ziehen und nach Hause zurückholen wollte: „Als seine Angehörigen davon hörten, machten sie sich auf den Weg, um ihn mit Gewalt zurückzuholen. Denn sie sagten: Er ist von Sinnen." (Mk 3, 21) Will sagen: Er selbst ist von unheimlichen Mächten und Gewalten in Besitz genommen. Er selbst ist verrückt!

Noch im Mittelalter und selbst zu Beginn der Neuzeit verdächtigte man all jene Menschen als vom Teufel besessen, deren physischen oder psychischen Anomalien eine Verwandtschaft mit dem hinkenden Satan belegen sollten. Die Mutmaßung, dass ein neugeborenes Kind mit solchen Anomalien ein „Wechselbalg", also ein von satanischen Mächten ausgewechseltes, gleichsam untergeschobenes Wesen sei, kostete diesen Kindern nicht selten das Leben - übrigens im Namen und mit Billigung „offizieller" Theologie. Selbst Martin Luther wähnte sich mit seiner Empfehlung in Übereinstimmung mit der christlichen Tradition, dass solche „Wechselbälge" und „Kielkröppen" besser zu ersäufen als aufzuziehen wären - sind sie

---

Missbildungen als fundamental falsch und letztlich als menschliche Projektionen entlarvt werden, um von den eigenen Unzulänglichkeiten (im ursprünglichen Sinne des Wortes!) abzulenken.

doch nur ein vom Satan in die Wiege gelegtes seelenloses Fleisch, „das denn nicht gedeiht, sondern nur frisst und säugt"[8]. Auch vor Erwachsenen machte diese Einstellung nicht halt. Kurz vor Luther etwa veröffentlichten 1486 die beiden Dominikanerpatres Heinrich Krämer und Jakob Sprenger ihren als Hexenhammer bezeichneten malleus maleficarum. Frauen mit psychotischen oder hysterischen Symptomen wurden unter Berufung auf den Hexenhammer als Hexen bezeichnet und bestraft. Hunderttausende von Frauen fanden so auf dem Scheiterhaufen ihren Kreuzestod.

Es ist tatsächlich das Verdienst der modernen naturwissenschaftlich operierenden Medizin, die Deutungen der Ursachen von Krankheit und Behinderung versachlicht und damit das Deutungsmuster der Dämonisierung „entzaubert" zu haben. Gleichwohl führt solche Entzauberung nicht automatisch zu einer höheren Wertschätzung von versehrten Menschen. In der euphorischen Frühphase moderner Human- und Sozialwissenschaften konnte sich ein Fortschrittsdenken etablieren, das der Idee einer Vervollkommnung des Menschen und einer leidfreien Gesellschaft verpflichtet war. Trotz beachtlicher Erfolge der Sozial- und Gesundheitswissenschaften konnten die großen Probleme individueller Lebensschicksale wie Krankheit, soziale Not oder „Anomalität" nicht verhindert werden. Stattdessen suchten die Protagonisten dieser Idee der Vervollkommnung einen Ausweg in der Eugenik. Berühmt sind die unrühmlichen Einlassungen, die der ehemalige Präsident des Reichsgerichts Karl Binding zusammen mit dem damaligen Direktor der Freiburger Universitätsklinik für Psychiatrie Alfred Hoche sogar die „Freigabe der Vernichtung lebensunwerten Lebens" fordern ließ, da die Pflege solcher „leeren Menschenhülsen", „Ballastexistenzen" und „Defektmenschen" eine nicht zu rechtfertigende Vergeudung privater wie gesellschaftlicher Ressourcen darstellt.[9]

Der Gedanke, dass die positive wie negative Eugenik zur Sicherung von Fortschritt und Überleben der menschlichen Gesellschaft legitim ist, machte auch vor Vertretern der Katholischen Kirche und Theologie nicht halt - ein nicht nur unrühmliches, sondern auch ein gern verdrängtes Kapitel offizieller Christentumsgeschichte. Ich erinnere - pars pro toto - an die Auseinandersetzung um das 1933 erlassene Gesetz zur Verhinderung erbkranken Nachwuchses, das u.a. eine zwangsweise Sterilisation erblich entsprechend „belasteter" Menschen vorsah. Zwar lehnten die meisten Bischöfe und Moraltheologen eine Zwangssterilisierung „erblich belasteter" Menschen ab. Diese Ablehnung war aber keineswegs Ausdruck der Wertschätzung versehrter Menschen, sondern lediglich die Konsequenz der kirchlichen Ehelehre und Sexualmoral. So lehnten einige Bischöfe gegenüber der damaligen Reichsregierung eine (Zwangs-)Sterilisierung mit dem Hinweis ab, „dass mit der Durchführung des Gesetzes für die private und öffentliche Sittlichkeit große Gefahren sich ergeben; denn die sterilisierten Männer und Frauen können sich nun ihrem Geschlechtsleben hemmungslos überlassen, da ja aus ihrem Verkehr keine Nachkommen entstehen."[10] Statt einer Sterilisierung optierten die meisten katholischen Bischöfe für eine konsequente Asylierung, also für die Internierung mutmaßlich Erbkranker, zu denen nahezu alle Formen von psychisch Kranken und geistig Behinderten zählten. Der Vorsitzende der Bayrischen Bischofskonferenz, Kardinal

---

[8] *Martin Luther:* Tischreden Nr. 5207 = WA 5, Weimar 1919, 8f

[9] *K.Binding/A.Hoche:* Die Freigabe der Vernichtung lebensunwerten Lebens. Ihr Maß und ihre Form. Leipzig ²1922, 56

[10] Schreiben der Bischöfe Gröber (Freiburg) und Berning (Osnabrück) an den Vorsitzenden der Fuldaer Bischofskonferenz Kardinal Bertram vom 3.11.1933. in: Akten deutscher Bischöfe = Veröffentlichungen der Kommission für Zeitgeschichte Reihe A: Quellen, Bd. I, S. 343f

Faulhaber, schlug kurz nach Weihnachten 1933, also in Kenntnis des politischen Terrors und seiner tödlichen Folgen für Regimegegner, seinem Amtskollegen von der Fuldaer Bischofskonferenz Kardinal Bertram sogar vor: „Da der Staat für die Schutzhäftlinge eigene Lager errichtet hat, kann er es ebenso gut für diese Schädlinge der Volksgemeinschaft, die er ja durch die Sterilisierung unschädlichen machen will."[11] Ich stelle ungern fest: Selten ist Gott in der Welt so verdunkelt worden wie in diesen Worten eines seiner bischöflichen Protagonisten.

5. Der in der Welt unfassliche Gott

Siebzig Jahre nach diesen Einblicken in ein ungeheuerliches Denken selbst von katholischen Bischöfen[12] hat sich die (katholische) Deutsche Bischofskonferenz in einem Hirtenwort 2003 aus Anlass des Europäischen Jahres der Menschen mit Behinderungen entschieden gegen jede Form von Klassifizierungen, Hierarchisierungen und Ausgrenzungen mit psychisch Kranken und geistig Behinderten gewandt: „Mit Behinderungen sein Leben zu führen, hat eine eigene Sinnhaftigkeit. Für die Mehrzahl der Menschen relativiert es die gewohnten Maßstäbe des Sinnvollen und Nichtsinnvollen. (...) Festgefahrene und verengte Bilder von dem, was geglücktes, wahrhaft gelingendes Leben ist, werden aufgebrochen. Sie entdecken am Anderen neue Möglichkeiten, mit den Begrenztheiten auch des eigenen Lebens sinnvoll umzugehen. Sie lernen einen respektvollen Umgang mit Verschiedenheiten, ohne immer wieder die alten Muster von besser oder schlechter zu bemühen. Sie lernen, Ängste vor dem Unbekannten und Befremdlichen abzubauen."[13]

Freilich, alle Bemühungen von Theologie und Kirche, die verschütteten Traditionen ihres heilsamen Erbes freizulegen, die unheilvollen Entwicklungen ihrer eigenen Praxis zu überwinden und so den biblischen Gott in der Welt versehrter Menschen heilsam erfahrbar werden zu lassen, stehen letztlich alle unter einem großen Fragezeichen; einem Fragezeichen, dass der biblische Schöpfergott selbst in der Welt hinterlässt: Warum gibt es überhaupt Krankheit, Schmerz, Leid?

Auch das gehört zum redlichen Nachdenken über den christlichen Gott in der Welt - das Eingeständnis seiner letztlich Unfasslichkeit, die angesichts des Leidens dieser Welt fürwahr keine akademische, sondern eine zutiefst existentielle Fassungslosigkeit vieler Menschen spiegelt. Die Lebensbewältigung versehrter Menschen ist wie die Lebensführung jener, deren Lebensgeschichte eng mit ihnen verknüpft ist, neben durchaus bereichernden und beglückenden Erfahrungen immer auch ein Leben unter erheblich erschwerten Bedingungen, die als Zumutung, als Überforderung, kurz: als leidvoll erfahren werden. Das zu verschweigen wäre zynisch und obszön.

Gerade Christen werden sich selbst und der Welt gegenüber eine befriedigende Antwort auf die Frage nach dem Sinn von Beschwernis und Leid schuldig bleiben müssen. Gewiss, im Ringen um eine angemessene Rechtfertigung Gottes angesichts der Übel dieser Welt sind Christen nicht nur Fragende, sondern auch Gefragte - Gefragte im Sinne eines entschiedenen Engagements für die Belange jener, die am Wegesrand menschlicher Fortschrittsgeschichte als Kranke, Geschun-

[11] Faulhaber an Bertram vom 29.12.1933, in: *Ludwig Volk (Hg.):* Faulhaber Akten I, 834

[12] Vgl. zu diesen Fragen die ausgezeichnete Recherche von *Ingrid Richter:* Katholizismus und Eugenik in der Weimarer Republik und im Dritten Reich. Zwischen Sittlichkeitsreform und Rassenhygiene. = Veröffentlichungen der Kommission für Zeitgeschichte Reihe B: Forschungen Bd.88, Paderborn 2001

[13] *UnBehindert Leben und Glauben teilen.* Wort der deutschen Bischöfe zur Situation der Menschen mit Behinderungen. Bonn 2003, 17f

dene und Ausgrenzte ansonsten achtlos beiseite geschoben liegen bleiben würden. Aber auch solch entschiedenes Engagement von Menschen, die Gottes Zuspruch in dieser Welt und für seine menschlichen Geschöpfe mit den Händen greifbar machen wollen, kann die Frage nach dem letzten Warum menschlicher Verletzlichkeit und Leidensschicksale niemals befriedigend beantworten.

In seinem „Plädoyer für die Freunde Hiobs" stellt der evangelische Theologe Jürgen Ebach deren erste Reaktion auf die unerklärlichen Leiden des Hiob heraus. Bevor sie gegenüber Hiob, der bis heute als Synonym für jeden ungerecht leidenden Menschen gilt, für eine konsequente Auslegung des Tun-Ergehen-Zusammenhangs argumentieren, auf der Gerechtigkeit Gottes beharren und daher auf Hiobs irgendwie gelagerte Schuld für seine Misere schließen, schweigen sie mit Hiob und geben so dessen verzweifeltem Ringen mit Gott nicht nur aus taktischen Gründen, sondern auch aus solidarischen, aus mit leidenden Gründen Raum. Mit Blick auf die so ehrlichen Freunde Hiobs kann ich Ihnen am Ende meiner Ausführungen über den biblischen Gott in dieser Welt deshalb nicht die Zumutung ersparen, dass ich mich als christlicher Theologe in der Frage des angesichts des Leidens dieser Welt letztlich unfasslichen Gottes nur in einem beredten Schweigen üben kann.

Christine Winter und Andreas Heinz

Anthropologische und neurobiologische Aspekte zur Zwangsstörung

Einleitung

Zwänge sind verbreiteter als zunächst angenommen und kommen in einem kontinuierlichen Spektrum von harmlosen Angewohnheiten bis hin zu krankhaften Denk- und Verhaltensweisen vor. Der französische Psychiater Esquirol beschrieb die Zwangserkrankung 1838 erstmalig als eigenständiges Krankheitsbild. Seit Tuke (1894) wird angenommen, dass der Zwangsstörung eine kortikale Dysfunktion und eine daraus resultierende Desinhibition subkortikal generierter Stereotypien zugrunde liegt (Schwartz et al., 1996). Im Rahmen eines evolutionären Konzeptes der Hirnentwicklung wurden Zwangshandlungen dann als eine Manifestation phylogenetisch obsoleter Verhaltensmuster interpretiert, die durch die dysfunktionalen kortikalen Areale nicht länger kontrolliert werden können (Jackson, 1927). Diese Hypothese postuliert dabei Ähnlichkeiten zwischen Zwangshandlungen und gesellschaftlichen Ritualen so genannter primitiver Kulturen. Der folgende Artikel widerlegt diese Hypothese, indem er neurobiologische Konzepte zur Äthiopathogenese von Zwangserkrankungen vor dem Hintergrund anthropologischer Beschreibungen kultureller Rituale diskutiert.

Die Zwangsstörung

Entsprechend einer phenomenologischen Tradition innerhalb der psychiatrischen Psychopathologie unterscheiden wir zwischen Zwangsgedanken, -impulsen und -handlungen. Zwangsgedanken sind sich aufdrängende Gedanken oder Bilder, die im Gegensatz zu Erstrangsymptomen der Schizophrenie nicht als von außen gemacht erlebt werden (Fähndrich, 1981). Zwangshandlungen werden meist ausgeführt, um die Entwicklung negativer Gefühle bzw. aggressiver oder obszöner Gedankeninhalte abzuwehren. Die Patienten sind sich dabei bewusst, dass die Zwangshandlungen irrational, übertrieben und unsinnig sind (American Psychiatric Association, 1995). Zwangsimpulse stehen phenomenologisch zwischen Zwangsgedanken und Zwangshandlungen. Einerseits handelt es sich um mentale Phänomene, andererseits können sie simple Handlungsmuster induzieren wie beispielsweise im Rahmen der Koprolalie, dem Zwang zu Fluchen (Fähndrich, 1981).

Das evolutionäre Konzept der Hirnentwicklung

Jackson postulierte am Ende des 19. Jahrhunderts, dass das Gehirn evolutionär aufgebaut sei und dass phylogenetisch ältere Zentren an stammesgeschichtlich jüngere und komplexere Zentren Informationen liefern und wiederum in ihrer Tätigkeit von den komplexeren Zentren gehemmt werden. Der Prozess einer psychiatrischen Krankheit beginnt bei Jackson immer in den komplexesten Zentren und führt zu einem Ausfall dieser störanfälligen Hirnregionen, was sich als Negativsymptomatik manifestiere (Jackson, 1927). Sekundär komme es dann laut Jackson zu einer Enthemmung der phylogenetisch älteren Zentren, deren stammesgeschichtlich überholte und inadäquate Reaktionsweisen phylogenetisch ältere im Rahmen der menschlichen Weiterentwicklung jetzt obsolete Verhaltensmuster generieren, die sich als Positivsymptomatik manifestieren. Einige Studien haben dieses Konzept auch auf die Zwangsstörung angewandt und Dysfunktionen im orbitofrontalen Kortex mit Veränderungen in phylogenetisch jungen Hirnanteilen gleichgesetzt. Zwangshandlungen wurden als positive Symptome interpretiert, die generiert werden würden durch Veränderungen im Basalgangliensystem und sich als regressive Verhaltensmuster vergleichbar überholter Verhaltensmuster primitiver Kulturen manifestieren würden.

Kann diese Theorie allerdings wirklich auf die Zwangsstörung angewandt werden? Sind Dysfunktionen im orbitofrontalen Kortex gleichzusetzen mit Funktionsverlust in höheren Hirnarealen und somit gleichzusetzen mit negativen Symptomen? Sind die in tieferen Hirnzentren generierten Stereotypien Beispiele für eine phylogenetische Regression oder Dissolution und folgerichtig sind die klinischen Stereotypien dann etwa gleichzusetzen mit primitiven Verhaltensmustern? Einige Untersuchungen scheinen diese Hypothesen zu bestätigen: Tiere und Menschen mit spezifischen Läsionen im orbitofrontalen Kortex zeigen stereotype Verhaltensweisen (Gross-Iserhoff, 1996; Freedman et al., 1998). Und Zwangshandlungen werden häufig beschrieben als primitiv-regressive, magische Versuche, Gefahren durch symbolische und ineffektive Handlungsweise abzuwehren (World Health Organization, 1991; American Psychiatric Association, 1995).

Jackson Thesen sind jedoch sicherlich nur dann berechtigt, wenn man davon ausgehen könnte, dass sich ältere Entwicklungsstufen des Menschen in quasi unveränderter Form in phylogenetisch älteren Hirnzentren konservieren. Da im Laufe der Evolution die Gehirnzentren jedoch umorganisiert werden und sich evolutionär jüngere Hirnzentren eben nicht einfach additiv den älteren auflagern, sondern sich aus den älteren Strukturen entwickeln, ist eine simple Remanifestation phylogenetisch älterer Verhaltensweisen bei Enthemmung stammesgeschichtlich älterer Hirnzentren eigentlich nicht zu erwarten, da diese „älteren" Zentren ebenfalls im Laufe der Evolution modifiziert werden und nicht einfach starr die frühere Struktur beibehalten (Heinz 2002).

Zwangshandlungen - Entsprechung in kulturellen Ritualen?
Ziemlich schnell stellt sich bei der Betrachtung von Jacksons Theorie auch die Frage, woher wir überhaupt wissen wollen, was phylogenetisch alte, regressive ritualisierte Handlungen sind? Während der ersten Hälfte des letzten Jahrhunderts wurden magisch anmutende Rituale als primitiv klassifizierter Völker mit entwicklungsgeschichtlich überholten Handlungsabläufen und mit psychiatrischen Verhaltensauffälligkeiten gleichgesetzt. Diese Versuche sind jedoch letztendlich an den empirischen ethnologischen Forschungsansätzen gescheitert. In Ermangelung definierter primitiver Völker wurde sich der Einheimischen in den Kolonialstaaten bedient und die kulturellen Rituale bei ihrer Betrachtung aus den soziokulturellen Gefügen herausgelöst. Erst die Abkehr von der sich ausschließlich aus subjektiven Quellen speisenden in die empirische Forschung, konfrontierte Anthropologen mit den Vorurteilen und Missinterpretationen berichterstattender Reisender und Administratoren im Kolonialsystem. Es war Malinowski (1955), der in Folge seiner Feldforschung während des Ersten Weltkriegs als einer der ersten darauf hinwies, dass die vermeintlich Primitiven eben keine irrational handelnden Menschen sind, sondern vor allen Dingen nur technisch weniger entwickelt sind, sich aber durch ein detailliertes Wissen um und exakte Beobachtung der Natur die Umwelt sicher erschlossen und untertan gemacht haben. Weiterhin berichtete er erstmalig, dass die eben nicht Primitiven ihre den westlichen Reisenden oft unverständlich anmutenden Rituale nur dann praktizieren, wenn diese funktionell sinnvoll sind und beispielsweise der Beruhigung der Handelnden dienen. In der Folge wiesen britische Anthropologen wie Evans-Pritchard (1937) darauf hin, dass magische Rituale

durchaus rational strukturiert seien, der empirischen Erfahrung nie direkt widersprechen und auch für Europäer durchaus einfühlbar und nachvollziehbar seien. Schließlich konnte der französische Ethnologe Lévi-Strauss in seinem Werk „Das wilde Denken" (1968) zeigen, dass das vermeintlich „wilde" Denken nicht primitiv, sondern durchaus komplex strukturiert ist und sich im Wesentlichen durch eine Aneinanderreihung von Gegensatzpaaren auszeichnet, die zu einem komplexen System verwoben werden, in dem jeder Gegenstand der Welt seinen Platz findet.

Und auch wenn wir die kulturellen Rituale der vermeintlich, aber eben nicht Primitiven als primitive Verhaltensweisen betrachten würden, berücksichtigt die durch Jackson postulierte Analogie zwischen kulturellen Ritualen und Zwangshandlungen einige entscheidende Unterschiede, die in der Natur der Handlungsformen liegen, nicht. Kulturelle Rituale werden zyklisch wiederholt, beispielsweise einmal im Jahr, jedoch mit Sicherheit nicht unablässig wie die Zwangshandlungen. Dann werden kulturelle Rituale nicht als unsinnige oder irrationale Verhaltensmuster erfahren. Böll verdeutlicht in seiner Kurzgeschichte Weihnachten die Bedeutung kultureller Rituale für den Einzelnen, die durch eine zwanghafte aus dem kulturell definierten Zeitzyklus herausgelöste Widerholung aufgehoben wird. So erzählt Böll die Geschichte einer Familie, die zunächst aus Freude an dem kulturell-religiösen Ritual Weihnachten feiert, dieses aus seiner Zeitgebundenheit löst und zuletzt täglich zelebriert. Weihnachten wird zur Qual, zum qualvoll erlebten Zwangsritual.

Zwangshandlungen sind rigide, stereotype und als sich aufdrängend erlebte Verhaltensweisen. Der Anthropologe Turner hat kulturelle Rituale mit Theatervorführungen verglichen, in denen die Schauspieler durch Variationen in Mimik, Gestik und Text ihren individuellen Gefühlen immer wieder erneut im Rahmen des vorgegebenen Stücks Ausdruck verleihen können. Ein Beispiel des individuellen Ausdrucks im Rahmen kultureller Rituale bietet das Inthronisierungsritual der Swazi in Südafrika. Frei improvisierend beschimpft und attackiert das Volk den jungen König als Warnung davor, was ihm drohe, vernachlässige oder werde er nicht gerecht seinen königlichen Pflichten. Der König selbst, noch rein jedweden Vergehens, muss diese Beschuldigungen nicht über sich ergehen lassen, er setzt sich zur Wehr, verteidigt sich, interagiert mit dem Volk. Das Inthronisierungsritual bildet spielerisch und interaktiv in freier Improvisation einen ideellen Kampf um soziale Macht, eine gesellschaftliche Konfliktsituation nach. Soziale Ambiguitäten und politische Gegensätze werden so in die Öffentlichkeit getragen und dadurch der öffentlichen Kontrolle zugänglich gemacht (Turner, 1988; Seite 158). Anders das Zwangsritual. Es erinnert mehr an militärische Zeremonien. Aggressive Impulse, intrapsychische Konfliktsituationen werden nicht gegeneinander ausgetragen.

Zwangshandlungen sind angstbesetzt. Entgegen der Mutmaßungen durch die preempirische Anthropologie gibt es jedoch keinen gültigen Nachweis dafür, dass Angst oder Furcht auch die Ausführung kultureller Rituale begleiten, sogar dann nicht, wenn Geister oder übernatürliche Kräfte angesprochen werden. So beschrieb Malinowski (1973), dass die Durchführung eines Rituals auf der melanesischen Insel Trobriand zur Vertreibung der Geister der Toten, die die Insel für drei Tage heimsuchten, ohne jegliche Form der Angst durchgeführt wurde.

Zwangshandlungen werden als sinnlos erlebt. Im Tier dient die ritualisierte Wiederholung von Bewegungsabläufen dem Ziel der verlässlichen Signalübertragung. Kulturelle Rituale formalisieren emotional motiviertes Verhalten und garantieren die sexuelle und soziale Interaktion und den gesellschaftlichen Fortbestand. Sie sind politisch motiviert und dienen der Bearbeitung sozialer Konfliktsituationen durch das Volk. Weiterhin sollen sie die kognitive Überlegenheit der Menschen gegenüber ihrer Umwelt darstellen. Viele Kulturen zelebrieren zyklisch den Zeitpunkt, an dem alle Objekte der Welt ihren Namen erhalten haben und somit Teil des menschlichen Gedankensystems geworden sind (Leach 1966). Zusammengefasst sind kulturelle Rituale performative Darstellungen von Rollen und Handlungsweisen, Identitäten und Grenzen, die in Mythen beschrieben werden. Indem ritualisierte Handlungen die mythische Welt darstellen und verwirklichen, rechtfertigen sie auch diese Welt, denn die Handlungen beweisen, dass gerade diese Weltordnung sinnvoll ist. Sie sollen helfen, Schwellen- und Krisensituationen zu bewältigen. Sie haben eine spirituelle, psychische, zeitliche und eine soziale Funktion. Kulturelle Rituale sind Handlungen mit einem geregelten, wiederholten Ablauf, die mit hoher Aufmerksamkeit, emotionaler Beteiligung und Symbolisierung zelebriert werden. Sie sind mit persönlichem oder innerhalb einer Lebensgemeinschaft allgemein gültigem Sinn erfüllt. Kulturelle Rituale sind folglich nicht als sinnlos erlebte Bewegungsabläufe, sondern fester Bestandteil einer Gesellschaft und dienen dem Erhalt und dem Fortbestehen dieser. Zwangshandlungen werden sogar von den Ausführenden als sinnlos und übertrieben erlebt.

Zwangshandlungen und kulturelle Rituale sind demnach nicht - wie durch Jackson postuliert - gleichzusetzen. Wie sieht es nun aus mit den neurobiologischen Grundlagen der Zwangsstörung, lassen sie sich in das Konzept von Jackson einfügen? Jacksons Modell lässt ausschließlich eine Inhibition von den phylogenetisch jüngeren in Richtung der phylogenetisch älteren Hirnzentren zu. Eine durchaus plausible primäre Störung älterer Hirnzentren oder gar eine Hemmung jüngerer Hirnzentren durch phylogenetisch ältere darf in diesem Modell nicht vorkommen.

Zwangssymptome wurden häufig im Zusammenhang mit Anfallsleiden, bei fokalen Hirnläsionen, bei Schädel-Hirn Traumata und bei entzündlich/immunologischen Hirnerkrankungen wie der Ekonomo-Enzephalitis, Enzephalitis lethargica oder Chorea Sydenham beschrieben. Neben diesen unspezifischen Assoziationen gibt es eine Reihe neurologischer Erkrankungen, welche eine Schädigung der Basalganglien zeigen und relativ häufig mit einer Zwangssymptomatik einhergehen. Hierzu zählen das idiopathische Parkinsonsyndrom, die Chorea Huntington, das Meige- und v. a. das Gilles-de-la-Tourette-Syndrom (GTS). Das GTS ist durch motorische und vokale Tics charakterisiert und ist in mehr als 50 % mit Zwangsgedanken und -handlungen assoziiert (Cummings und Frankel, 1985). Die Koexistenz von neurologischen Symptomen aus dem Formenkreis der Bewegungsstörungen und psychiatrischen Zwangssymptome hat dazu veranlasst, nach einem gemeinsamen neuropathologischen Korrelat beider Syndrome zu suchen und führte zu der so genannten Basalganglienhypothese, die letztendlich besagt, dass die Zwangssymptome Ausdruck einer funktionellen Störung zwischen Frontalhirn, Basalganglien und limbischem System sind. Einzelne Studien favorisieren dabei die Idee einer Spektrumskrankheit, die sich entweder als isolierte Bewegungsstörung, isolierte Zwangsstörung oder als kombinierte Störung wie beispielsweise das GTS manifestiert (Swedo und Leonard, 1994; Hyde und Weinberger, 1995). Nach Jackson müsste nun ein Ausfall des komplexesten Zentrums der an der Pathophysiologie der Zwangsstörung beteiligten Areale, nämlich des orbitofrontalen Kortex, zu einer Enthemmung der phylogenetisch älteren weniger komplexen Zentren der an der Pathophysiologie der Zwangsstörung beteiligten Areale, nämlich der Basalganglien, führen und dadurch die Zwangshandlungen induzieren. Diese Hyothese widerspricht jedoch schon gleich einer Reihe von Studien, die zeigen, dass läsionsbedingte hypoaktive Dysfunktionen im orbitofrontalen Kortex ein Verhalten induzieren, das gekennzeichnet ist durch affektive Verflachung, Desinteresse und sozialen Rückzug (Mumenthaler und Muttle, 1997). Im Gegensatz dazu sind Zwangspatienten überbesorgt und ängstlich (Rapoport, 1989). Der präfrontale Kortex ist für eine Reihe kognitiver Funktionen wie der Planung, Organisation, Kontrolle und Überprüfung von komplexen Aufgaben verantwortlich. Perservierendes Verhalten nach Läsionen im orbitofrontalen Kortex ist folglich eher Ausdruck einer gestörten Fehlererkennung, während das zwanghafte Wiederholen von als unangenehm empfundenen Handlungen zur Abwehr von Angst und Gefahr eher das durch eine Hyperaktivität des frontalen Kortex induzierte Gefühl reflektiert, etwas sei fehlerhaft und bedürfe der Korrektur.

Neurobiologische Grundlagen

Welche neurobiologischen Veränderungen liegen nun tatsächlich der Zwangsstörung zugrunde? Die Bewegungsstörungen im Rahmen des GTS wurden auf eine Beeinträchtigung des Dopaminsystems im Striatum zurückgeführt (McDougle et al., 1994). Das Striatum ist Teil des Basalgangliensystems und umfasst den Kaudatuskern, das Putamen und das Accumbenskerngebiet. Grund für die Annahme, dass das striatale dopaminerge System von zentraler Bedeutung in der Manifestation des GTS ist, liefert die gute Wirksamkeit Dopamin-antagonistischer Medikation in der Behandlung des GTS. Wie haben wir uns das vorzustellen? In einer funktionellen Bildgebungsuntersuchung eineiiger Zwillinge, die an GTS erkrankt waren, konnte eine signifikante Korrelation zwischen Schwere der Bewegungsstörung und Dichte von iatrogen markierten Dopamin D2 Rezeptoren in dem Kaudatuskern (Wolf et al. 1996) gezeigt werden. Dem Nachweis einer erhöhten D2 Rezeptorendichte liegt dabei ein Unterangebot von endogenem Dopamin und eine daraus resultierende erhöhte Rezeptorbindung des exogen zugeführten Radioliganden zugrunde (Fisher et al., 1995). Diese Daten scheinen zunächst widersprüchlich, wenn wir uns erneut vergegenwärtigen, dass Dopamin-antagonistische Medikamente zur Behandlung des GTS erfolgreich eingesetzt werden, finden sich allerdings bestätigt in dem laborchemischen Nachweis eines reduzierten Dopaminumsatzes in der zerebrospinalen Flüssigkeit von GTS-Patienten (Cohen et al., 1978) und sind in Einklang mit dem gehäuften Auftreten von Zwangssymptomen bei Dopamin-Mangelerkrankungen wie dem ideopathischen Parkinsonsyndrom. Aber induziert nicht ein Zuwenig an Dopamin hypokinetische Bewegungsstörungen, während nur ein Zuviel an Dopamin verantwortlich ist für die Induktion hyperkinetischer Bewegungsstörungen, wie wir sie beispielsweise bei motorischen Tics finden. Dieser Widerspruch lässt sich wie folgt erklären: Eine chronisch verminderte Freisetzung von Dopamin kann zu einer Hypersensitivität postsynaptischer Dopamin-Rezeptoren führen (Devinsky, 1983). Ein plötzliches Überangebot an Dopamin kann dann auf sensibilisierte und hochregulierte Dopamin-Rezeptoren treffen und so einen überproportional starken Effekt induzieren, der sich in relativen Überbewegungen wie den motorischen Tics ausdrückt (Grace, 1991). Vor nicht allzu langer Zeit wurde postuliert, dass frühe kortikale Dysfunktionen möglicherweise phasisch die Dopaminausschüttung beeinflussen (Heinz et al., 1999). Motorische Tics können folglich begründet liegen in einer kortikal vermittelten stress-induzierten dopaminergen Stimulation des Basalgangliensystems und hier v. a. des Kaudatuskerns und einer konsekutiven Induktion perservierender relativer Überbewegungen (Alexander et al., 1986; Cummings, 1993).

Es entspricht der allgegenwärtigen wissenschaftlichen Meinung, dass nicht nur das dopaminerge System, sondern vielmehr auch das serotonerge System von zentraler Bedeutung bei der Manifestation von Zwangsstörungen im Allgemeinen ist (Cummings and Frankel, 1985; Swedo and Leonard, 1994). Hierbei geht man von einer verminderten serotonergen Funktion bei Patienten mit einer Zwangsstörung aus. Diese Annahme stützt sich im Wesentlichen auf die Tatsache, dass Zwangspatienten gut auf eine Behandlung mit serotoninagonistischen Medikamenten ansprechen. Des Weiteren wurden Hinweise für diese Annahme, u. a. mittels Stimulationstests, mit m-CPP und Fenfluramin sowie peripheren serotonergen Metaboliten wie 5-HIES im Liquor gefunden, jedoch ist die Datenlage hier noch nicht abschließend beurteilbar (Hegerl und Mavrogiorgou 2002).

In einer SPECT Untersuchung zur Darstellung presynaptischer Dopamin- und Serotonin-Transporter bei GTS Patienten konnte keine signifikante Reduktion/Änderung in der Dopamin-Transporterdichte zwischen Gesunden und GTS Patienten, geschweige denn eine Korrelation der Dopamin-Transporterdichte mit der Schwere der Erkrankung gezeigt werden. Interessanterweise konnte jedoch eine negative Korrelation zwischen Krankheitsschwere und Serotonin-Transporterdichte in Mittelhirn und Thalamus gefunden werden. Diese dadurch angezeigte Erhöhung der Serotonin-Wiederaufnahme kann Ausdruck sein einer verminderten Anwesenheit von Serotonin in der Synapse (Heinz et al., 1998). Interessanterweise sind jedoch nicht alle Tics beim GTS mit einer reduzierten Anwesenheit von Serotonin-Transportern vergesellschaftet, sondern ausschließlich vokale Tics (Heinz et al., 1998). Vokale Tics manifestieren sich häufig als Koprolali, ein Erscheinungsbild, das phenomenologisch den Zwangsimpulsen zugeschrieben wird (Fähndrich, 1981). Häufig wird ein Symptomkontinuum zwischen Tics und Zwängen beschrieben. Zweckorientierte Bewegungen werden dabei den Zwangsphänomenen zugeordnet, während einfache Bewegungen, die eher durch die betroffenen Muskelgruppen definiert sind, den motorischen Tics zugehörig gezählt werden.

Innerhalb des Mittelhirns stellt der Raphekern den Ursprung kortikaler und subkortikaler serotonerger Bahnverbindungen dar (Baumgarten und Grozdanovic, 1997). Erhöhte Serotoninausschüttung aus dem dorsalen Raphekern kann die Dopamin Freisetzung im Basalgangliensystem inhibieren, ohne dabei die Erregbarkeit dopaminerger Neurone zu verändern (Dewey et al., 1995). Elektrophysiologische Untersuchungen haben gezeigt, dass serotonerge Stimulation die Entladungsaktivität im Thalamus verändert (McCormick, 1992) und die Aktivität kortikaler Neurone erhöht (Storozhuk et al., 1995). Der Raphekern projiziert mit serotonergen Neuronen in unterschiedliche neuronale Areale. Es gibt bislang keinen eindeutigen Hinweis darauf, welche Projektionen im Rahmen der Pathogenese der Zwangskrankheiten von entscheidender Bedeutung sind (Baumgarten and Grozdanovic, 1997). Baxter et al. konnten jedoch zeigen, dass der orbitofrontale Kortex, der Kaudatuskern und der Thalamus bei Zwangspatienten aktiviert sind (Baxter et al., 1987; 1992) und dass die erhöhte Aktivität im Kaudatuskern durch eine erfolgreiche Behandlung mit Clomipramin oder verhaltenstherapeutische Interventionen wieder ausgeglichen werden kann (Baxter et al., 1992; Schwartz et al., 1996). Folglich kann angenommen werden, dass eine Desinhibition des orbitofrontalen Kortex, Kaudatuskerns und des Thalamus von äthiopathogenetisch zentraler Bedeutung bei der Zwangsstörung ist.

Eine Aktivierung des orbitofrontalen Kortex konnte assoziiert werden mit Fehlererkennung und der emotionalen Beurteilung wenig erfolgreicher Verhaltensstrategien, v. a. in unvorhersehbaren Situationen (Thorpe et al., 1983). Stimulation des Kaudatuskopfes kann repetitive und stereotype Verhaltensweisen desinhibieren (McLean, 1973; Wolf et al., 1996) und die Weiterleitung von Informationen in den orbitofronto-striatalthalamischen Kreislauf fördern (Schwartz et al., 1996). Bei der Zwangsstörung finden wir Aktivierung in beiden Bereichen. Unter dieser Vorstellung endet die gemeinsame Aktivierung von Kaudatuskern und orbitofrontalem Kortex in einem Teufelskreis, innerhalb dessen die orbitofrontale Kortexaktivierung zu ängstlichem Erleben und der negativen Beurteilung des Handlungserfolges führt, während die Kaudatuskern-Aktivierung repetitives Verhalten desinhibiert und den orbitofrontalen Kortex weiter aktiviert (Schwartz et al., 1996). Die Zwangsstörung kann folglich als eine Krankheit beschrieben werden, die sich einerseits als simple Stereotypien auf der Grundlage einer Desinhibition des Kaudatuskopfes manifestiert und andererseits als komplexe angstbesetzte und zwanghafte Verhaltensmuster, die in einer zusätzlichen Aktivierung des orbitofrontalen Kortex begründet liegen.

Zusammenfassung

Zwangsgedanken unterscheiden sich von kulturellen Ritualen. Magische oder kulturelle Rituale haben eine mehrdimensionale Funktion. Sie sind mit persönlichem oder innerhalb einer Lebensgemeinschaft allgemein gültigem Sinn erfüllt und werden in einem kreativen Spiel mit hoher emotionaler Beteiligung ausgeführt. Zwangshandlungen sind im Gegensatz dazu als sinnlos erlebte angstbesetzte starre Bewegungsabläufe. Ihre neurobiologische Grundlage bildet eine gleichzeitige Hyperaktivität des Kaudatuskopfes und des orbitofrontalen Kortex.

Literatur

Alexander GE, De Long MR, Strick PL: Parallel organization of functionally segregated circuits linking basal ganglia and cortex. Ann. Rev. Neurosci. 1986; 9: 357 ± 381

American Psychiatric Association: Diagnostic and statistical manual of mental disorders. Fourth edition. American Psychiatric Association, Washington DC 1995

Baumgarten HG, Grozdanovic Z: Anatomy of central serotonergic projection system. In: Baumgarten HG, Göthert M: Handbook of experimental pharmacology. Serotonergic neurons and 5-HT receptors in the CNS. Springer, Berlin, Heidelberg 1997; 129: 41 ± 89

Baxter LR Jr, PhlepsME, Mazziotta JC, GuzeBH, SchwarztJM, Selin CE: Local cerebral glucose metabolic rates in obsessive-compulsive disorder. A comparison with rates in unipolar depression. Arch. Gen. Psychiat. 1987; 44: 211±218

Baxter LR Jr, Schwartz JM, Bergman KM, Szuba MP, Guze BH, Mazziotta JC, Akazraju A, Selin CE, Ferng HK, Munford P, Phleps ME: Caudate glucose metabolic rate changes with both drug and behavior therapy for obsessive-compulsive disorder. Arch. Gen. Psychiat. 1992; 49: 681 ± 689

Cohen DJ, Shaywitz B, Caparulo B, Young JG, Bowers MB: Chronic, multiple tics of Gilles de la Tourette disease. CSF acid monoamine metabolites after probenecid administration. Arch. Gen. Psychiat. 1978; 35: 245 ± 250

Cummings JL: Frontal-subcortical circuits and human behavior. Arch. Neurol. 1993; 50: 873 ± 880

Cummings JL, Frankel M: Gilles de la Tourette Syndrome and the neurological basis of obsessions and compulsions. Biol. Psychiat. 1985; 20: 1117 ± 1126

Devinsky O: Neuroanatomy of Gilles de la Tourette©s syndrome. Possible midbrain involvement. Arch. Neurol. 1983; 40: 508 ± 514

Dewey SL, Smith GS, Logan J, Alexoff D, Ding YS, King P, Pappas N, Brodie JD, Ashby CR: Serotonergic modulation of striatal dopamine measured with positron emission tomography (PET) and in vivo microdialysis. J. Neurosci. 1995; 15: 821 ± 829

Evans-Pritchard EE: Theories of primitive religion. Oxford University Press, Oxford 1981

Fähndrich E (ed.): Arbeitsgemeinschaft für Methodik und Dokumentation in der Psychiatrie. Das AMDP-System. Manual zur Dokumentation psychischer Befunde. Springer, Berlin, Heidelberg, New York 1981

Fisher RE, Morris ED, Alpert NM, Fischman AJ: In vivo imaging of neuromodulatory synaptic transmission using PET: a review of relevant neurophysiology. Human Brain Map. 1995; 3: 24 ± 34

Freddman M, Black S, Ebert P, Binns M: Orbitofrontal function, object alteration and perseveration. Cereb. Cortex 1998; 8: 18 ± 27

Grace AA: Phasic versus tonic dopamine release and the modulation of dopamine system responsivity: a hypothesis for the etiology of schizophrenia. Neurosci. 1991; 41: 1 ± 24 Neurobiological and Anthropological Aspects of Compulsions and Rituals Pharmacopsychiat. 32 (1999) 227

Gross-Iseroff R, Sasson Y, Voet H, Hendler T, Luca-Haimovici K, Kandel-Sussman H, Zohar J: Alteration learning in obsessive compulsive disorder. Biol. Psychiat. 1996; 39: 733 ± 738

Hegerl U, Mavrogiorgou P (2002) Biologische Grundlagen von Zwangsstörungen. In: Zaudig M, Hauke W, Hegerl U (eds), Die Zwangstörung. 2. Aufl. Stuttgart: Schattauer, (im Druck).

Heinz A. Anthropologische und evolutionäre Modelle in der Schizophrenieforschung. Verlag für Bildung und Wissenschaft, 2002, Berlin.
Heinz A, Knable MB, Wolf SS, Jones DW, Gorey J, Hyde TS, Weinberger DR: Tourette_s syndrome: serotonin transporters predict severity of vocal tics. Neurology 1998; 51: 1069 ± 1074
Heinz A, Saunders RC, Kolachana BS, Jones DW, Gorey JG, Bachevalier J,Weinberger DR: Striatal dopamine receptors and transporters in monkeys with neonatal temporal limbic damage. Synapse 1999; 39: 71 ± 79
Hyde TM, Weinberger DR: Tourette_s Syndrome. A model neuropsychiatric disorder. J.A.M.A. 1995; 273: 498 ± 501
Jackson JH: Die Croon-Vorlesungen über Aufbau und Abbau des Nervensystems. Springer, Berlin 1927
Leach ER: Ritualization in man in relation to conceptual and social development. In: Huxley J (ed.): Philosophical Transaction of the Royal Society of London. Biological Sciences. Royal Society, London, Series B 1966; 251
Malinowski B: Baloma ± die Geister der Toten auf den Trobriand-Inseln. In: Magie, Wissenschaft und Religion. Fischer, Frankfurt/M. 1973: 172±173
McCormick DA: Neurotransmitter actions in the thalamus and cerebral cortex. J. Clin. Neurophys. 1992; 9: 212 ± 223
McDougle CJ, GoodmanWK, Price LH: Dopamine antagonists in ticrelated and psychotic spectrum obsessive-compulsive disorder. J. Clin. Psychiat. 1994; 55: 24 ± 31
McLean P: A triune concept of brain and behavior. University of Toronto Press, Toronto 1973
Mumenthaler M, Mattle H: Neurologie. Syndrome des Frontallappens. Stuttgart, New York, Thieme 1997: 389±392
Rapoport JL: The biology of obsessions and compulsions. Scientific Am. 1989; 3: 83 ± 89
Schwartz JM, Stoessel PW, Baxter LR, Martin KM, Phleps ME: Systematic changes in cerebral glucose metabolic rate after successful behavior modification treatment of obsessive-compulsive disorder. Arch. Gen. Psychiat. 1996; 53: 109 ± 113
Storozhuk VM, Sachenko VV, Kruchenko JA: Dependence of sensorimotor cortex neuron activity on noradrenergic and serotonergic transmission in unspecific thalamic nuclei. Neurosci. 1995; 68: 315 ± 322
Swedo SE, Leonard HL: Childhood movement disorders and obsessive compulsive disorder. J. Clin. Psychiat. 1994; 55 (Suppl): 32 ± 37
Turner V: The anthropology of performance. PAJ Publications, New York 1988
Wolf S, Jones DW, Knable MB, Gorey JG, Lee KS, Hyde TM, Coppola R, Weinberger DR: Tourette Syndrome: prediction of phenotypic variation in monozygotic twins by caudate nucleus D2 receptor binding. Science 1996; 273: 1225 ± 1227
World Health Organization: Tenth revision of the International Classification of Diseases, chapter V (F). Mental and behavioural disorders. Huber, Göttingen 1991
Pharmacopsychiat. 32 (1999) 228 A. Heinz

Erik Boehlke

Karl Wilhelm Ideler - ein Mann zwischen Gott und der Welt

Nachdem ich zuletzt in Zürich einen Vortrag in dieser Gesellschaft halten durfte, freue ich mich heute besonders, nun in Berlin - meiner zweiten Heimat - wieder zu Ihnen sprechen zu dürfen. Bevor ich mit meinem eigentlichen Vortrag beginne, zeige ich Ihnen einen kleinen Film, der u. a. auch den Mann zeigt, über dessen Leben ich Ihnen erzählen werde - Karl Wilhelm Ideler.

Anstelle des Films werden in diesem Buchbeitrag vier Reliefmedaillons abgebildet, die sich über dem Eingang des Verwaltungsgebäudes der ältesten psychiatrischen Großklinik Berlins, der Karl-Bonhoeffer-Nervenklinik, die in vier Monaten ihr 125jähriges Bestehen feiern würde, befinden. Aber es gibt sie nicht mehr. Diese Aufnahmen habe ich schon vor einigen Jahren gedreht. Als Dalldorfer Anstalt wurde sie im Februar 1880 eröffnet. Als eigenständige Klinik gibt es sie seit 1997 nicht mehr, heute trägt nur noch die U-Bahn-Station davor den Namen Karl Bonhoeffers.

Sie sehen hier die Relief-Medaillons am Verwaltungsgebäude von vier großen Heroen der Psychiatriegeschichte.

Pinel

Pinel, Langermann, Ideler und Griesinger. Zu Pinel bedarf es wohl keiner Erläuterungen.

Langermann

Langermann wurde mit Unterstützung des Freiherrn von Hardenberg 1810 vom Staatsrat zum obersten Leiter der Medizinalangelegenheiten im preußischen Staat berufen und hatte in dieser Funktion auch maßgeblichen Einfluss auf das Irrenwesen.

Ideler

Ideler und Griesinger waren Direktoren der Charité. Beide haben allerdings nicht in diesem Hörsaal gestanden.

Griesinger

Diese Klinik wurde erst nach Griesinger errichtet, wobei jedoch viele seiner Vorstellungen einflossen.

Was ist Anlass für mich, heute ausführlicher über Karl Wilhelm Ideler zu sprechen? In der Geschichtsschreibung der Psychiatrie spielt er keine herausragende Rolle. In der Geschichte der Psychiatrischen Klinik der Charité hebt ihn jedoch eine Tatsache hervor.

Liste der Direktoren

Direktoren der Psychiatrischen und Nervenklinik der Charité

Ernst Horn (1774-1848)	1808 - 1818
Karl Georg Neumann (1772-1850)	1818 - 1828
Karl Wilhelm Ideler (1795-1860)	1828 - 1860
Wilhelm Griesinger (1817-1868)	1864 - 1868
Carl Westphal (1833-1890)	1869 - 1889
Friedrich Jolly (1844-1904)	1890 - 1904
Theodor Ziehen (1862-1950)	1904 - 1912
Karl Bonhoeffer (1868-1948)	1912 - 1938
Max de Crinis (1889-1945)	1938 - 1945
Rudolf Thiele (1888-1969)	1949 - 1957
Karl Leonhard (1904-1988)	1957 - 1970
Karl Seidel	1970 - 1978
Heinz A.F. Schulze	1978 - 1987

Ab 1989 selbstständige Lehrstühle für Neurologie, Psychiatrie, Kinder-/Jugendpsychiatrie

Kinder- und Jugendpsychiatrie	NeurologischeKlinik	Psychiatrische Klinik
bis 2002 - **Klaus-Jürgen Neumärker**	bis 1992 - **Hans Kölmel** seit 1993 - **Karl Max Einhäupl**	bis 2002 - **Ralf Uebelhack** seit 2002 - **Andreas Heinz**

In der Reihe aller Direktoren war er derjenige, der am längsten die Geschicke dieser Klinik geleitet hat, wie Sie aus dieser Liste der nervenheilkundlichen Direktoren ersehen können. Doch auch darüber hinaus lohnt sich ein genauerer Blick auf ihn.

Ideler ist am 25.10.1795 in einem recht verlassenen Flecken in der Westprignitz ca. 100 km nordwestlich von Berlin geboren. Sein Vater war Prediger mit botanischen Interessen. Er veröffentlichte ein Buch über den Gartenbau. Dieses Interesse konnte er als Lehrer seines Sohnes auf diesen übertragen, ebenso wie seine Vorliebe für die Naturwissenschaften allgemein.

Ideler

Der Vater von Ideler starb früh, weshalb er 15-jährig in die Obhut eines Oheims, einem Professor der Astronomie und Mathematik, nach Berlin kam. Dort besuchte er noch ein Jahr das Gymnasium und begann mit 16 Jahren das Studium der Medizin, obwohl er die Schule nicht abgeschlossen hatte. Im Krieg 1815 wurde er - 20-jährig - als Kompaniechirugus eingestellt und kam in dieser Stellung nach Paris. Die Arbeit kann für ihn nicht sehr befriedigend gewesen sein, da ihm für die Chirurgie nach seiner eigenen Aussage alles Geschick abging. Profitiert haben von diesem Paris-Aufenthalt sicher seine Sprachkenntnisse. Er hat in späteren Jahren etliche wichtige psychiatrische Werke aus dem Französischen übersetzt. 1818 kam er - noch immer in Militärdiensten - nach Berlin zurück, promovierte im Dezember 1820 zum Doktor der Medizin und erhielt im Mai 1821 die Approbation. Als fertiger Arzt ersuchte er um seine Entlassung aus den Diensten, die im Juli desselben Jahres genehmigt wurde.

Seine erste Praxis eröffnete er in Bernau. Diesen glücklosen Versuch beendete er schon nach einem Vierteljahr, da er von den Einkünften nicht leben konnte. Der anschließende Aufenthalt in Rathenow war ebenfalls nur ein kurzes Intermezzo. Erst in Genthin konnte er Fuß fassen. Trotz Anerkennung fand er keine Befriedigung in der Arbeit als Praktiker. Die konkrete unmittelbare Entscheidung am Krankenbett und daraus resultierendes Handeln waren für ihn wohl eine tägliche Qual, da solches Arbeiten in tiefem Widerspruch zu seiner ewig zweifelnden, peinlich genauen Gewissenhaftigkeit stand.

Immerhin fasste er 1826 den Entschluss zu heiraten und kehrte 1828 wieder nach Berlin zurück. Zunächst wird nicht erkennbar, was ihn so heraushob, um noch im selben Jahr an die Charité berufen zu werden. Zu dieser Zeit wurde die diagnostische Trennung der Krätzekranken, internistischen und psychiatrischen Patienten vorgenommen und Ideler dann 1830 zum dirigierenden Arzt der Abteilung für Geisteskranke ernannt.

Unmittelbar nach seiner Rückkehr nach Berlin lernt Ideler Langermann kennen und verehren. Diese Freundschaft müsste sehr schnell zum Tragen gekommen sein, wenn Ideler wirklich durch dessen Protektion an die Charité gekommen wäre, wie es Dörner beschreibt. Sicher ist, dass Langermann auf die weitere Entwicklung von Ideler erheblichen Einfluss hatte. Er hat ihn auch auf das Werk Stahls hingewiesen. Ideler übersetzte dessen „Theoria medica vera" ins Deutsche und hob sie damit aus der Vergessenheit hervor, um wieder Grundlage zu einer intensiven Auseinandersetzung zu werden.

Ideler, der mit Langermann auch durch seine ausgeprägte Liebe zur Musik verbunden war, betätigte sich umfangreich schriftstellerisch. 1835-38 verfasste er sein zweiteiliges 1.800 Seiten umfassendes Monumentalwerk „Grundriss der Seelenheilkunde". In dieser Arbeit betont er die Notwendigkeit der genauen Beobachtung. Er stellt sowohl körperliche als auch psychologische Ursachen für die Entstehung des Wahnsinns dar, bleibt jedoch letztlich auf einer ethisch-moralischen Ebene, bei der die ungezähmten Leidenschaften die Wurzel allen Übels sind. Wohl unter dem Eindruck des damals sehr einflussreichen Heinroth, vielleicht auch vom Beruf des Va-

ters und seine eigene Krankheit beeinflusst, beschäftigt er sich in mehreren Arbeiten mit dem religiösen Wahnsinn. Heinroth kann als der klassische Vertreter der religiös-moralischen Psychiker gelten, während Ideler eine Entwicklung zu einer primär humanistisch-ethischen Grundanschauung macht. Als weiteres wichtiges Werk ist 1846 seine „Allgemeine Diäthetik für Gebildete" erschienen, die große Verbreitung und Anerkennung fand. So wie Hufeland zuvor in seiner Makrobiotik versuchte, die Dauer des Lebens zu verlängern, sucht Ideler, dem Leben eine höhere geistig-sittliche Freiheit zu geben.
Erwähnen möchte ich noch ein Buch, das 1841 erschienen ist, in welchem er ausführlich die Biografien von elf seiner Patienten darstellt.

Biographieen
Geisteskranker
in ihrer psychologischen Entwickelung
dargestellt
von
Dr. Karl Wilhelm Ideler,
Berlin, 1841.

Titel dieses Buches

Oft wird Ideler in der Rückschau als für seine Zeit etwas rückständig beschrieben. Wenn man sich jedoch die Mühe macht, seine Arbeiten zu lesen, so findet man durchaus reflektierte Ansichten. Zum Beispiel beschreibt er in diesen Biografien ausführlich Träume seiner Patienten, und schon im Vorwort macht er sich breit gefächerte Gedanken zur psychologischen Forschung. Einige Zitate:

„Allerdings wird die Nachweisung des gesetzlichen Zusammenhangs unter den Seelenerscheinungen sehr erschwert durch den steten Wechsel der Antriebe zum Denken und Handeln.", später:

„Es kommt hier nicht darauf an, die eben bezeichnete Schwierigkeit der psychologischen Forschung zu beseitigen, sie wurde nur angedeutet, um es desto bestimmter hervorzuheben, ...". Ein letztes Zitat:

„Es ist die Aufgabe der genetischen Deutung des Wahnsinns, die früheren Entwicklungszustände des Seelenlebens in ihrem organischen Zusammenhang aufzufassen, um zu zeigen, wie eine ihm erteilthe falsche Richtung nothwendig immer entschiedener hervortreten musste, wie die irregeleitete Seele mit allen Kräften selbstthätig in ein Missverhältnis zur ganzen Welt hineinarbeitet, so dass der Wahnsinn nur als das letzte unvermeidliche Ergebnis des ganzen bisherigen Lebensganges erscheint."

Dieses Buch ist eine Replik auf die seit 1838, also erst drei Jahre zuvor in London erschienen monatlichen Hefte „The Physiognomy of Mental Diseases", bei denen er kritisiert, dass zu den Abbildungen der Geisteskranken nur wenige Zeilen vermerkt sind „und deren Zustände nicht einmal im Allgemeinen errathen lassen, daher denn ihre Bilder noch den besten Aufschluss über sie geben." Diesem Band sind beeindruckende Lithografien beigefügt.

Zurück zu seiner Universitätskarriere. Nachdem er 1830 dirigierender Arzt geworden war, habilitierte er schon ein Jahr später. 1832 gewährte ihm das königliche Kuratorium eine Gehaltsaufbesserung wegen der „besonderen Zufriedenheit mit seiner bisherigen in allen Beziehungen beifallswerten Wirksamkeit". Er hat wohl wirklich aufopfernd gearbeitet, hierbei spielte seine Konstitution jedoch nicht mit. 1835 erbittet er Urlaub, weil seine Gesundheit durch mannigfache „Nervenzufälle" und schlaflose Nächte erschüttert sei. In den Folgejahren traten immer wieder Zustände dieser Art auf, zum Teil begleitet von Versündigungsideen, der Hölle anzugehören oder der Erzfeind zu sein. Er stellte unendlich viele Anträge an die Direktion der Charité, um Verbesserungen für seine Abteilung zu erwirken, war dabei jedoch wenig erfolgreich, da er nicht die Standhaftigkeit hatte, seine Anliegen gegen die auch damals schon bestehende Trägheit der Verwaltung durchzusetzen, sondern sich eher missmutig zurückzog.

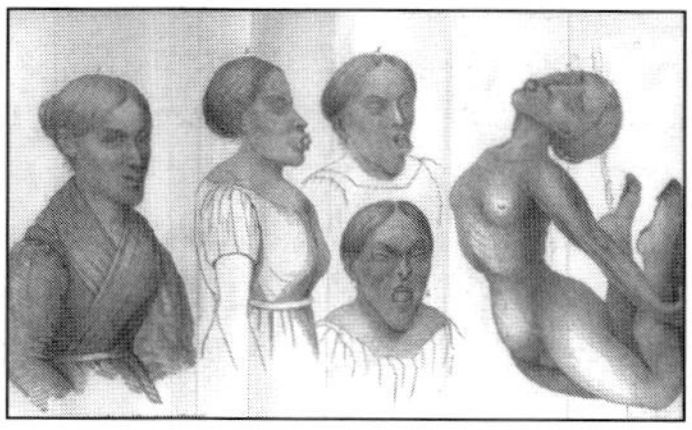

Einen authentisch-subjektiven Einblick in die Persönlichkeitsstruktur Idelers erlaubt uns Albert Zeller. Dieser hat vom 20.02.1832 bis zum 25.04.1833 die maßgeblichen psychiatrischen Einrichtungen in Deutschland, England und Frankreich besucht. In Berlin ist er zweimal; einmal zu Beginn und noch einmal gegen Ende der Reise, die er auf 344 Seiten genau in einem Tagebuch dokumentiert hat. Auf Seite 54 ff finden wir folgende Einträge:

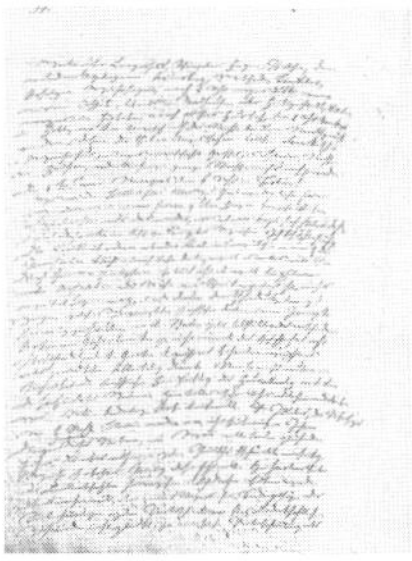

Seite aus Zellers Tagebuch

„Dr. Ideler, der Übersetzer von E. Stahl ‚Theoria medica vera', ist seit einigen Jahren Dirigent dieser Station, ein Mann voll stumm glühenden Eifers, der aber auf eine zum Teil sehr beschränkte einseitige Weise sein oberstes Prinzip, dass fast alle Geisteskrankenheiten aus Leidenschaft hervorgehen und durch diese erhalten werden, geltend machen will und an ein körperliches Bedingtsein der Seelenstörungen zum Unterschied von bloß leidenschaftlichen Zuständen nicht glaubt."

Über die Beziehung zwischen Langermann und Ideler notiert er: „Besonders merkwürdig und instruktiv war mir ... (diie) Bekanntschaft, ... in der Dr. Ideler mit Geheimrat Langermann steht, dessen Persönlichkeit mir so reich und bedeutsam erschien, wie die von wenigen Menschen, die ich kennen lernte.

Er ist der verklärte Dr. Ideler, der eigentlich nur seine Ansicht ausführt, ihn auch von Zeit zu Zeit, wenn es mit einem Kranken keinen rechten Fortgang haben will, diesen ihm ins Haus schickt, das der alte treffliche Herr schon seit Jahren nicht mehr verlässt.

Kraft, Weisheit, Würde, Wohlwollen liegen in Langermanns Äußerem, er sieht aus wie ein kommandierender General der Geister und ganz geschaffen zur psychischen Heilmethode, so dass man wohl sieht, worum er diese greift, festhielt und als oberstes Heilprinzip geltend machte."

Allerdings finden sich auch etwas gnädigere Kommentare: „Man hat Dr. Ideler sehr maliziös behandelt, und wahrhaftig, in der Psychiatrie sollte man alle tüchtigen Leistungen würdigen, die uns weiter fördern können." Auch der Grund, weshalb sich Ideler mit der Verwaltung schwer getan hat, klingt in einem Satz an: „Die Administration der Irrenstation ist dieselbe wie die der Charité. Ein Hausvater ist Ökonom und Verwalter und oberster Wärter. Das Wärterpersonal ist schlecht organisiert." Auch bei seinem zweiten Besuch in Berlin macht Zeller kritische Anmerkungen zu Ideler, bemüht sich jedoch offensichtlich auch um Objektivität: „Dass Dr. Ideler aber auch sehr freundlich gegen seine Kranken sein kann, sah ich aus der Art, wie er eine zur Entlassung behandelte, die gegen ihn mit rührender Dankbarkeit sich aussprach und ebenso eine Irre, die als genesen nun als Wärterin in die Anstalt trat."

Offensichtlich befähigte Ideler seine depressive Grundstruktur auch zu einer gehörigen Stenik. Wie schon einleitend erwähnt, bestimmte keiner so lange die Geschicke der Psychiatrie in der Charité wie er. 32 Jahre leitete er die Abteilung bis zu seinem Tode. Schon während er sein letztes Werk „Lehrbuch der gerichtlichen Psychologie" schrieb, 1857 erschienen, beklagte er, dass es ihm an der gewohnten geistigen Elastizität mangele und dass er keine Freude mehr an der Schriftstellerei habe. Im Winter 1856 entwickelte sich wieder eine schwer ausgeprägte hypochondrische Symptomatik. Es stellten sich „konvulsivische Bewegungen in den Ober- und Unterextremitäten, asthmatische Beschwerden und Kongestionen nach dem Gehirn ein". Nach ICD 10 würden wir heute wohl am ehesten eine F33.3 diagnostizieren, schwere rezidivierende depressive Störung mit psychosomatischer und psychotischer Symptomatik. Er selbst wurde nun mit den Methoden der damaligen Psychiatrie behandelt, nachdem die Symptomatik „mannigfachen medikamentösen Einwirkungen trotzte ...", diese wich erst nach dem energischen Gebrauch der „Douche". Durchgängig leidet seit dieser Zeit seine Gesundheit. Um Pfingsten 1860 trat er wieder einmal einen vierteljährigen Urlaub an, um sich bei einem Freund in seiner Heimat zu erholen. 62-jährig starb er bei diesem am 29. Juli 1860 offensichtlich an den Folgen eines Apoplexes.

Wenn man Ideler im Kontext seiner Zeit sieht, stellt er sicher einen gewissen Anachronismus dar. Einer seiner Kritiker urteilte sehr hart über ihn, der „wie eine Ruine aus der Vergangenheit in die neueste Zeit hineinragt". Andererseits darf man nicht verkennen, dass er einfach auch ein Stück der damaligen Psychiatrie darstellt. Diese war als junges Fach noch sehr am Suchen. Wenn man sich die Realität betrachtet, in der sich manche Männer befanden, die viel fortschrittlichere Gedanken publizierten, so bestand hier häufig eine krasse Diskrepanz zwischen Theorie und Wirklichkeit.

Sein Sohn Karl-Ludwig Ideler, der erste Direktor der Karl-Bonhoeffer-Nervenklinik, scheiterte ebenfalls an seinen wenig erfolgreichen Bemühungen, das Irrenwesen in Berlin voranzubringen. Er machte jedoch nicht den Fehler seines Vaters, sich selbst zu überleben, sondern ließ sich schon nach fünf Jahren seiner Tätigkeit 1885 frühzeitig pensionieren. Auch er liebte - wie sein Vater und Langermann - die Musik und widmete sich seinen Klavierstudien. 35 Jahre nach dem Tod seines Vaters, 1895, verfasste er eine umfangreiche, zum Teil wirklich anrührende Verteidigungsschrift gegen all dessen Kritiker, in der er durchaus um objektive Haltung bemüht ist.

Es bedurfte nochmals der Distanz von mehr als einem halben Jahrhundert, bis man sich Ideler wieder positiv näherte. 1957 zeichnet Hans Heimann aus der Berner Universitätsklinik in seinem Aufsatz „Karl Wilhelm Idelers «Versuch einer Theorie des religiösen Wahnsinns» nach 100 Jahren" ein durchaus positives Bild. Er kommt zu folgendem Schluss: „Betrachten wir «den Versuch einer Theorie des religiösen Wahnsinns» aus dem Abstand von 100 Jahren, spricht uns zunächst die ärztliche Haltung an, die sich darin bekundet. In einer Zeit der zunehmenden Vermassung und Technisierung der Anstaltsbehandlung hat eine solche Haltung nichts von ihrer appellierenden Kraft eingebüßt.

Darüber hinaus klingen aber auch die aus dieser mitmenschlichen Haltung und getreuen Krankenbeobachtung entstandenen Anschauungen Idelers - vor allem über die Entstehung des Wahns und seiner Selbstheilungsfunktion (Freud) sowie die Deutung des Wahns im Zusammenhang mit der ganzen Lebensgeschichte des Kranken - beinahe modern."

Literatur beim Verfasser

Bernd van Husen

Die Suche nach einer neuen Gesellschaft

Von einer ganzen Gesellschaft zu sagen, ihr mangele es an psychischer Gesundheit, impliziert eine Annahme, die im Gegensatz steht zu dem soziologischen Relativismus, der heute von den meisten Sozialwissenschaftlern vertreten wird. Sie postuliere, dass jede Gesellschaft in dem Maße normal ist, wie sie funktioniert, und dass man nur bei einer mangelnden Gesellschaft von Krankheit reden kann.

Wenn man von einer „gesunden Gesellschaft" spricht, so bedeutet das eine vom soziologischen Relativismus abweichende Voraussetzung. Es hat nur einen Sinn, wenn wir annehmen, dass es eine Gesellschaft geben kann, die nicht gesund ist, und diese Annahme impliziert ihrerseits, dass es universale Kriterien für psychische Gesundheit gibt, die für die menschliche Rasse als solche gelten und nach denen man den Gesundheitszustand einer jeden Gesellschaft beurteilen kann. Die Einstellung eines normativen Humanismus gründet sich auf einige wenige grundlegende Prämissen.

Man kann die Spezies „Mensch" nicht nur mit Hilfe von anatomischen und physiologischen Begriffen definieren. Ihre Glieder haben auch grundlegende psychische Eigenschaften gemeinsam: Gesetze, die in ihrem psychischen und emotionalen Leben herrschen, und Ziele für eine befriedigende Lösung des Problems der menschlichen Existenz. Unser Wissen über den Menschen ist allerdings noch so unvollständig, dass wir keine befriedigende psychologische Definition des Menschen geben können. Aufgabe der „Wissenschaft vom Menschen" ist es, zu einer korrekten Beschreibung dessen zu gelangen, was es verdient, als „menschliche Natur" bezeichnet zu werden.

Was man oft „menschliche Natur" genannt hat, ist nur eine ihrer vielen Manifestationen - und oft eine krankhafte - und eine solche irrige Definition diente gewöhnlich dazu, einen bestimmten Gesellschaftstyp als notwendiges Resultat der psychischen Konstitution des Menschen zu verteidigen.

Im Gegensatz zu einem solchen reaktionären Gebrauch des Begriffs der menschlichen Natur haben die Liberalen seit dem 18. Jahrhundert auf die Formbarkeit der menschlichen Natur und auf den entscheidenden Einfluss von Umweltfaktoren hingewiesen. So richtig und so wichtig es sein mag, nachdrücklich hierauf hinzuweisen, hat es doch viele Sozialwissenschaftler zu der Annahme verleitet, dass die psychische Konstitution des Menschen ein unbeschriebenes Blatt Papier sei, auf das die Gesellschaft und die Kultur ihren Text schreiben, und keine ihr innewohnenden eigenen Qualitäten besitze. Diese Annahme ist ebenso destruktiv, wie es die entgegengesetzte Auffassung war. Das wahre Problem besteht darin, auf den der gesamten menschlichen Rasse gemeinsamen Kern aus den unzähligen Manifestationen der menschlichen Natur zu schließen, und zwar ebenso aus den normalen wie auch aus den pathologischen Manifestationen, wie wir sie bei den verschiedenen Individuen und in den verschiedenen Kulturen beobachten können. Die Aufgabe besteht außerdem darin, die der menschlichen Natur innewohnenden Gesetze und Ziele zu erkennen, die ihrer Entwicklung und Entfaltung dienen.

Die hier vertretene Auffassung von der „menschlichen Natur" unterscheidet sich von der Art, wie der Bergriff „menschliche Natur"herkömmlicherweise gebraucht wird. Genauso wie der Mensch die Welt um sich her verwandelt, so verwandelt er auch sich selbst im Prozess der Geschichte. Er ist sozusagen seine eigene Schöpfung. Aber genauso, wie er die Stoffe der Natur nur entsprechend ihrer Eigenart umwandeln und verändern kann, so kann er auch sich selbst nur seiner eigenen Natur entsprechend umwandeln und verändern.

Was der Mensch im Prozess der Geschichte tatsächlich tut, ist, dass er dieses Potential entwickelt und dass er es den Möglichkeiten entsprechend umformt. Diese Auffassung ist weder eine „biologische" noch eine „soziologische", wenn das bedeutet, dass man die beiden Aspekte voneinander trennt. Es wird vielmehr der Versuch gemacht, eine derartige Dichotomie durch die Annahme zu überwinden, dass die Hauptleidenschaften und -triebe im Menschen aus seiner Gesamtexistenz resultieren, dass sie definierbar und ermittelbar sind und dass einige von ihnen zu Gesundheit und Glück und andere zu Krankheit und Unglück führen. Keine der bestehenden Gesellschaftsordnungen erzeugt die fundamentalen Strebungen, aber sie bestimmt, welche aus der begrenzten Zahl potentieller Leidenschaften manifest oder dominant werden. Wie der Mensch in einer bestimmten Kultur in Erscheinung tritt, ist stets eine Manifestation der menschlichen Natur, jedoch eine Manifestation, die in ihrer besonderen Ausprägung von den gesellschaftlichen Gegebenheiten bestimmt wird, unter denen er lebt.

Der Ansatz des normativen Humanismus gründet sich auf die Annahme, dass es – genau wie bei jedem anderen Problem auch – richtige und falsche, befriedigende und unbefriedigende Lösungen für das Problem der menschlichen Existenz gibt. Seelische Gesundheit entsteht, wenn sich der Mensch entsprechend den charakteristischen Eigenschaften und Gesetzen der menschlichen Natur zur vollen Reife entwickelt. Zur psychischen Erkrankung kommt es, wenn diese Entwicklung fehlschlägt. Unter dieser Voraussetzung ist das Kriterium für die seelische Gesundheit nicht, dass der Einzelne an eine bestimmte Gesellschaftsordnung angepasst ist, sondern es handelt sich um ein universales für alle Menschen gültiges Kriterium, dass sie nämlich für das Problem der menschlichen Existenz eine befriedigende Antwort finden.

Was ein so falsches Bild vom seelischen Zustand der Mitglieder einer Gesellschaft bewirkt, ist der allgemeine Konsens über die Gültigkeit ihrer Vorstellungen. Man nimmt naiverweise an, die Tatsache, dass die Mehrheit des Volkes bestimmte Ideen und Gefühle teilt, sei ein Beweis für die Gültigkeit dieser Ideen und Gefühle. Nichts liegt der Wahrheit ferner. Der allgemeine Konsens über die Gültigkeit hat als solcher mit Vernunft und seelischer Gesundheit überhaupt nichts zu tun. Die Tatsache, dass Millionen von Menschen die gleichen Laster haben, macht diese Laster noch nicht zu Tugenden; die Tatsache, dass sie so viele Irrtümer gemeinsam haben, macht diese Irrtümer noch nicht zu Wahrheiten; und die Tatsache, dass Millionen von Menschen die gleichen Formen psychischer Störungen aufweisen, heißt nicht, dass diese Menschen psychisch gesund seien.

Es besteht jedoch ein wichtiger Unterschied zwischen einer individuellen psychischen Erkrankung und einer solchen der Gesellschaft, der darauf hindeutet, dass zwischen dem Begriff des Defektes und dem der Neurose zu unterscheiden ist. Wenn es einem Menschen nicht gelingt, Freiheit und Spontaneität zu erlangen und sein Selbst unmittelbar zum Ausdruck zu bringen, so kann man von ihm annehmen, dass er an einem schweren Defekt leidet, vorausgesetzt, wir gehen von der Annahme aus, dass Freiheit und Spontaneität objektive Ziele sind, die jedes menschliche Wesen erreichen sollte. Wird dieses Ziel von der Mehrheit der Mitglieder einer bestimmten Gesellschaft nicht erreicht, so haben wir es mit dem Phänomen eines gesellschaftlich ausgeprägten Defektes zu tun. Der Einzelne teilt diesen Defekt mit vielen anderen. Er empfindet ihn nicht als Defekt, und seine Sicherheit gerät nicht durch die Erfahrung, anders - sozusagen ein Ausgestoßener - zu sein, in Gefahr. Was ihm an innerem Reichtum und an echtem Glücksgefühl verlorengegangen sein mag, wird durch die Sicherheit kompensiert, die das Gefühl gibt, zur übrigen Menschheit zu passen - so wie er sie kennt. Tatsächlich besteht sogar die Möglichkeit, dass eben sein Defekt von der Kultur, in der er lebt, zur Tugend erhoben wird, was sein Gefühl, etwas zu leisten, noch verstärkt.

SPINOZA hat das Problem des gesellschaftlich vorgeprägten Defektes sehr klar formuliert: „Obgleich nun die Menschen vielerlei Affekten unterworfen sind und man daher selten Menschen findet, die immer von einem und demselben Affekte bedrängt werden, so fehlt es gleichwohl an solchen nicht, denen ein und derselbe Affekt beharrlich anhaftet. Sehen wir doch, wie Menschen manchmal von einem Objekt dergestalt affiziert sind, dass sie es vor sich zu haben glauben, auch wenn es nicht gegenwärtig ist; und wenn dies einem nicht schlafenden Menschen begegnet, dann sagen wir, er sei wahnsinnig oder närrisch. Dagegen, wenn der Habgierige an nichts anderes denkt als an Gewinn und Geld, und der Ehrgeizige an Ruhm usw., so gelten diese nicht als wahnsinnig, weil sie lästig zu sein pflegen und für hassenswert erachtet werden. In Wahrheit aber sind Habgier, Ehrgeiz, Wollust usw. Arten des Wahnsinns, wenn man sie auch nicht zu den Krankheiten zählt" (SPINOZA: Ethik. 4. Teil, Anmerkung zu Lehrsatz 44).

Diese Sätze wurden vor ein paar hundert Jahren geschrieben, aber sie treffen noch immer zu, obgleich die Defekte heute in einem solchen Maß kulturell vorgeprägt sind, dass man sie noch nicht einmal mehr als lästig oder hassenswert empfindet. Heute begegnen wir einem Menschen, der wie ein Automat handelt und fühlt, der niemals etwas erlebt, was wirklich zu ihm gehört, der sich ganz als die Person erlebt, die er seiner Ansicht nach sein sollte, dessen künstliches Lächeln an die Stelle eines echten Lachens getreten ist, dessen sinnloses Geschwätz die der Mitteilung dienende Sprache ersetzt, dessen dumpfe Verzweiflung den Platz eines echten Schmerzes einnimmt. Man kann bei einem solchen Menschen zweierlei feststellen: Einmal lässt sich von ihm sagen, dass er an einem Mangel an Spontaneität und Individualität leidet, der unheilbar zu sein scheint. Gleichzeitig lässt sich bei ihm feststellen, dass er sich nicht wesentlich von Millionen anderen Menschen unterscheidet, die sich in der gleichen Lage befinden. Für die meisten von ihnen liefert die Kultur das Modell, welches es ihnen ermöglicht, mit einem Defekt zu leben, ohne krank zu werden. Es ist, als ob jede Kultur ein Gegenmittel gegen den Ausbruch manifester neurotischer Symptome produziere, die der von ihr erzeugte Defekt ansonsten nach sich ziehen würde.

Wenn wir uns jetzt den Ansichten über die Ursachen dieser Entwicklung zuwenden, so finden wir weniger übereinstimmende Meinungen als bei der Diagnose der Krankheit selbst. Während das 19. Jahrhundert anfangs noch dazu neigte, im Mangel an politischer Freiheit und insbesondere im Fehlen des allgemeinen Wahlrechts die Ursache allen Übels zu sehen, betonten die Sozialisten und insbesondere die Marxisten die Bedeutung der wirtschaftlichen Faktoren. Sie glaubten, der Mensch habe sich selbst entfremdet, weil er zu einem Objekt der Ausbeutung und Ausnutzung geworden sei. Ein Denker wie TOLSTOI dagegen sah in der geistigen und moralischen Verarmung des westlichen Menschen die Ursache für seinen Niedergang. FREUD glaubte, die Schwierigkeiten des modernen Menschen seien auf die übertriebene Unterdrückung seiner instinkthaften Triebe und auf die daraus resultierenden neurotischen Erscheinungen zurückzuführen. Aber eine Erklärung, die einen Bereich unter Ausschluss aller anderen analysiert, ist nicht genügend ausgewogen und daher falsch. Die sozioökonomischen, geistigen und psychologischen Erklärungen betrachten das gleiche Phänomen unter verschiedenen Aspekten, und die Aufgabe einer theoretischen Analyse besteht eben darin zu erkennen, wie diese verschiedenen Aspekte in Wechselbeziehung miteinander stehen.

Was für die Ursache gilt, gilt natürlich auch für die Heilmittel, mit denen man die Gebrechen des modernen Menschen kurieren kann. Wenn „die" Ursache der Krankheit ökonomischer oder geistiger oder psychologischer Art ist, dann muss natürlich die Beseitigung dieser Ursache zur Gesundung führen. Wenn dagegen die verschiedenen Aspekte miteinander in Wechselbeziehung stehen, wird geschlussfolgert, dass man die geistige und seelische Gesundheit nur erreichen kann, wenn man gleichzeitig im Bereich der industriellen und politischen Organisation, auf dem Gebiet der geistigen und weltanschaulichen Orientierung, der Charakterstruktur und der kulturellen Betätigung Veränderungen vornimmt.

Konzentrieren wir dagegen unsere Bemühungen auf einen dieser Bereiche unter Ausschluss oder Vernachlässigung der anderen, so wirkt sich das destruktiv auf alle Veränderungen aus. Tatsächlich scheint hier eines der wichtigsten Hindernisse für den Fortschritt der Menschheit zu liegen. Das Christentum hat die spirituelle Erneuerung gepredigt und darüber Veränderungen in der Gesellschaftsordnung versäumt, ohne die eine spirituelle Erneuerung für die meisten unerreichbar bleibt. Das Zeitalter der Aufklärung hat als höchste Normen unabhängiges Urteil und Vernunft postuliert; es hat die politische Gleichberechtigung gepredigt und nicht gesehen, dass man mit der politischen Gleichberechtigung die Brüderschaft aller Menschen nicht verwirklichen kann, wenn sie nicht mit einer fundamentalen Veränderung der sozioökonomischen Organisation Hand in Hand geht. Der Sozialismus und insbesondere der Marxismus haben die Notwendigkeit sozialer und wirtschaftlicher Veränderungen in den Vordergrund gestellt und dabei die Notwendigkeit einer inneren Wandlung der Menschen übersehen, ohne die ökonomische Veränderungen niemals die „gute Gesellschaft" herbeiführen können.

Jede dieser großen Reformbewegungen der letzten zweitausend Jahre hat einen Bereich des Lebens unter Ausschluss der anderen herausgestellt. Ihre Reform- und Erneuerungsvorschläge waren radikal – aber das Resultat war fast stets ein völliger Fehlschlag. Die Predigt des Evangeliums führte zur katholischen Kirche; die Lehren der Aufklärer des 18. Jahrhunderts führten zu Robespierre und Napoleon; die Doktrinen von Marx führten zu Stalin. Es hätte auch kaum anders kommen können. Der Mensch ist eine Einheit, sein Denken, sein Fühlen und seine Lebenspraxis sind untrennbar miteinander verbunden. Er kann in seinem Denken nicht frei sein, wenn er nicht auch emotional frei ist; und er kann emotional nicht frei sein, wenn er in seiner Lebenspraxis, in seinen ökonomischen und sozialen Beziehungen abhängig und unfrei ist.

Wenn man versucht, in einem Bereich unter Ausschluss der anderen radikal voranzukommen, so muss das notwendigerweise zu dem Resultat führen, zu dem es geführt hat, dass nämlich die radikalen Forderungen auf dem einen Gebiet nur von wenigen Menschen erfüllt werden, während sie für die Mehrheit zu leeren Formeln und Ritualen werden, die zur Tarnung der Tatsache dienen, dass sich in den anderen Bereichen nichts geändert hat. Zweifellos wird ein einziger Fortschritt in allen Lebensbereichen weitreichendere und dauerndere Erfolge für die Menschheit mit sich bringen als hundert Schritte, die man auf einem einzigen isolierten Gebiet predigt - und vielleicht sogar eine kurze Zeit lang durchführt. Dass solche „isolierten Fortschritte" mehrere tausend Jahre lang gescheitert sind, sollte für uns eine recht überzeugende Lehre sein.

Das Ziel aller Tiefenpsychologie ist der optimale Umgang mit dem Unterbewussten, um den ganzen Menschen in Erfahrung zu bringen. Die Gesellschaft bestimmt, welcher Teil des Menschen bewusst ist und ob die progressiven oder die regressiven Kräfte zum Zuge kommen. Das therapeutische Bemühen, aber auch jedes erzieherische, bildungsorientierende, ethische, religiöse Bestreben um den ganzen und heilen Menschen zielt auf das Fruchtbarmachen des Unbewussten. Das Unbewusste ist immer auch gesellschaftsgebunden. Wenn die Kräfte des Menschen, die lebendige Bezogenheit ermöglichen, seine Liebe und seine Vernunft, von der Gesellschaft nicht verlangt werden, weil der konsumierende, passive, von Surrogaten lebende und alle lebendigen Beziehungen verdinglichende Mensch ökonomisch und gesellschaftlich gefordert ist, dann ist die Gesellschaft krank und das Normale pathologisch, dann gibt es psychische Gesundheit und seelisches Überleben nur noch vermöge einer Neuordnung der Wirtschaft und Gesellschaft, dann sind Gesellschaftskritik und Gesellschaftstheorie Voraussetzungen therapeutischer und sozialtherapeutischer Bemühungen.

Literatur

Freud, S.: Gesammelte Werke (G. W.) Bände 1-17, London 1940-1952 (Imago Publishing Co.) und Frankfurt 1960 (S. Fischer Verlag).

1930a: Das Unbehagen in der Kultur. G. W. 14, S. 419-506.

1937a: Die endliche und die unendliche Analyse. G. W. Band 16, S. 57-99.

Fromm, E.: (1980/81) Gesamtausgabe in 10 Bänden. Herausgegeben von Rainer Funk. Stuttgart 1980/81 (Deutsche Verlags-Anstalt). München 1989 (Deutscher Taschenbuch Verlag).

1932a: Über Methode und Aufgabe einer Analytischen Sozialpsychologie. Bemerkungen über Psychoanalyse und historischen Materialismus. GA Band I, S. 37-57.

1932b: Die psychoanalytische Charakterologie und ihre Bedeutung für die Sozialpsychologie. GA Band I, S. 59-77.

1947a: Psychoanalyse und Ethik. Bausteine zu einer humanistischen Charakterologie GA Band II, S. 1-157.

1955a: Wege aus einer kranken Gesellschaft. GA Band IV, S. 1-254.

Fromm, E.: -1959a: Sigmund Freud. Persönlichkeit und Wirkung (Sigmund Freuds Mission), GA, VIII.

1964a: Die Seele des Menschen. Ihre Fähigkeit zum Guten und zum Bösen. GA Band II, S. 159-268.

1976a: Haben oder Sein. Die seelischen Grundlagen einer neuen Gesellschaft (To Have Or To Be?), GAII, S. 269-414.

Gehlen, A., (1949) Sozialpsychologische Probleme in der industriellen Gesellschaft, Tübingen, Mohr Verlag).

Jones, E., 1957: The Life and Work of Sigmund Freud, Bd. 1-3, New-York 1957 (Basic Book); deutsch: Das Leben und Werk von Sigmund Freud, and 1-3, Bern/Stuttgart 1960-1962 (Huber Verlag).

Marcuse, H., 1955: Eros and Civilization, Boston 1955 (Beacon); deutsch: Eros und Kultur, Stuttgart 1957 (Klett), deutsch: Triebstruktur und Gesellschaft. Ein philosophischer Beitrag zu Sigmund Freud, Frankfurt 1970 (Suhrkamp Verlag).

-, 1964: One Dimensional Man, Boston 1964 (Beacon); deutsch: Der eindimensionale Mensch, Neuwied und Berlin 1967 (Luchterhand Verlag).

Spinoza, Baruch de: Die Ethik, Hamburg 1976 (Felix Meiner Verlag).

Tönnies; F., 1936: Gemeinschaft und Gesellschaft. Grundbegriffe einer reinen Soziologie, Berlin 1926 (Buske).

Anna Schoch

Von Gott verlassen

Vor seiner tragischen Erkrankung stellte Nietzsche fest: „Gott ist tot"; - und schuf sogleich seinen eigenen Götzen, Zarathustra, damit er nicht doch völlig verlassen war. (Dieser Gedanke entstammt einer Veröffentlichung von C. G. Jung).

Seit Nietzsche ging Gott allerdings auch den „breiteren" Bevölkerungsschichten der westlichen Welt weitgehend verloren. Dies wurde lange Zeit als Fortschritt für die individuelle Entwicklung begrüßt, ob jedoch die breiteren Bevölkerungsschichten mit dieser Gottverlassenheit zurechtkommen, darüber gibt es wenig Auskunft. Nicht jeder hat gleich einen Ersatzgötzen zur Hand.

Ist der eifernde Gott noch aktuell, der an oberster Stelle im Dekalog fordert: „Du sollst keine andern Götter haben vor mir!"?

Wenden wir dieses uns heute so unsinnig erscheinende altertümliche Gebot vom Theologischen ins Profane, so stellt sich die Frage, ob die Forderung etwa dazu dienen könnte, uns vor psychischen Erkrankungen zu bewahren. Vielleicht erscheint es lächerlich, sich mit Gott zu beschäftigen in einer Zeit, da Religion nur noch etwas für Kirchgänger zu sein scheint, die es nur noch dort zu geben scheint, wo sakrale Kunstwerke zu besichtigen sind. Dort brennen allerdings auffallend viele kleine Kerzchen. - Man glaubt zwar offiziell nicht und nichts mehr, aber es "soll doch helfen, auch wenn man nicht daran glaubt". (So Nils Bohr zu seinen Studenten, als sie ihn wegen eines Hufeisens über seiner Haustür ansprachen).

Unser Gott, den wir uns viele Jahrhunderte lang gründlich abtrainiert haben, wozu die Amtskirche kräftig mitgeholfen hat, hat in unserer Gesellschaft eine auffällige Leere hinterlassen. Der Nachrichtensender des Bayerischen Rundfunks wirbt beispielsweise in ständigen Wiederholungen mit dem Slogan: "Denn in 15 Minuten kann sich die Welt verändern!". (Klingt das nicht nach religiösem Eifer?) Warum ist es so wichtig, nichts zu verpassen? - Es geht in Wirklichkeit um die zwischengeschalteten Werbespots! Dafür sollen wir uns den ganzen Tag an den Sender halten. Sonderbarerweise tun das auch viele Menschen, ohne den Trick zu durchschauen. Was sie aber uneingestanden erhoffen, sind Sinnangebote, die vermittels irgendeiner grandiosen Neuigkeit alles verändern könnten.

Es wird wieder vermehrt nach Sinn, nach Religion, ja vielleicht sogar nach einer Kirche, für die man sich nicht genieren und rechtfertigen muss, gesucht. Dabei hat sich eine esoterische Bewegung entwickelt, in der alles geglaubt wird: Hexen- und Satanskulte, schwarze- und weiße Magie, Tarot, Schamanismus, Wahrsagerei, Reiki, Astrologie und unzählige andere okkulte Phänomene und Techniken werden auf dieser Sinnsuche in Anspruch genommen. Dies alles nennt man dann Spiritualität - was immer auch damit gemeint ist.

Unsere aktuelle, gerade im Sinken begriffene Religion, die Sinnstiftung der letzten Jahrzehnte, geht von der (schon im Alten Testament als Frevel angeprangerten) Ideologie eines Götzendienstes aus. Zur Erinnerung: Als Moses vom Berg mit seinen Gesetzestafeln herabstieg, sah er, wie das Volk um das „Goldene Kalb" tanzte. Der Götze hieß Gold - Geld - Erfolg. Geradeso wie in den letzten Jahren des Börsenbooms, als sogar solide Großväter ihre Ersparnisse Aktienspekulanten anvertrauten. Der darauf folgende Kater führte in eine kollektive Depression.

Das Credo der letzten Jahrzehnte hieß Erfolg. Erfolg wurde dokumentiert durch materielle Statussymbole. Früher war man stolz darauf, als Handwerker, Kaufmann oder Lehrer in die auf religiöse Werte ausgerichtete Gesellschaft eingebettet zu sein und einen sinnvollen Beitrag zum Ganzen, zur höheren Ehre Gottes zu leisten. Heute muss man schon ein Superstar sein - zur eigenen Ehre. Das führt geradewegs zum Daniel-Kübelböck-Syndrom. Es geht nicht mehr darum, was einer kann, sondern wie er es vermarktet. Die Botschaft unzähliger Motivationsbücher, die letztlich auch eine Art von Religionsersatz sind, lautet: Du kannst alles schaffen, was Du dir vornimmst. Es gibt keine Einschränkungen in Bezug auf Talent oder Neigung. Erfolg wird ausschließlich am Geld gemessen, und so heißt das heutige Berufsbild: „Geldverdienen", nicht etwa ein Werk vollbringen. Amerikaner pflegen zu Intellektuellen gerne etwas herablassend zu sagen: When you are so smart, so why ain't you rich? Bildung gilt nichts. Sie zählt nur im Hinblick darauf, wie viel Geld damit zu verdienen ist. (Dazu passt die aktuelle Debatte zur Schließung der geisteswissenschaftlichen Fakultäten an unseren Universitäten und auch die Frage nach der Kontinuität unserer Gesellschaft.)

Wir haben eine Orientierungskrise! Das Absterben der auf religiöse Werte ausgerichteten Lebensführung hat uns eine kurze Erfolgstory beschert, aber eine innere Öde hinterlassen. Jetzt wissen wir nicht mehr, wie es weiter gehen soll.

Es stellt sich also auch im Gradmesser des Erfolges, beim Geld, so dar, wie Calvin gepredigt hat: Es gibt nur wenige, die „prädestiniert" sind. Aus dieser Haltung heraus können sich Top-Manager ohne weiteres Millionengehälter genehmigen und gleichzeitig tausende von Arbeitern entlassen. So ist sich jeder nur noch selbst verantwortlich und kann nur durch eigene Anstrengung zeigen, ob er zu den „Auserwählten" oder zu den „Verworfenen" gehört. (Max Weber)

Arbeitslosigkeit wird immer noch nicht als kollektives Schicksal empfunden, sondern als persönlicher Misserfolg. Dieses nicht sehr christliche „von Gott verlassene" Denken macht die Menschen so mitleidlos, ihre Lage so hoffnungslos. Wir wissen nicht, was wir ohne Erfolg anfangen sollen. Ein Ausweg ist nicht in Sicht. Wir haben keinen Moses, der mit Gesetzestafeln vom Berg herabsteigt! Der Mythos besagt allerdings, er habe in seinem Zorn, als er das Volk um das Goldene Kalb tanzen sah, die Tafeln zerschlagen.

Können wir darauf hoffen, dass es uns gelingt, die Scherben einer christlich-abendländischen Werteordnung wieder neu zusammenzufügen? Die Werteveränderungen, die sich durch die mitgebrachten Religionen der riesigen Anzahl von Immigranten nach Europa ergeben, erfordern eine neue Form von Toleranz im Umgang miteinander. Die Amtskirche wäre prädestiniert, Beispiel zu geben. Aber da kommen gleich die alten Bedenken, dass die Kirche versagt habe. Das stimmt zum Teil, jedoch sollten wir nicht vergessen, dass wir die Kirche und die Verfehlungen ihrer Würdenträger immer mit ihren eigenen Werten und Argumenten kritisieren! Oder haben wir bereits eine ganz andere Religionsbewegung, die wir nur noch nicht wahrgenommen haben?

Die jüngsten Debatten um Minarette in deutschen Städten, das Kopftuch bei Lehrerinnen oder islamischen Religionsunterricht an unseren Schulen zeigen, dass

Gott – bei allen Säkularisierungsbestrebungen – das Feld noch lange nicht geräumt hat. Wir haben zwar unsere Kreuze aus den Klassenzimmern verbannt, jetzt kommen die Symbole aus einer ganz anderen, unerwarteten Richtung zu uns zurück.

Bei der Konzeption einer Europäischen Verfassung wurde von einigen Parteien vergeblich darum gekämpft, dass auf unsere christliche Tradition Bezug genommen wird. „Europa als Rechts- und nicht als Gesinnungsgemeinschaft", wie die ZEIT schreibt; offenbar glaubt man, ohne Bezug auf eine übergeordnete Idee auszukommen. Es stellt sich die Frage, ob Europa bestehen bleibt, wenn gemeinsames Handeln geboten ist.

Wir sollten Sinn nicht dort suchen, wo sich andere Völker mit ihrer Heilsgewissheit gerade selbstmörderisch hineinsprengen. Aber die radikalen Muslime haben uns gezeigt, dass wir viel zu intensiv den falschen Götzen „Erfolg" angebetet haben. Götzen haben die unangenehme Eigenschaft, im Ernstfall keine Kraft zu verleihen. Daran zeigt sich, ob wir es mit einem leeren Symbol oder mit einer numinosen Macht zu tun haben.

Helfen die wurmstichigen Marienbilder, die dunklen Altäre noch? Sind die Reliquien in barocken Schreinen nicht allzu archaische Überreste, denen wir kein Heil mehr entringen können? Bieten die bilderbereinigten protestantischen Kirchen etwa mehr Geborgenheit? Wo sollen wir einkehren? Sollen uns Halbedelsteine oder andere magische Gegenstände in jene transzendenten Sphären entrücken, wie dies vor Zeiten eine Rosenkranz-Andacht mit ihrer Trance erzeugenden monotonen Gebetswiederholung konnte? Die alten Rituale z.B. eines katholischen Gottesdienstes verstehen wir heute nicht mehr und infolgedessen verfügen wir auch nicht mehr über die dort verborgenen Gnadenmittel zu unserem Heil. In der alten Kirche gibt es noch eine Vergebung der Sünden und die damit verbundene Entlastung unserer Seele. In der modernen Welt aber, der gottverlassenen, gibt es das nicht mehr.

Die Frage stellt sich nicht, ob es einen Gott gibt! Die Frage ist, ob wir einen Gott brauchen! Diese Frage wurde seit der Aufklärung über Jahrhunderte falsch gestellt mit der Konsequenz, dass wir selbst unsere Kultur, unsere Werte vernichtet haben und in der heillosen Gegenwart gelandet sind. (Ich erinnere zur Illustration unseres gegenwärtigen inneren Zustandes an Autoren wie Michel Houllebecq oder Elfriede Jellinek!)

In unserer jüngeren Generation scheint sich hingegen ein erfreuliches Bedürfnis nach moralischer Fundamentierung zu entwickeln. Die Jugend ist erstaunlich wissbegierig, wenn es um höhere Werte geht. Sie ist auf der Suche nach Orientierung – und die Alten sind es insgeheim auch.

Moralische Fundamentierung – muss man sich auf der Suche danach zu neuen Göttern, neuen Ritualen hinbewegen? Oder liegt die Lösung nicht doch viel mehr in einem christlich-abendländischen Wertesystem zeitgemäßer, zeitgemäßerer Prägung?

Auf dem Weg in die Zukunft ist unserer und auch den folgenden Generationen keine Umkehr anzuraten. Eine Umkehrung allerdings könnte doch wertvolle Orientierungshilfe sein. Wir haben sie bei dem zeitgenössischen Poeten und Satiriker Robert Gernhard gefunden, der neben „seinem" Nietzsche offensichtlich auch noch etwas anderes kennt. Zitat: „Gott ist tot!" (Nietzsche); „Nietzsche ist tot!" (Gott)

Literatur

Graf, Friedrich Wilhelm: Die Wiederkehr der Götter. C. H. Beck, München 2004

Houllebecq, Michel: Ausweitung der Kampfzone. Roman. Rowohlt Taschenbuch Verlag, Reinbek bei Hamburg, 5. Aufl. 2001

Jelinek, Elfriede: Lust. Rowohlt Verlag, Reinbek bei Hamburg, 1989

Jung, C. G.: Psychologie und Religion. dtv München 2001

Lehmann, Hartmut: Topografie des Glaubens. MaxPlanck Forschung 2/2004

Weber, Max: Gesammelte Aufsätze zur Religionssoziologie I. 1. Aufl. 1920. Tübingen: Mohr 1.-8. photomechan. gedr. Aufl.- 1986

Guy Roux

Identifizierung mit Gott und die Grenzen des Menschen

Die psychiatrische Literatur verzeichnet immer wieder Fälle von „Dämonisierten" und Erleuchteten, die mit ihrem spektakulären Sendungsbewusstwein Anlass zum Lachen bieten könnten, wenn sie nicht ein wahres Martyrium durchleiden würden: sei es bei ihrem Kampf gegen die unguten Geister, welche sich keuschen Ehefrauen gegen ihren Willen nähern und damit die Eheleute auseinander treiben, sei es als Nachfolger des Heilands, der alle Völker der Welt schützen will, um sie von ihren Unterdrückern zu befreien und sich dabei einem Gefühl ärgster Verfolgung aussetzend, das sie mit Freuden als Passionsversprechen wahrnehmen.

Menschen, Frauen wie Männer, verlieren sich in dem, was sie als handelnde Treue zu Gott ansehen, denn sie sind überzeugt, dieses Privileg durch eine Offenbarung erhalten zu haben, durch die sie eines Tages vor allen anderen erwählt wurden. Psalm 52 im Alten Testament, der im Mittelalter häufig durch einen Irren darstellende Buchmalereien illustriert wurde, drückt ein abruptes und sakrilegisches Urteil aus, das dieser Figur zugeschrieben wird: Dixit insipiens in corde suo: non est deus. (Der Tor spricht in seinem Herzen: Es ist kein Gott.)

Dieser offensichtliche Widerspruch, nämlich ostensibel und leidenschaftlich einem Gott zu dienen, von dem man sagt, dass er nicht existiert, kann nur auf eine Art und Weise aufgelöst werden: Wenn der Irre die Realität Gottes leugnet, dann hauptsächlich, um für ihn einzutreten und sich an seiner Stelle als Gott auszurufen; der Psalm 52 hat nicht mehr die Zeit gefunden, dies so zu formulieren.

Hier nun die Geschichte eines träumerischen jungen Mädchens, das seiner Fantasiewelt schon immer den Vorzug vor allen anderen intellektuellen Beschäftigungen einräumte, zu denen die atheistischen, im Lehrberuf tätigen Eltern es anhalten wollten. Ihr war der schulische Zwang zuwider, sie gab lieber ihren Tagträumen freien Lauf und schrieb Märchen im Stil von Alice im Wunderland, wie es eine Zeichnung von ihr in einem Text zeigt, auf der zwei kleine Mädchen sich mit einem auf einem Pilz kriechenden Wurm unterhalten. Dieses Bild erinnert sehr wohl an eine Illustration, die Max Ernst für das Werk von Lewis Carroll geschaffen hat.

Ausgehend von einem atypischen Anorexiesyndrom, das bekanntermaßen als die Weigerung, eine erwachsene Frau zu werden, angesehen wird, entwickelte das fantasiebegabte Mädchen eine Psychose. Dieses Syndrom allein reichte selbst bei einer in der Schule durchgefallenen zukünftigen Dichterin nicht aus, die Entwicklung hin zu einem seinerzeit noch wenig wahrscheinlichen dissoziativen Syndrom zu erahnen - trotz der bohêmehaften Lebensführung und der autodidaktischen Ausübung der Malkunst, welche in Paris am Place Pigalle und am Montmartre auf Touristen abzielte.

Die allmählich spürbare Veränderung ihres psychischen Gleichgewichts wurde zunächst mit vielversprechender dichterischer Originalität verwechselt. Dann traten Hörhalluzinationen auf und die schizophrene Natur ihrer Störungen stellte sich ganz unvermittelt in ihrer Hochzeitsnacht ein im Laufe eines akuten onirischen Erlebnisses zusammen mit einem komplexen halluzinatorischen Ausbruch, der der Beschreibung von Karl Jaspers entsprach. Das Erscheinen von Christus, Ankündigung einer schmerzhaften Mission: „Sie sollte von der Hölle verschlungen werden. Aus ihrem Schoß sollte der Menschensohn wiedergeboren werden. Die Sterne erzählten ihr vom Himmel ... Zwischen Gott und Teufel war sie Marie, die Unbefleckte, Purpur, Gold, Weihrauch und Myrrhe ..."

Die junge Frau wurde mehrmals stationär behandelt, was bei ihr nur den Eindruck hervorrief, dass die Therapie sie ihres inneren Königreichs beraube und von der Apotheose der mystischen Monarchie entferne, die ihr Sein beschäftigte.

Trotz mehrerer Krankenhausaufenthalte und trotz Neuroleptika blieb sie Christus in weiblicher Ausbildung, eine Jesuchrine, die dank ihrer Einbindungen mit den Lebenden und den Toten kommunizieren konnte und die als einzige wollüstig empfinden konnte, die Manen von Goethe, Shakespeare, Verlaine, Cézanne und Modigliani in musikalischer Hoffnung zu vereinen.

Diese ätherische und egozentrische Konzeption des Universums verkomplizierte sich dann durch Hör- und Berührhalluzinationen sexueller Art, ausgelöst durch sexuell frustrierte Frauen aus der Nachbarschaft und vorbeiziehende Zigeuner: von allen Seiten hagelte es Beschimpfungen auf sie ein. Die sexuellen Indiszipliertheiten ihrer Umgebung verstärkten sich besonders am Samstag und am Sonntag.

So fand diese psychotische Patientin eines Tages wieder zur Malerei zurück und war überzeugt, dass sich ihr Pinselstrich den Elegien des Himmels und den menschlichen Fresken unterordne. Ab nun würde sie ihr Leben nicht mehr leben, sondern es malen und betrachten, ganz hartnäckig darauf versessen, die neue Wahrheit ihrer Existenz mit Hilfe der Malerei zu ordnen.

Diese Art von Restitution, zu der manche Psychoten finden, erfolgte bei dieser jungen Frau über eine ständige Wiederholung der Darstellung der Hauptthemen ihres Deliriums, die eine originelle Konzeption von Gott und des Universums bezeugen.

Als erstes fällt uns ein Bild der Verkündigung auf, das eher einem Ex-Voto gleicht. Über der liegenden Jungfrau schwebt ein himmlisches Wesen in einer Wolke.

- Ein Selbstporträt zeigt dann die Identifizierung mit der Jungfrau Maria, die in einer hieratischen Haltung dargestellt ist.

- Die Kreuzigung von Jesuchrine vervielfältigt das Angedenken an das eindrucksvolle onirische Geschehen, im Laufe dessen die Patientin ihren Erlöserauftrag erhielt.

- Krippendarstellungen in unterschiedlicher Ausführung illustrieren eine andere Facette der Identifizierung mit der Mutter Jesu.

- Darstellungen der Madonna mit Kind verstärken später den mystischen Ausdruck der Psychose.

- Jeder theologische Zusammenhang wird beiseite geschoben, Hauptsache, das Thema ist von einer höchst mystischen Rolle geprägt. Eine einzige Darstellung des Abendmahls lässt eine männliche Identifizierung mit dem Christus der Eucharistie vermuten, für die das Geschlecht gewechselt werden musste.

- Diese Serie endet mit einer Art ökologischem Selbstbildnis, auf dem Tierdarstellungen an das Paradies auf Erden erinnern, wo der Löwe neben der Antilope trinkt.

Denn nun ist die Künstlerin zu Himmel und Wasser geworden, zum Rauschen der Blätter in den Bäumen, zum Frieden und Ruhe der sommerlichen Natur. Ihre Seele teilt sich auf in Vielfalt: sie schreibt, sie malt, sie wird unermesslich.

Neue Harmonien zeigen sich: sie ist der Mond und verteilt goldene und purpurrote Aprikosen, wunderbare grüne, durchscheinende Südfrüchte, die an den Zweigen des wiedergefundenen Paradieses hängen, ein Schloss, so groß wie die Welt, in dem sich all diejenigen wiederfinden, die sich lieben. Vom Himmel rieselt täglich die Nahrung, welche die Jungfrau Maria in ihrer Weisheit und Güte ausstreut.

So endet diese Geschichte einer psychotischen Transgression der menschlichen Grenzen und der Identifizierung mit Gott und dem Kosmos in einem Durcheinander religiöser Gegebenheiten. Eingedenk dessen, dass wir nach Gottes Ebenbild geschaffen wurden, praktiziert jeder von uns diese Transgression auf eine ganz leise Art und Weise. Durch die Ungeduld, die Naivität und die Überspanntheit eines Geisteskranken wird sie aber zur lächerlichen und obszönen Anmaßung.

Hans Stoffels

Kunst und Trauma. Über fiktive Realitäten.

Kasuistik 1

Kürzlich konsultierte mich in meiner Sprechstunde ein 60-jähriger Jurist. Er litt an depressiven und zwanghaften Störungen und wollte sich beraten lassen, ob Medikamente helfen könnten. Er charakterisierte sich als einen übergewissenhaften, extrem pedantischen Menschen. Eine mehrjährige psychoanalytische Behandlung habe seine periodischen Verstimmungen und Zwangshandlungen nicht verändert. In der Psychoanalyse habe er seine „Hauptschwäche" erkannt, dass er sich in seinem Leben nicht trennen könne, weder von Menschen noch von Dingen, noch von Gewohnheiten. Bei der weiteren Anamneseerhebung fiel auf, dass er trotz Erfolglosigkeit auch die psychoanalytische Therapie nicht beenden konnte. Selbst während einer durchgemachten Krebserkrankung hatte er seinem Analytiker die Treue gehalten, obwohl dieser die Initialsymptome seines Dickdarmkrebses psychologisch gedeutet und ihn in Gefahr gebracht hatte. Um seine tiefgreifende Unfähigkeit, sich von Menschen oder Dingen zu trennen, zu veranschaulichen, erzählte er mir aus seiner Kindheit die folgende Geschichte:

Es mag in der ersten oder zweiten Schulklasse gewesen sein. Der Klassenlehrer hatte eine Weihnachtsfeier vorbereitet, in dessen Mittelpunkt ein Julklapp stand: Jedes Kind sollte einem anderen Kind eines von seinen Spielzeugen schenken, ohne dass der Adressat wusste, von wem das Spielzeug kam. Unser Patient geriet in Not, da er sich von keinem seiner Spielzeuge, die er einzeln prüfte, trennen wollte. Der Tag der Weihnachtsfeier rückte näher, und er hatte immer noch kein Geschenk ausgewählt. Er wurde unruhig, schlief schlecht, es quälte ihn. Wenige Stunden vor der Weihnachtsfeier kam ihm unerwartet ein rettender Gedanke. Er ging hin und malte ein Bild und brachte dieses als Geschenk mit, wobei er sich aber, wie er berichtete, vor sich selbst schämte, weil er die Enttäuschung des beschenkten Klassenkameraden ahnte, der sicher lieber ein kleines Auto, jedenfalls etwas Konkretes, Handhabbares gehabt hätte, nicht ein gemaltes Bild.

„Kunsttheorie"

Vergegenwärtigen wir uns diese kleine Geschichte, so stellt sich die Frage, ob sie in nuce eine Theorie des künstlerischen Schaffens enthält. Wir können im Hinblick auf unseren kleinen Patienten sagen, dass er geizig war, nichts hergeben wollte, was ihm wertvoll erschien, dass er vielmehr ein Ersatzprodukt geschaffen hat, das in den Augen eines Kindes ohne Wert ist. Er hat in gewisser Weise einen Betrug begangen. Wir können unserem Patienten aber auch eine kreative Leistung bescheinigen, mit der er sein inneres Dilemma erfolgreich bewältigt hat. Es war ein kreativer Betrug. Jedenfalls konnte auch er mit einem Geschenk aufwarten. Mit Hilfe eines gemalten Bildes, einem kleinen Kunstprodukt, zog er den Kopf aus der Schlinge.

Ich knüpfe hieran die Frage, ob es Sinn macht, in allgemeiner Form Kunst, künstlerische Produktivität und Kreativität unter dem Aspekt zu betrachten, dass sie Bewältigungscharakter haben. Kunst wäre in diesem Fall nicht das Originäre, das Urtümliche oder Archaische, das gegen alle Widerstände zur Oberfläche durchbricht, sondern Kunst stünde im Dienst bestimmter Bedürfnisse, eben der Konflikt-

und Lebensbewältigung. Kunst wäre das Künstliche, nicht das Unmittelbare und Konkrete, sondern Ersatz für das Konkrete, die Pseudogabe, immer Substitut.

Wir werden gewiss nicht so vermessen sein, all das, was uns als Kunst in seinen vielfältigen Gestaltungen anspricht, unter diesem einen Gesichtspunkt zu betrachten. Bekanntlich hat Freud mit zweifelhaftem Erfolg versucht, Kunst stets als etwas Abgeleitetes, Sekundäres zu verstehen. Nach seiner Sublimierungstheorie soll Kunst ein Produkt der Triebunterdrückung sein. So zeigte Freud Parallelen zwischen der neurotischen Symptomatik und dem künstlerischen Prozess auf. Es dürfte nicht schwerfallen, konkrete Beispiele zu finden, wo es den Anschein hat, dass der Künstler seine Neurose anstatt sie ärztlich-psychotherapeutisch behandeln zu lassen, in Form einer künstlerischen Leistung „bewältigte". Als pars pro toto möchte ich auf den Briefwechsel zwischen Rainer Maria Rilke und dem Psychotherapeuten Viktor Freiherr von Gebsattel hinweisen. Rilke litt unter vielfältigen larviert-depressiven und hypochondrisch anmutenden Störungen. Schließlich lehnte er die ihm angebotene Psychotherapie ab. Er habe die Sorge, so schrieb er an von Gebsattel, dass im psychotherapeutischen Prozess mit den Dämonen auch die Engel ausgetrieben würden und die zurückbleibende Leere ihn unfähig machen könnte, künstlerisch aktiv zu sein.

Kasuistik 2

Eine Studentin der Kunsthochschule, die an Depressionen litt, träumte häufig, meist im Zusammenhang mit ihrem Vater, dass sie Äpfel male. Zunächst konnte sie zu diesen Träumen wenig erinnern. Als sich die Träume jedoch wiederholten, fiel ihr folgende Begebenheit ein: im Garten ihres Elternhauses standen mehrere Apfelbäume. Ihr Vater lagerte im Herbst die geernteten Äpfel im Keller auf Regale, damit die Familie in der Winterzeit von diesen Früchten zehren konnte. Ihr war es nicht gestattet, ohne zu fragen, einen Apfel zu nehmen. Wenn sie aus der Schule kam, konnte sie jedoch dem heimlichen Griff nach einem Apfel nicht widerstehen. Dies wurde vom Vater nicht bemerkt, weil sie die Äpfel stets neu und gleichmäßig über die Regale verteilte, damit keine Lücken entstanden. Schließlich musste sie sehr viel Mühe aufwenden, um den Anschein der Vollständigkeit zu wahren, bis es schließlich nicht mehr zu verheimlichen war, dass sich die Zahl der Äpfel drastisch verringert hatte.

Als ihr diese Kindheitserinnerung gekommen war, verstand die Patientin ihren Traum vom Malen der Äpfel als nachträglichen Versuch einer Wiedergutmachung. Sie hatte als Kind sehnlichst gewünscht, der „Diebstahl" möge nicht auffallen, insbesondere der geliebte Vater möge von ihrer heimlichen Gier nach den Äpfeln nichts erfahren. Jetzt „im Traum" vermochte sie mit Hilfe ihres malerischen Talents – das sie auch in Wirklichkeit besaß - die Lücken zu füllen, wieder Vollständigkeit zu erreichen und den strengen Vater zu versöhnen.

Kunst und Leben

Kaum ein anderer Schriftsteller hat sich mit dem Typus des Künstlers, aber auch mit Kunst und Kunsttheorie so sehr beschäftigt wie Thomas Mann. Für Thomas Mann ist der Künstler ein Außenseiter, stets innerlich zerrissen, eingebunden in den unauflöslichen Widerspruch zwischen Leben und Kunst. Der künstlerische Mensch ist der Gebrochene, der sich nach dem normalen, natürlich empfindenden Menschen sehnt, jedoch nicht mit ihm identisch werden kann. In seiner Novelle „Tonio Kröger" ist Thomas Mann dem Thema nachgegangen und handelt es an der Gestalt des vereinsamten und verzweifelten Schülers und späteren Schriftstellers

Tonio Kröger ab. Im Dialog mit der russischen Bildhauerin Lisaweta Iwanowna bekommt Tonio Kröger die Gelegenheit, über sich, den Künstler und das Künstlertum zu raisonnieren. Es sei ein „rätselhaften Gegensatz", in dem sich der Künstler zu „den Anderen, den Gewöhnlichen, den Ordentlichen" befindet. Weiter heißt es:

„Die Begabung für Stil, Form und Ausdruck setzt bereits dies kühle und wählerische Verhältnis zum Menschlichen, ja, eine gewisse menschliche Verarmung und Verödung voraus. Denn das gesunde und starke Gefühl ... hat keinen Geschmack. Es ist aus mit dem Künstler, sobald er Mensch wird und zu empfinden beginnt".

In allem Künstlertum erblickt Tonio Kröger „etwas tief Zweideutiges, tief Anrüchiges, tief Zweifelhaftes". Der Künstler stehe zwischen zwei Welten. Intellekt und Gefühl seien voneinander geschieden und insbesondere das unmittelbare, natürliche, warme Gefühl stünde ihm nicht zur Verfügung. „Das Reich der Kunst nimmt zu und das der Gesundheit und Unschuld nimmt ab auf Erden". Auf dem Grund der Kunst sieht Tonio Kröger einen menschlichen Trieb, ein inbrünstiges Verlangen nach Ganzheit, nach Rückkehr des Verlorenen, die Sehnsucht nach den „Wonnen der Gewöhnlichkeit".

In der Novelle widerspricht Lisaweta Iwanowna Tonio Kröger. Sie wirft ihm eine einseitige Sicht auf die Kunst vor. Seine selbstkritische Analyse verkenne, dass die literarische Kunst eine reinigende Wirkung habe und befähigt sei, böse Leidenschaften durch das Wort und die Erkenntnis zu zerstören. Sei nicht Kunst vielmehr ein Weg zum Verstehen, zum Vergeben, zur Liebe? Wenn es eine erlösende Macht der Sprache gäbe, so müsse der „literarische Geist als die edelste Erscheinung des Menschengeistes überhaupt" angesehen werden. Unter diesem Gesichtspunkt sei der Literat vielmehr ein vollkommener Mensch, fast ein Heiliger.

Der Künstler und das Trauma

In den Biographien von Künstlern ist immer wieder aufgefallen, dass sie nicht selten eine sehr belastete Kindheit mit schmerzlichen Trennungen, Mangelerfahrungen, Tod von Eltern oder Geschwistern oder nahen Freunden erleben mussten. Trotz all der Drangsal gelangen ihnen große Werke. Besteht die Außenseiterposition des Künstlers womöglich darin, dass er im Gegensatz zum „normalen" Menschen über eine besondere Fähigkeit zur Auseinandersetzung mit Verlust, Trauma und Konflikt, vielleicht über eine größere Empfänglichkeit und Reaktionsbereitschaft auf die Not des Lebens überhaupt verfügt?

Die neuere Psychotraumatologie geht davon aus, daß seelische Mangelerfahrungen und Traumata zu seelischer Krankheit führen. Diese Auffassung folgt einem deterministischen Prinzip und leugnet die Subjektivität des Menschen. Dem deterministischen Prinzip ist ein dialogisches Prinzip entgegenzustellen. Dieses Prinzip besagt, daß die Reaktion dessen, der Not, Entbehrungen, Traumata erfährt, seine spezifische, persönliche Antwort auf das Erlittene darstellt. Zu dieser subjektiven Reaktion gehört stets der situative Kontext, gehört das, was der einzelne an Geschichte mitbringt und auch das, was er in der Zukunft zu befürchten oder zu hoffen hat.

Kritischen Traumaforschern ist immer schon aufgefallen, dass keineswegs alle Menschen, denen Schreckliches widerfuhr, seelisch krank werden. Überrascht war z. B. Schnyder, als er Unfallverletzte, die nur knapp dem Tode entkommen waren, sehr sorgfältig untersuchte. Diese Menschen waren zum Teil wochenlang auf einer

Intensivstation behandelt worden und hatten überdauernde körperliche Beeinträchtigungen davongetragen. Schnyder stellte fest, dass nur in einem relativ geringen Ausmaß eine posttraumatische seelische Krankheit vorlag, wie sie nach Lehrbuchmeinung zu erwarten gewesen wäre. Das schwere Unfalltrauma hatte zu sehr unterschiedlichen Antworten und Bewältigungsformen geführt.

Es gibt Patienten, die nach einem schockierenden Erlebnis von diesem regelrecht verfolgt werden. Sie berichten, dass es oft nur eines scheinbar harmlosen Anlasses bedarf, damit die Erinnerungsbilder zurückkehren. Es ist, als geschehe alles noch einmal. Auch der Traum ist ein Medium der ungewollten Wiederholung. Wenn diese Patienten von ihrem Erlebnis erzählen, tun sie es in einer Weise, als geschehe es im Augenblick. Als Zuhörer wird man zum Zeugen, wird affektiv so angesprochen, dass man die Dialoge hört und die Szene vor Augen sieht. Die Patienten sagen: es läuft ab wie im Film. In der Fachsprache sprechen wir von posttraumatischen flash-backs. Aber das unwillkürliche Erinnern in Bildern tritt nicht bei allen Menschen auf, die einen Schock, z. B. einen Überfall, erlebten. Offenbar bedarf es einer besonderen subjektiven Ausstattung mit der Fähigkeit zur Bildsprache, zur Visualisierung und zur Aktualisierung von Emotionen, die unter posttraumatischen Bedingungen zu einem Leiden werden.

Auffallend ist, dass in der Psychotraumatologie Psychotherapieformen entwickelt wurden, die vor allem mit Visualisierungen arbeiten. Die Patienten werden angehalten, sich das Erlebte wie einen Film vorzustellen oder als eine Fernsehsendung, bei der sie die Fernbedienung in der Hand halten, um jederzeit den „Film" abschalten zu können. Eine andere Imaginationsübung leitet die Patienten an, sich in die Person des Filmregisseurs hineinzudenken. Jetzt geht es darum, einen anderen Ausgang des Dramas auszuphantasieren. Oder die Patienten werden ermuntert, den Unterschied zwischen Vergangenheit und Gegenwart aufzuheben und einen fiktiven Dialog mit dem Kind, das sie einmal gewesen sind, zu führen.

Viele Psychotherapeuten denken sich immer neue Imaginationsübungen aus: Stellen Sie sich ein Haus vor, in jedem Zimmer befindet sich ein Gefühl. Wenn Sie jedem Gefühl eine Gestalt gegeben haben, sagen Sie zu ihm: geh in dein Zimmer, ich habe jetzt keine Zeit für dich. Auf diese Weise soll der Patient lernen, seine Gefühle zu beherrschen und zu kontrollieren. Dem Ausdenken solcher Übungen sind keine Grenzen gesetzt. Immer neue „Techniken" werden erfunden und mit Fachtermini belegt. Inzwischen gibt es aber auch kritische Stimmen, die fragen, ob die therapeutischen Imaginationsübungen nicht ein Muster aufnehmen, das zum Charakteristikum der posttraumatischen Störung gehört, nämlich die Übermacht der Fiktion über die Realität.

In der fiktiven Welt sind die Unterschiede zwischen Vergangenheit und Gegenwart überwunden. Aber sind nicht gerade die möglichen Störungen und Beeinträchtigungen nach einem Schockerlebnis dadurch gekennzeichnet, dass Vergangenes nicht vergehen will? Fiktionen sind Zaubermittel. In der Vorstellung kann ich mir Allmacht zusprechen, kann noch einmal eintauchen in jene kindliche Entwicklungsstufe, wo subjektive Vorstellung und objektive Wahrnehmung noch nicht geschieden sind. Man denke an das berühmte Bild von René Magritte „Ceci n'est pas une pipe". Dies Bild provoziert den erwachsenen Blick, die Erkenntnis, dass zwischen Bild und Realität ein nicht zu vernachlässigender Unterschied ist.

Der Künstler und das Fiktive

Auch in einem Fragment gebliebenen Roman hat sich Thomas Mann mit dem Künstler und dem künstlerischen Prozess auseinandergesetzt. Manche behaupten, es handle sich um eine versteckte Autobiografie. Die Arbeit an diesem Roman begann 1910, und er hat immer wieder an diesem Manuskript geschrieben. Publiziert wurde der Roman vor gut 50 Jahren, im Jahre 1954. Ich meine das Buch „Die Bekenntnisse des Hochstaplers Felix Krull".

Felix Krull stammt aus einem ungeordneten Elternhaus, das Geschäft des Vaters erleidet Konkurs, im Verlauf dessen der Vater sich suizidiert. Felix Krull fällt nicht nur durch seine Sprach- und Wortgewandtheit auf, sondern vor allem durch eine abenteuerliche Phantasie, die er ohne moralische Skrupel einsetzt. Auf der Bühne des Lebens spielt er Rollen, täuscht und betrügt, z. B. den Arzt bei der Musterungsuntersuchung. Er erleidet einen schweren epileptischen Anfall und wird vom Militär freigestellt, aber es ist kein genuiner Anfall, sondern ein psychogen produzierter, fiktiver Anfall. Felix Krull kann nicht nur Krankheiten perfekt vortäuschen, sondern seine chamäleonhaften, schauspielerischen und figurwandlerischen Fähigkeiten zeigt er in unterschiedlichsten Zusammenhängen, und zuletzt glänzt er als Marquis de Venosta. Sein ureigenstes Wesen ist der Schein. Mit Ironie zeichnet Thomas Mann, wie Felix Krull stets ein Liebling der Frauen ist, die ihm das Betrogen- und Bestohlenwerden gern verzeihen.

Die alte Psychiatrie bezeichnete das spielerische Erfinden von Geschichten, die als wahr ausgegeben werden, aber auch die schwindlerische Übernahme von neuen Identitäten und Rollen als Pseudologie oder als Ausdruck einer „Pseudologia phantastica" (Dellbrück 1891). In den neuen Klassifikationssystemen tauchen diese Begriffe nicht mehr auf. Hier finden wir den Hinweis auf ein anderes Störungsbild, die so genannte „Multiple Persönlichkeitsstörung" oder „Dissoziative Identitätsstörung (DIS)". Hier drängen sich zwei oder mehrere Personen in einer Person, die eigene Erinnerungen, Verhaltensweisen oder Vorlieben haben sollen. Abrupt kann sich eine Person in eine andere verwandeln. In Thomas Manns Roman „Die Bekenntnisse des Hochstaplers Felix Krull" wird schlicht von „Hochstapelei" gesprochen, um letztendlich ein äußerst vielschichtiges und filigranes Phänomen in Augenschein zu nehmen.

Bereits der Psychiater Delbrück hatte auf die frappante Verwandtschaft der hochstaplerischen und pseudologischen Schwindeleien mit künstlerisch-dichterischem Tun hingewiesen. So verweist er auf Gottfried Kellers Roman „Der grüne Heinrich", in dem sich die Hauptfigur als Siebenjähriger in eine phantastische Lügengeschichte verstrickt. Diese Passage des Dichters, so Delbrück, sei nach seiner Kenntnis nicht erfunden, sondern authentisch, spiegle eine reale Begebenheit in der Kindheit des Schriftstellers Gottfried Keller wider. Es fehlt auch nicht der Hinweis auf Johann Wolfgang von Goethe, der in seiner Jugend von einer abenteuerlichen Phantasietätigkeit bedrängt wurde. Angefeuert von seinen Spielgefährten drohte er, sich in phantastischen, aber als real ausgegebenen Rollen zu verlieren, so dass ihn ein großer Schrecken über den zunehmenden Verlust an Bindung zur Realität befiel. Goethe spricht von seinen „Windbeuteleien und Luftgeschichten".
Ähnliche Erlebnisse sind aus der Kindheit Heinrich Heines zu vermelden. Heine hatte einen entfernten Großonkel, Simon de Geldern, der den Orient bereist hatte und mit dem sich der 13-jährige alsbald derart identifizierte, dass er in einen „wunderlichen Zustand" geriet. Im Rückblick schreibt Heine über diese Zeit: „Mein Leben glich damals einem großen Journal, wo die obere Abteilung die Gegen-

wart, den Tag mit seinen Tagesberichten und Tagesdebatten, enthielt, während in der unteren Abteilung die poetische Vergangenheit sich in fortlaufenden Nachtträumen wie einer Reihenfolge von Romanfeuilletons phantastisch kundgab. In diesen Träumen identifizierte ich mich gänzlich mit meinem Großonkel, und mit Grauen fühlte ich zugleich, dass ich ein anderer war und einer anderen Zeit angehörte". Der Vater Heines reagierte mit Humor, indem er schalkhaft sagte, er hoffe nicht, dass der Großonkel Wechsel offen habe, da sein Sohn sich ansonsten in der Pflicht sehe, diese zu begleichen.

Der bekannteste und berühmteste unter den Schriftstellern, die der Verführung des Fiktiven erlagen, ist Karl May (1842-1912). Mit seinen über 70 Büchern hatte er ein Millionenpublikum von jungen und älteren Lesern mehrerer Generationen fasziniert. Karl May wuchs unter extrem entbehrungsreichen Bedingungen auf. Nur wenige wissen, dass er wegen großer Schwindeleien mehrere Jahre ins Gefängnis kam. Es sind insgesamt acht Persönlichkeiten dokumentiert, unter denen er auftrat, u. a. als Doktor Heilig, später als Seminarleiter Lohse, auch als ein Polizeioberleutnant. Selbst seine spätere, überaus erfolgreiche Karriere als Schriftsteller hinderte ihn, schon jenseits des 50. Lebensjahres, nicht daran, den Verlockungen des Fiktiven zu erliegen. Er trat erneut vor die Öffentlichkeit mit dem Anspruch, alle von ihm geschilderten Abenteuer selbst erlebt zu haben: „Ja, ich habe das alles und noch viel mehr erlebt ... keine der Personen und keines der Ereignisse, welche ich beschreibe, ist erfunden".

Ausblick

Die Verführungskraft des Fiktiven liegt darin, dass Phantasie und Realität nicht unterschieden werden. An die Stelle einer womöglich kargen Realität kann eine phantastische Wirklichkeit gesetzt werden. Die Phantasie entschädigt für all das, was in der Realität ausblieb. Sie ist ein notgeborenes Produkt. Die Phantasie ist aber auch das Mittel, die Realität zu erkennen, sie zu durchdringen. Sie bewahrt uns vor dem Ausgeliefert-Sein, davor, uns an eine platte Realität anzupassen. Sie gibt uns Spielraum, die Freiheit zur Distanz und Freiheit, alternative Wege einzuschlagen.

So kehren wir am Ende wieder zu Tonio Kröger und seinem Gespräch mit Lisawetta Ivanova zurück und ihren Dialog über die zwei Gesichter der Kunst und des Künstlers.

Literatur beim Verfasser

Hermann Simon

Aus eines Mannes Mädchenjahren - Die Geschichte des N.O. Body

Herr Präsident Heuser, meine Damen und Herren,

es war Herr Dr. Boehlke, der mich vor einigen Monaten anrief und bat, zu Ihnen zu sprechen, und zwar stehe die Tagung, die er gerade vorbereite, unter dem Thema „Gott und die Welt“. Ich verstand sofort und sagte ihm: „Sie reden über Gott, und ich dann über die Welt.“ Schnell einigten wir uns auf das in Ihrem Programm ausgedruckte Thema, weil es mit der Welt zu tun hat und mit Gott sowieso, wie alles auf dieser Welt.

Nun: Aus eines Mannes Mädchenjahren. Die Geschichte des N. O. Body, und der Historiker freut sich, hierüber zu Ihnen sprechen zu dürfen. Zwanzig Minuten habe ich Zeit, dreißig Jahre habe ich mich mit dem Thema beschäftigt, macht summa summarum weniger als eine Minute pro Jahr. Ich beeile mich und werde es wohl in dreißig Minuten schaffen.

Das Thema meines Beitrages hätte eigentlich folgendermaßen heißen müssen: „Body, N. O., Aus eines Mannes Mädchenjahren, Berlin 1907“. Es handelt sich nämlich um einen Buchtitel. Niemals hätte ich mir dieses Buch beschafft, denn es wäre mir beim Bibliographieren für die mich als Historiker beschäftigende Thematik nicht begegnet. Seit dreißig Jahren lassen mich das Buch und sein Verfasser nicht zur Ruhe kommen, und es scheint immer so weiter zu gehen, auch wenn ich nach fast 20 Jahren Beschäftigung mit Body und seinem Werk glaubte, alle Fragen beantwortet zu haben. Die Antworten fanden in meinem umfangreichen Nachwort zu einer erneuten Herausgabe des Buches von Body ihren Niederschlag.[1] Ich will vorwegnehmen, dass es sich bei Body um ein Pseudonym handelt, hinter dem sich eine Persönlichkeit mit dem Namen Karl M. Baer verbirgt.

Auch wir Historiker haben - und davon bin ich fest überzeugt - einen großen Freund, und das ist der Zufall. In der Tat muss man es als Spiel dieses Zufalls bezeichnen, dass meine Mutter, Marie Simon, geb. Jalowicz (1922 - 1998), etwa 1973 folgende Geschichte im Familienkreis zum Besten gab, die sie auf meinen Wunsch später auch aufschrieb:

„Das Ehepaar Baer [Karl M. und Elza geb. Max, H. S.] gehörte zum Bekanntenkreis meiner Eltern. Als Kind und Jugendliche freute ich mich, wenn Baers unsere Gäste waren oder wir sie besuchten; denn stets ergaben sich denkbar angeregte und anregende Gespräche. [...] Herr Baer [...] versprühte Geist und Witz [...].

Auf meine Frage, warum Frau Baers Vorname Elsa ausgesprochen und Elza geschrieben werde, bekam ich die Erklärung, die Schreibung entspreche polnischer Orthographie; Frau Baer, eine jüdische Polin [...], habe in ihrer Heimat Germanistik studiert. [...] Auch der Vorname ihres Gatten wies eine Besonderheit auf: Er hieß Karl M., der zweite Name wurde nie ausgeschrieben. Auch wenn von ihm die Rede war, wurde er als Karl M. Baer erwähnt.

[1] N. O. Body, Aus eines Mannes Mädchenjahren, Reprint der Ausgabe 1907, Berlin 1993.

Als die Post eines Tages eine Ferienkarte mit Grüßen von Karl M. Baer brachte und ich beauftragt wurde, meiner Tante Grete diese Karte zu zeigen, da die Grüße auch ihr, Margarete Eger[2], galten, packte mich die Neugier: Ich wollte wissen, wofür M. steht, vermutlich für einen unüblichen, komisch wirkenden Namen. Also fragte ich meine Tante, was M. bedeute. Ihre Reaktion war verblüffend: Sie schwieg und erstarrte gleichsam zur Salzsäule. Erst später begriff ich ihr seltsames Verhalten. Sie war in einen Konflikt der Pflichten geraten. [...] Einerseits muss man die Wahrheit sagen, nichts als die Wahrheit; andererseits ist gebotene Diskretion unter allen Umständen zu wahren. Also wiederholte ich meine Frage, bis sie schließlich mit feierlichem Ernst sagte, M. bedeute Martha und ich solle nicht weiter fragen.

Was ich erfahren hatte, fand ich, damals 10-12 Jahre alt, ulkig, denn Männer heißen doch nicht Martha. Da durch die karge Information meine Neugier nicht nur nicht befriedigt, sondern angestachelt worden war, wandte ich mich an meinen Vater[3] mit der Frage, warum Karl Baer auch den weiblichen Vornamen Martha trage, und erfuhr [...], Baer sei als Mädchen aufgewachsen und habe eine Autobiographie unter dem Pseudonym N. O. Body, zusammengezogen Nobody, also Niemand, geschrieben, der Titel laute: ‚Aus eines Mannes Mädchenjahren'. Diese Angaben habe ich mir bis jetzt gemerkt, aber ich hatte nie den Wunsch, das Buch zu lesen. Meine Neugier wurde nämlich bald befriedigt. Nicht ohne Pfiffigkeit konsultierte ich abwechselnd Vater und Tante, und zwar so: Jeden gerade vom Vater ergatterten Kenntnisbrocken präsentierte ich meiner Tante, um nun weitere Details zu erfragen, und umgekehrt. Durch das akkumulierte Wissen wurde ich bald ein Eingeweihter, so dass die Verpflichtung entfiel, die Diskretion zu wahren.

Jetzt hatte Margarete keine Hemmungen mehr, über ihre Erinnerungen an Karl und Martha zu sprechen. So hörte ich einen zusammenhängenden Bericht.

Im ersten Jahrzehnt unseres Jahrhunderts gehörte meine Tante einem Kreis jüdischer junger Leute an, die geistig interessiert waren, über literarische und naturwissenschaftliche Themen diskutierten und auch tatkräftig den ins Elend geratenen Überlebenden der russischen Pogrome halfen. [...] Zu dieser Gruppe gehörte ein Fräulein Martha Baer, mit der Grete Eger sich angefreundet hatte, eine typische Intellektuelle, auffallend klug und geistig führend, busenlos, mit Bartwuchs und ausgesprochener Männerstimme, auch sonst wie ein Mann wirkend. Dass dieses junge Mädchen dicke Zigarren rauchte, reichlich Bier trank, und zwar mit kräftigem Zug, fiel als durchaus unüblich auf.

Eines Tages, erzählte meine Tante weiter, sei Fräulein Baer in dem Freundeskreis erschienen, um sich zu verabschieden: Sie ziehe in eine andere Stadt, weil sich für sie dort eine berufliche Betätigungsmöglichkeit, eine sinnvolle Aufgabe gefunden habe. Nach geraumer Zeit sei ein junger Mann namens Karl Baer als Neuling zu der Gruppe hinzugekommen. Er habe der entschwundenen Martha zum Verwechseln ähnlich gesehen, nur habe er nun Männerkleider getragen. Die auffälligste Veränderung habe die neue Frisur bewirkt, kurzer Haarschnitt an Stelle des aufgesteckten Zopfs. Alle Mitglieder des Zirkels seien in vorbildlicher Weise taktvoll und diszipliniert gewesen: Niemand habe sich anmerken lassen, dass ihm die Identität von Martha und Karl klar sei ...

---

[2] *13.3.1878 Berlin; mit dem 2. Osttransport am 24.10.1941 deportiert und nicht zurückgekehrt.

[3] Dr. Hermann Jalowicz (12.6.1877 Berlin - 18.3.1941 Berlin).

Die naheliegende Frage, warum Herr Baer denn als Mädchen aufgewachsen sei, stellte ich beiden unabhängig voneinander und erhielt als Antwort dieselbe Information: Baer stamme aus Osteuropa, er sei der Sohn frommer Eltern, die den Neugeborenen als Mädchen angemeldet hätten, um zu verhindern, dass er, herangewachsen, zum Militär eingezogen und gezwungen würde, die Ritualgesetze zu verletzen. Er habe sich, in Deutschland lebend, als Mann deutscher Kultur mit ausgeprägtem Rechtsbewusstsein der juristischen Inkorrektheit seiner Eltern geschämt und die fatale Angelegenheit in Ordnung gebracht. Um diese Peinlichkeit zu kaschieren, habe er in seinem Buch, in dem er ohnehin die Fakten verfremdet habe, um die Anonymität zu wahren, vorgegeben, gewisse äußerliche Mißbildungen der Genitalien hätten zur Verkennung seines wahren Geschlechtscharakters geführt."[4]

Diese Information, Baer habe vorgegeben, sein Geschlecht sei verkannt worden, ist falsch. Es war allerdings ein langer Weg bis zu dieser Erkenntnis; denn ich habe, nicht anders als meine Mutter und ihre Informanten, die Version geglaubt und dadurch bei der Spurensuche den rechten Weg verfehlt und erst nach Jahren gefunden. Unter der Prämisse, Baer sei in Osteuropa geboren, war seine Behauptung, das Geschlecht sei bei der Geburt falsch bestimmt worden, eine freie Erfindung. Aber sie ist eine Tatsache, während die osteuropäische Herkunft eine Fiktion ist. Er hat also im Buch die Wahrheit gesagt.

Im Gegensatz zu meiner Mutter interessierte mich das Buch; ich beschaffte es, verschlang es und war besessen von der Idee, die Geschichte aufzuklären und das Leben von Baer nachzuzeichnen.

Ich kann hier nicht die einzelnen Wege und vor allem Umwege und Schwierigkeiten skizzieren, die dabei entstanden, sondern will Ihnen in aller Kürze die Ergebnisse mitteilen. Zu den Schwierigkeiten lediglich soviel: Sie bestanden darin - abgesehen von der mündlichen Überlieferung - die Identität von Martha mit Karl zu beweisen. Darüber hinaus musste ich die verschiedenen Carl bzw. Karl Baer, die das Berliner Adressbuch über die Jahrzehnte aufweist, in Beziehung zueinander bringen und prüfen, wer mit wem identisch ist. Das geht allerdings erst für die Zeit, in der Karl Baer eine eigene Wohnung besaß. Vorher war er Untermieter und wohnte in Charlottenburg, Kleiststraße 1, wie aus der Heiratsurkunde der ersten Eheschließung (1907) hervorgeht.[5]

Im Berliner Adressbuch taucht unser Baer erstmals als „Carl Baer, Bürovorsteher" ein Jahr später, nämlich im Jahre 1908, auf. Auf seine verschiedenen Anschriften soll hier nicht weiter eingegangen werden. Die Identität von Baer unter verschiedenen Adressen und mit unterschiedlichen Berufsangaben konnte ich durch die gleich gebliebene Postschecknummer beweisen, denn einmal (1921) ist im Berliner Adressbuch die Postschecknummer genannt. Dieselbe Kontoverbindung findet sich in einem Verzeichnis der Postscheckkunden des Jahres 1935.[6]

Da ich zunächst vermutete, dass Baer aus Osteuropa stammt und lediglich als Mädchen angemeldet wurde, interessierte mich, welche Angaben Baer zu seiner Person selbst machte. So brachte ich in Erfahrung, was er den Berliner Entschädigungsbehörden hierzu mitgeteilt hatte. Nach seinen eigenen, dem Entschädi-

---

[4] Mitteilung von Prof. Dr. Marie Simon geb. Jalowicz, undatiert ca. 1974.
[5] Vgl. Anm. 28.
[6] Postscheckkunden im Bezirk des Postscheckamts Berlin; Verzeichnis 1935.

gungsamt gegenüber gemachten Angaben war „Karl Max Baer" am 20. Mai 1885 in Arolsen, Waldeck geboren.

Eine Geburtsurkunde war schnell beschafft. Sie lautete aber auf den Namen Karl (ohne den zweiten Namen Max). Dass der ursprüngliche Eintrag Martha war, habe ich erst nach zehnjähriger Beschäftigung mit dem Thema herausbekommen. Es bedurfte intensiver Bemühungen, eine „Beglaubigte Abschrift aus dem Geburtsregister des Standesamts Arolsen" zu erhalten; zunächst bekam ich auf meine Anfragen immer nur die Ausfertigung einer Geburtsurkunde.

Im Geburtsregister nun ist unter Nummer 19 vom 21. Mai 1885 die Geburt des weiblichen Kindes Martha Baer als Tochter des Kaufmanns Bernhard und seiner Ehefrau Lina Bär, geb. Löwenberg, eingetragen. Am 2. Februar 1907 ergänzt der Standesbeamte Müller diese Eintragung durch folgenden Satz: „Das nebenbezeichnete Kind Baer ist männlichen Geschlechts und hat anstatt des Vornamens Martha den Vornamen Karl erhalten. Eingetragen auf Grund Anordnung fürstlichen Amtsgerichts Arolsen vom 08. Januar 1907."

An sicheren Informationen über den Lebenslauf von Martha bis zur juristischen Umwandlung in Karl Baer kann man in aller Kürze folgendes zusammenstellen. Martha wurde am 20.05.1885 in Arolsen geboren. Welche Schulen Martha Baer besuchte, konnte ich nicht feststellen. Nach Angaben in der Entschädigungsakte sei Baer auf verschiedenen Privatschulen gewesen, habe aber die Reifeprüfung nicht bestanden; habe dann jedoch Vorlesungen an der Universität Berlin besucht.[7] Seit dem 26. März 1903, also mit fast 18 Jahren, war Martha Baer in Hamburg wohnhaft, und zwar als Untermieterin bei Eduard Levinson, dem Redakteur des Israelitischen Familienblattes. In dieser Zeitschrift wird Martha als „Volkspflegerin" bezeichnet, und es wird mitgeteilt, dass sie, zusammen mit zwei anderen Damen, am 1. Mai 1904 im Auftrag der Hamburger Bne Briss Loge nach Galizien abgereist sei.[8] Die Berufsbezeichnung „Volkspflegerin" ist heute nicht mehr üblich. Martha hatte offensichtlich inzwischen eine entsprechende Ausbildung absolviert; darüber besitzen wir aber nur eine summarische Information.[9]

In Galizien war Martha ungefähr zwei Jahre als „Sendbotin" tätig. Über ihre segensreiche Tätigkeit ist wiederholt in den Veröffentlichungen der Loge berichtet worden. Auch in einer Gesamtdarstellung der Geschichte des Unabhängigen Ordens Bne Briss hat die Aktivität Eingang gefunden: Ohne Namensnennung werden hier die Aktivitäten von Martha Baer erwähnt: „In konsequenter Verfolgung der Bekämpfung des Mädchenhandels auf sozialer Grundlage hat das jüdische Zweigkomitee in Hamburg eine gut vorbereitete Sendschaft nach Lemberg geschickt. Zuerst waren es drei Frauen, später nur eine, die sich der Aufgabe unterzog, die weibliche Bevölkerung aufzuklären und soziale Einrichtungen zu treffen zur Hebung des ökonomischen und sittlichen Bodens. In Verbindung mit dem Schutzverein, der Lemberger Loge und Gemeinde, wurde nach und nach ein Kinderhort eingerich-

[7] Erklärung von Frau [Grete] Gitla Baer geb. Fisch vom 15.9.1957 in der Entschädigungsakte Karl Baer (Landesverwaltungsamt Berlin, Entschädigungsbehörde, AZ 55 029). An anderer Stelle teilt Grete Gitla Baer mit, Karl Baer habe Nationalökonomie studiert. („Die Schließung der Berliner Logen U.O.B.B. im April 1937", Zeugenbericht von Grete Gitla Baer vom 5.2.1959, Archiv Yad Washem, Jerusalem, S. 1).
Für die Teilnahme an Vorlesungen ließen sich Im Universitätsarchiv keine Belege finden.
[8] Israelitisches Familienblatt, Hamburger Lokalausgabe, 7. Jahrg. Nr. 18 vom 2.5.1904, S. 4. (Zitiert nach Staatsarchiv Hamburg, Politische Polizei SA 669).
[9] Vgl. U.O.B.B., Auszug aus den Verhandlungen der siebzehnten ordentlichen Sitzung der Großloge für Deutschland VIII, abgehalten in Berlin am 25. und 26. März 1906, S. 81.

tet, ein Arbeiterinnenverband begründet, ein Arbeitsnachweis für Arbeiter und Handlungsgehilfen geschaffen, Erziehung von Analphabeten eingeleitet, die Frauenvereine für die Bekämpfung [des Mädchenhandels, H.S.] organisiert, eine Informationsstelle für Auswanderer eingesetzt, wo reisenden Mädchen Adressen und Quartier angewiesen werden. In vielen Städten hat die Sendbotin [das ist Martha Baer, H.S.] in Volksversammlungen über den Mädchenhandel und dessen Bekämpfung gesprochen, auf Frauenberufe aufmerksam gemacht; kurz das ganze soziale Gebiet bearbeitet."[10]

Im Jahre 1906, und zwar vor Ende November, erfolgte die Geschlechtsberichtigung in Berlin.

Spätestens seit dieser Zeit, also Ende 1906, ist Martha Baer in Berlin. Wo sie wohnte, konnte ich nicht ermitteln. Dass er zunächst möbliert lebte und erst ab 1908 eine eigene Wohnung gemietet hat, ist bereits dargelegt worden. Als „Schriftsteller" verzeichnet das Adressbuch Carl Baer erstmals 1909.

Sein bereits 1907 unter N. O. Body erschienenes Buch „Aus eines Mannes Mädchenjahren" war sehr erfolgreich; es erfuhr mindestens sechs Auflagen und ermöglichte seinem Autor den Start in ein neues Leben. Dieses Buch enthält sowohl ein Vor- als auch ein Nachwort. Das Vorwort stammt von Rudolf Presber, einem bei den Zeitgenossen als heiterer Unterhalter beliebter Schriftsteller, das Nachwort von Magnus Hirschfeld.

Begreiflicherweise geht Hirschfeld in seinem Nachwort zu „Aus eines Mannes Mädchenjahren" auf die Body betreffenden biologischen Einzelheiten nicht ein. Vielmehr nützt der Sexualforscher die Gelegenheit, seine Grundposition zu pädagogischen, juristischen und allgemein-menschlichen Fragen darzulegen. An anderer Stelle aber, in seiner „Sexualpathologie"[11], beschreibt er detailliert die Befunde, die er als Gutachter ermittelt hat.

Hirschfeld nennt das ihn konsultierende Mädchen Anna Laabs, aber an der Identität besteht kein Zweifel; denn seine Darlegungen beginnen mit den Worten: „Der [...] Fall betrifft einen als Mädchen verkannten Mann, der unter dem Namen N. O. Body (nobody = niemand) und unter dem Titel ‚Aus eines Mannes Mädchenjahren' vor einigen Jahren seine aufsehenerregende und in der Tat recht lehrreiche Lebensbeschreibung veröffentlicht hat."[12]

Es folgt der Text des Gutachtens. Die sehr ausführlich beschriebenen Einzelheiten der Körperbeschaffenheit sind hier nicht zu referieren. Wichtig ist für diesen Zusammenhang Hirschfelds Fazit: „Es kann nach allem nicht dem geringsten Zweifel unterliegen, dass es sich bei Anna Laabs um einen Fall von irrtümlicher Geschlechtsbestimmung handelt. Sowohl der Genitalbefund, als die sekundären Geschlechtscharaktere, sowie der Geschlechtstrieb stellen es in ihrer Gesamtheit sicher, dass Laabs [also Baer, H. S.] in Wirklichkeit Mann ist." [13]

---

[10] Louis Maretzki, Geschichte des Ordens Bne Briss in Deutschland 1882-1907, Berlin 1907, S. 222 f.
[11] Magnus Hirschfeld, Sexualpathologie. Ein Lehrbuch für Ärzte und Studierende. 2. Teil: Sexuelle Zwischenstufen: Das männliche Weib und der weibliche Mann, Bonn 1918, S. 44 ff.
[12] Magnus Hirschfeld, a.a.O., S. 44.
[13] Ebenda, S. 47.

Alle drei Gutachter waren sich in Bezug auf die Geschlechtsbestimmung einig: Baer war kein Hermaphrodit (Zwitter), sondern ein Pseudohermaphrodit (Scheinzwitter). Die Hirschfeldsche Beschreibung des Falls war schon vorher an anderer Stelle erschienen. Am 29. November 1906 schildert Hirschfeld in der Gesellschaft für soziale Medizin, Hygiene und Medizinalstatistik drei Fälle irrtümlicher Geschlechtsbestimmung. Als ersten Fall stellt er „eine 21 ½ Jahre alte Persönlichkeit" vor, „die bisher als Mädchen gelebt hat, um von jetzt ab mit behördlicher Erlaubnis ihr Leben als Mann mit männlichem Namen und in männlicher Tracht fortzusetzen. „Es scheint mir", schreibt Hirschfeld weiter „zur Kenntnis des Falles [...] das Praktischste zu sein, wenn ich Ihnen das Gutachten zur Mitteilung bringe, welches ich in Bezug auf diesen Fall unter dem 20. Oktober dieses Jahres dem Herrn Minister des Innern überreichte. Ferner möchte ich Ihnen einen Wachsabdruck ihrer Geschlechtsteile herumreichen, welcher von Herrn Kasten, dem Moulagenkünstler der Lassarschen Klinik, gefertigt wurde."[14]

Baers Leben nach seiner Umwandlung soll hier nicht in extenso interessieren; das wäre ein eigener Vortrag. Dennoch in Kürze wenige Daten: Zunächst bei der Lebensversicherung der Victoria angestellt,[15] war Baer vom 1. Januar 1911 bis zum 15. November 1920 bei der Berliner Jüdischen Gemeinde beschäftigt, u. a. als Leiter des Büros ihrer Repräsentantenversammlung. Zum 1. Dezember 1920 wechselt er in das Amt des Direktors der Berliner Logen. Hier war er bis zu deren gewaltsamer Schließung durch die Gestapo am 19. April 1937 tätig.[16]

Spätestens nachdem Karl Baer von der Gestapo mehrfach verhaftet und auch gefoltert und misshandelt worden war,[17] bemühten sich die Eheleute um Auswanderung.

Die Eheleute Karl und Elza Baer emigrierten am 20. September 1938 nach Palästina.[18] Karl Baer starb am 26. Juni 1956 in Bat Yam bei Tel Aviv und wurde unter dem Namen Karl Meir Baer auf einem Friedhof in Tel Aviv beigesetzt.

Baer war in seinem Leben dreimal verheiratet. Während der Zeit von Martha Baer in Galizien ergab sich für sie die schicksalhafte Begegnung mit einer Frau, die ihre Lebensgefährtin werden sollte: Beile Baer, geb. Heilpern (geb. am 6. Mai 1880 in Czernowitz [Bukowina]), und Karl Baer wurden am 10. Oktober 1907 in Wien 9, Tempel Müllnergasse, getraut.[19] Beile verstarb aber bereits sechs Monate nach der Hochzeit am 9. März 1909 in der gemeinsamen Wohnung in Rixdorf (heute Berlin-Neukölln) und ist am 14. März auf dem Friedhof der Berliner Jüdischen Gemeinde in Berlin-Weißensee beigesetzt worden.

---

[14] Magnus Hirschfeld, Drei Fälle von irrtümlicher Geschlechtsbestimmung, Medizinische Reform. Wochenschrift für soziale Medizin, Hygiene und Medizinalstatistik XV, 1906, 51, S. 614.
Das von Hirschfeld erwähnte Gutachten hat sich nicht erhalten. (Brief Geheimes Staatsarchiv Preußischer Kulturbesitz vom 28. 05. 2003).

[15] Die Victoria Versicherungs-Gesellschaft kann eine Tätigkeit von Baer weder im Innen- noch im Außendienst nachweisen. (Schreiben des Sonderbeauftragten der Victoria Versicherungs-Gesellschaft, Gert Schlösser, vom 21. 07. 2003.)

[16] Über die Schließung der Logen vgl. den Bericht von Grete Baer, a. a. O. (wie Anm. 8).

[17] „Der Grund für dieses Vorgehen der Gestapo war, dass diese von uns Geständnisse über eine Verbindung der Bnei Brith Logen mit den Kommunisten erpressen wollte, was ihr aber nicht gelang, weil solche Verbindungen nie existiert haben." (Entschädigungsakte Karl Baer, a .a .O., [Grete] Gitla Baer am 18.2.1958).

[18] Angabe nach der Entschädigungsakte, a. a. O.

[19] Schreiben der der Israelitischen Kultusgemeinde Wien vom 2.7.2003 (Matrikelführerin, Frau H. Weiss); mir liegt die entsprechende Urkunde der Israelitischen Kultusgemeinde Wien (70/IX/1907) vor.

Die zweite, bereits erwähnte Ehe war die mit Elza geb. Max (geb. 5. März 1887 Lemberg - 14. Januar 1947 Bat Yam bei Tel Aviv). Die beiden haben bald nach dem Tod von Beile Baer (9. März 1909) geheiratet. Im Berliner Adressbuch ist „cand. phil." Elza Baer einmal erwähnt, und zwar 1911, so dass wir annehmen können, die Eheschließung erfolgte etwa 1910. Wo dies war, konnte ich nicht ermitteln, aller Wahrscheinlichkeit nach nicht in Berlin. Die dritte Ehe schloss Karl Baer in Israel am 19. Februar 1950 mit Grete Gitla, geschiedene Steinberg, geborene Fisch (11. Februar 1895, Berlin - 16. September 1971, Bat Yam).[20] Sie war schon in Berlin Baers Sekretärin und Vertraute der Eheleute, und meine Mutter wusste zu berichten, dass Baer Urlaubskarten mit den Worten zu unterschreiben pflegte: „Herzliche Grüße Ihr Karl M. Baer nebst Frau und Fräulein".

Alle Ehen blieben kinderlos. Dennoch scheint nicht auszuschließen zu sein, dass Baer Kinder gehabt hat. Der langjährige (1894-1926) Direktor des Berliner Instituts für Rechtsmedizin, Fritz Strassmann (1858-1940), erwähnt auf der 7. Tagung der Deutschen Gesellschaft für gerichtliche Medizin in Karlsruhe, 23.-26. September 1911, „[...] vier Fälle, die innerhalb weniger Monate an mich herantraten, nachdem ich in einer vieljährigen Pause vorher irgendwelche praktische Berührung mit Fragen des Hermaphroditismus nicht gehabt hatte [...]. Von den lebenden Personen war die eine der Verfasser des bekannten Werkes: ‚Aus eines Mannes Mädchenjahren', ein, wie Sie wissen, lange als Mädchen auferzogener männlicher Scheinzwitter. Der sehr intelligente Mensch lebt jetzt seit Jahren als Mann, hat geheiratet und gezeugt."[21] Also, vielleicht wieder eine neue Spur, der es gilt nachzugehen.

Meine Beschäftigung mit Karl M. Baer ist noch längst nicht zu Ende. Baer und seine Geschichte lassen mich auch weiterhin nicht zur Ruhe kommen. Und wenn Sie wieder eine Tagung über Gott und die Welt veranstalten, bin ich wieder hier, um Ihnen das Neueste zur Geschichte des N. O. Body, des Karl M. Baer aus Arolsen, vorzutragen.

---

[20] Gitla Baer (gest. 26. Elul 5731) ist beerdigt auf dem Friedhof von Holon („Darom"), Block 3, Parzelle 7, Reihe 4, Grabnr. 10. Rechtsanwalt Rony Golan (Tel Aviv) danke ich herzlich für seine Hilfe bei der Auffindung des Grabes.

[21] Fritz Strassmann, Hermaphroditismus de lege ferenda [= nach beabsichtigtem künftigen Recht, H.S.], Vierteljahresschrift für gerichtliche Medizin und öffentliches Sanitätswesen, 3. Folge, Bd. 43, Supplement, H. 2, 1912, S. 58 f.

Peter M. Wehmeier

Heilige Orte und religiöse Räume
Sakrale Topographie und kulturelles Gedächtnis in Indien

Gedächtnis ist nur möglich mit einem beständigen Unterstreichen des schon Gewohnten[1]
Die Gestalt des Raumes muss die Ursache der ewigen Bewegung sein[2]

Angesichts der außerordentlich alten Geschichte des Hinduismus[3] und dessen fast vier Jahrtausende überdauernder Schrifttradition, die auf eine noch ältere mündliche Überlieferung zurückgeht,[4] liegt die Frage nach den Gründen für eine so große Kontinuität auf der Hand. Woher kommt es, dass die wahrscheinlich älteste existierende Religion noch heute in so unvergleichlicher Vielfalt und Lebendigkeit praktiziert wird? Die Hintergründe dieses Phänomens lassen sich wegen der speziellen Eigenheiten des indischen Kulturraums, der in besonderer Weise durch den Hinduismus geprägt ist, wohl am ehesten über einen religionswissenschaftlichen Zugang erschließen.[5] Daher wird hier ein solcher Ansatz gewählt, um die These zu stützen, dass die heiligen Orte Indiens in ihrer Gesamtheit eine raumgreifende Struktur darstellen und damit eine sakrale Topographie ausmachen, die konstituierend für das kulturelle Gedächtnis des hinduistischen Kulturraums ist. Zugleich stellen die heiligen Orte ein mnemotechnisches Medium dar, durch welches wesentliche Bestandteile der religiösen Identität dieses Kulturraums über mehrere Jahrtausende bewahrt werden konnten.

Der Ägyptologe Jan Assmann hat sich eingehend mit Vergangenheitsbezug in den alten Schriftkulturen Ägyptens, Israels und Griechenlands auseinandergesetzt und eine Theorie des „kulturellen Gedächtnisses“ entwickelt.[6] Nach dieser Theorie bildet jede Kultur eine „konnektive Struktur“ aus.[7] Diese beruhe auf dem Prinzip der Wiederholung, denn sie „gewährleistet, dass Handlungen sich zu wiederkehrenden Mustern ordnen und als Elemente einer gemeinsamen ‚Kultur' identifizierbar sind“.[8] Die konnektive Struktur wirke sowohl in sozialer als auch in zeitlicher Hinsicht verbindend, wodurch ein gemeinsamer „Erfahrungs-, Erwartungs- und Handlungsraum“ zustande komme, „der durch seine bindende und verbindliche Kraft Vertrauen und Orientierung“ stifte.[9] Die konnektive Struktur binde „das Gestern ans Heute“, indem sie wichtige Erinnerungen „formt und gegenwärtig hält, indem sie in einen fortschreitenden Gegenwartshorizont Bilder und Geschichten einer anderen Zeit einschließt und dadurch Hoffnung und Erinnerung stiftet.“[10] Bei diesem Prozess spielten neben historischen auch mythische Erzählungen, die von Generation zu Generation weitergegeben würden, eine bedeutende Rolle. Sowohl der normative

[1] Nietzsche, S. 476
[2] ebd., S. 446
[3] Zum Problem der Definition von „Hinduismus“ vgl. Michaels, S. 27ff
[4] Michaels, S. 65ff
[5] Michaels, S. 25f, betrachtet „das Ganze“ (gemeint ist Indien) als ganz und gar religiös geprägt. Er führt den Begriff des „identifikatorischen Habitus“ als „ordnende Konstruktion“ ein, mittels derer er „das Ganze“ einem etwas bessern Verständnis zuführen will.
[6] vgl. J. Assmann, 1992
[7] ebd., S. 16
[8] ebd., S. 17
[9] ebd., S. 16
[10] ebd.

als auch der narrative Aspekt der Erzählung hätten dabei eine Schlüsselfunktion, beide fundierten „Zugehörigkeit oder Identität".[11]

Wenngleich sich das Konzept des „kulturellen Gedächtnisses" zunächst auf frühe Schriftkulturen des östlichen Mittelmeerraumes sowie des Nahen Ostens bezog,[12] wurde es von der Kulturwissenschaftlerin Aleida Assmann in jüngerer Zeit in einen zeitlich und räumlich weiteren kulturhistorischen Kontext gestellt,[13] so dass sich die Übertragung dieses Konzepts eines kulturellen Gedächtnisses auf andere kulturgeschichtlich wichtige Kulturräume geradezu anbot. Das Konzept des „kulturellen Gedächtnisses" ist bisher nicht auf die hinduistische Kultur Indiens bezogen worden, doch dies ist ohne größere Probleme möglich. In diesem Kulturraum manifestiert sich das kulturelle Gedächtnis nicht in erster Linie in Form einer Schriftkultur, auch wenn die heiligen Schriften im Laufe der Zeit eine immer herausragendere Rolle spielten, sondern in einer vielfältigen Tradition heiliger Orte und religiöser Räume, die für die Erinnerungskultur und religiöse Identität des hinduistischen Kulturraums bestimmend ist und daher für das kulturelle Gedächtnis Indiens als maßgeblich bezeichnet werden kann.

Aleida Assmann hat sich auch mit den Medien beschäftigt, die bei der Tradierung des kulturellen Gedächtnisses Anwendung finden. Zu den „externalisierten Gedächtnismedien" zählt sie diejenigen „Schauplätze, die durch ein religiös, historisch oder biographisch bedeutendes Geschehen zu Gedächtnisorten werden".[14] So weist sie realen Orten die Funktion eines Speichermediums zu und zeigt die Bedeutung realer Orte für die Entstehung des kulturellen Gedächtnisses auf. Dass diese Orte auch von religiöser Bedeutung sein können, betont Assmann ausdrücklich: „Bevor sich Gott in Büchern offenbarte, offenbarten sich die Götter in der Welt. Ihr Wohnsitz war nicht nur der Himmel, sondern auch der Berg, die Grotte, der Hain, die Quelle, wo auch ihre Kultstätten errichtet wurden. Die Götter der polytheistischen Religionen wollten an ihrem Ort aufgesucht werden. Die Menschen mussten zu den heiligen Orten pilgern ..."[15] Auf diese Weise war Heiligkeit an bestimmte Orte gebunden und das Numinose nur dort erfahrbar.[16]

Es existieren noch heute in Indien Tausende von Orten, die mit bestimmten religiösen Geschichten bzw. Mythen verbunden sind und die daher als heilig gelten. Diese Orte stellen Anknüpfungspunkte zwischen dem Heiligen und dem Profanen dar, hier berühren sich Gott und Welt.[17] So sind die Mythen, die sich an dieser Stelle abgespielt haben sollen, in der profanen Welt verortet und können auf diese Weise überdauern.[18] Hier stellt sich die Frage nach den Varianten vieler Mythen und Sagen. Obwohl die großen, panindischen Traditionen und Motive höchstwahrscheinlich lokalen Ursprungs sind, kam es durch die Begegnung arischer und dravidischer Kulturen zur Vermischung der jeweiligen Mythologie.[19] Im Zuge der gegenseitigen Beeinflussung bildeten sich allgemeine und lokale Varianten der-

[11] ebd.
[12] ebd., S. 12
[13] vgl. A. Assmann, 1999, zu Formen und Funktionen des kulturellen Gedächtnisses.
[14] ebd., S. 21
[15] ebd., S. 303
[16] ebd.: „[...] die Götter hatten ihre festen Wohnsitze. Jenseits des Landes und seiner sakralen Topographie konnte man nicht mit den Göttern kommunizieren; [...]"
[17] Eliade, Religionen, S. 423: „Jede Kratophanie und jede Hierophanie, gleich welcher Art, verwandelt den Ort, der ihr Schauplatz war: der bis dahin profane Raum ist ein heiliger Raum geworden."
[18] ebd., S. 424: „Die Bedeutung des heiligen Ortes kommt von dem Andauern der Hierophanie, die ihn einmal geweiht hat."
[19] Zvelebil, S. 839

selben Mythen und Sagen aus, so dass zahlreiche Gottheiten des hinduistischen Pantheons ihre Entsprechung in lokalen Manifestationen der Gottheit haben.[20] Im Kern sind die beteiligten Götter aber die gleichen, sie agieren lediglich unter unterschiedlichen Namen, so dass Parallelen nicht immer offensichtlich sind. Dies verdeutlicht aber, dass die meisten Mythen und Sagen über die Jahrtausende hinweg bei gleichzeitiger Wandlungsfähigkeit bestimmter Details im Kern beständig sind und für die Kontinuität der religiösen Identität eine wichtige Rolle spielen.[21]

So wie die Mythen auf vielfältige Weise zusammenhängen, sind auch die heiligen Orte aufeinander bezogen. Obwohl sie über den gesamten indischen Subkontinent verteilt sind und zum Teil tausende von Kilometern voneinander entfernt liegen, stehen sie durch ein Netz von Pilgerwegen, über die endlose Pilgerströme zirkulieren, miteinander in Verbindung.[22] So stellen diese Orte in ihrer Gesamtheit ein raumgreifendes religiöses Bezugssystem dar, eine sakrale Topographie, deren spezifische Gestalt die ewige Bewegung bedingt, die durch die Pilgerströme zustande kommt.[23] Damit hat diese Topographie eine fundamentale Bedeutung für die religiöse Identität der Hindus und ist damit grundlegend für das kulturelle Gedächtnis in Indien und die kulturelle Identität des Landes.[24]

Aber was macht einen „heiligen" Ort aus, wie entsteht ein „sakraler" Raum? Heilige Orte werden bekanntlich nicht vom Menschen „gewählt", sondern „entdeckt".[25] Auch der sakrale Raum „offenbart" sich dem Menschen,[26] so dass in diesem Kontext von „offenbartem Raum" gesprochen werden kann.[27] Die Idee der „Offenbarung" verweist auf die besondere Heiligkeit dessen hin, was offenbart wurde. Das trifft übrigens auch auf die heiligen Schriften der Hindus, den Veda, zu: Die heiligsten dieser Schriften, der Veda im engeren Sinne, werden als „shruti" (d. h. Offenbarung, wörtlich „das Gehörte") bezeichnet, während die nachgeordneten Schriften, der Veda im weiteren Sinne, als „smriti" (d. h. Überlieferung, wörtlich „das Erinnerte") bezeichnet werden.[28] Was besonders heilig ist, wird also „entdeckt" bzw. „offenbart", während das weniger Heilige „gewählt" bzw. „erinnert" wird. Offenbarung vollzieht sich aber nicht nur durch unmittelbare Erkenntnis der Heiligkeit des jeweiligen Ortes (dieser Fluss, dieser Baum, dieser Berg), sondern kann auch durch eine auf kosmologischen Prinzipien beruhende „Technik" herbeigeführt werden.[29] Eine solche „Konstruktion" des sakralen Raumes gleicht einem Schöpfungsakt, der einem doppelten Symbolismus folgt: Zum einen wird die Weltschöpfung reinszeniert, zum anderen wird die Zeit symbolisch integriert.[30] So ist der sakrale Raum ein Mikrokosmos, der das gesamte Universum widerspiegelt,

---

[20] Murukan-Skanda bzw. Shiva ist ein geläufiges Beispiel (Zvelebil, S. 843f)
[21] Jansen, S. 235f, unterstreicht den „Konventionalismus" und die „konservative Grundhaltung" der Induskultur, zwei Eigenschaften, die sowohl für die Beständigkeit als auch für Wandlungsfähigkeit dieser frühen indischen Kultur von Bedeutung gewesen sein mögen.
[22] vgl. auch Bhardwaj, 1973, sowie Ders., 1987
[23] Nach Bhardwaj, 1987, S. 354, kommt durch die Zirkulation der Pilgerströme auch eine Vereinheitlichung der kulturellen Vielfalt Indiens zustande: „ [...] by generating an essentially continuous religious space, this circulation helps the Hindu pilgrims transcend the otherwise great linguistic and regional-cultural diversity of India."
[24] Nach J. Assmann, 1992, S. 22, sind identitätssichernde Mythen „typische Bereiche der Zirkulation kulturellen Sinns."
[25] van der Leeuw, S. 357
[26] Eliade, Religionen, S. 425
[27] ebd., S. 428
[28] Michaels, S. 72f
[29] Beispiel für eine solche Technik ist die *orientatio* (Eliade, Religionen, S. 426). Diese ist ein Verfahren, das zur Entdeckung des Ortes, an dem etwa ein Heiligtum errichtet werden soll, angewandt wird.
[30] Dies trifft zumindest auf die Errichtung des vedischen Opferaltars zu, die nach einem komplizierten Symbolismus erfolgt und eine Wiederholung der Kosmogonie darstellt. Eliade, Religionen, S. 428f

dessen Mitte in einem „Symbolismus des Zentrums" die „Mitte der Welt" darstellt.[31] Hier wird die Grenze zwischen Himmel und Erde überwunden.

Diese ist eine von vielen bereits im alten Indien nebeneinander bestehenden kosmologischen Weltvorstellungen, die von dem ubiquitären Dualismus von Himmel und Erde bis hin zu einer Siebenteilung der Welt reichen.[32] Nach einer dieser Vorstellungen erhebt sich im Mittelpunkt der Welt der Berg Meru, der Himmel und Erde verbindet. Die gleiche Symbolik trifft zugleich auch auf jede Wohnung, jeden Tempel, jede Stadt zu.[33] Alle sind Reflex dieses heiligen Bergs und stellen eine „Mitte" von kosmologischer Bedeutung dar.[34] Damit ist ein wichtiges raumbezogenes Prinzip erklärt, das sich in vielen Bereichen des religiösen Lebens der Hindus niederschlägt.

Der indische Raumbegriff (einschließlich des Prinzips der Mitte) ist von den Architekturwissenschaftlern Klaus Fischer, Michael Jansen und Jan Pieper eingehend untersucht worden.[35] Sie haben eine Reihe „raumbestimmender Elemente" herausgearbeitet, die für das Verständnis der religiösen Raumordnung in Indien wichtig sind.[36] Zu diesen Elementen gehörten zunächst natürliche Gegebenheiten wie beispielsweise ein Flussverlauf, aber auch geometrische Figuren wie das Quadrat oder das Zentrum, das von bestimmten Umwallungspunkten umgeben ist.[37] Diese Vorstellung sei in der älteren Architekturforschung auf die Formel „Weltberg" und „Vierung" gebracht worden. Die Begriffe „Quadratur" und „Orientation" träfen die Gegebenheiten allerdings besser, wobei diesen beiden Termini auch die komplementären räumlichen Handlungen „Besetzen" und „Umschreiten" zugeordnet werden müssten.[38] Solche Elemente halten diese Architekturwissenschaftler für grundlegend, nicht nur für die Lokalisierung und Orientierung einzelner Heiligtümer und deren Architektur, sondern gerade auch für die Anordnung ganzer Städte unter Einbeziehung der umliegenden Landschaft.[39] Ergebnis dieser Raumauffassung sei ein sehr beständiger, spezifisch indischer Umgang mit dem Raum,[40] „insbesondere mit dem architektonischen Raum in der Statik seiner Teilung und Gliederung und der Dynamik der endlos in ihm ablaufenden Umschreitungen und Begehungen".[41] Zwar müsse zwischen heiligen Orten und profaner Welt unterschieden werden, doch die Idee des „ausgegrenzten Numinosen"[42] sehe weitere heilige Orte im Umfeld des Zentrums vor, die, obwohl weniger heilig als das sakrosankte Zentrum, in Abhängigkeit von diesem Zentrum stünden und es als „Allerheiligstes" charakterisierten.[43] Beispielsweise sei der zentral in Benares gelegene Madhyamesvara-Tempel kreisförmig von einem heiligem Umland („Kasi-Kshetra") umgeben, dessen äußere Begrenzung etwa 16 Kilometer weit vom zentralen Tempel entfernt liege.[44] Hier lägen zahlreiche heilige Stätten minderer Bedeutung, die sich jedoch alle auf die wichtigsten Heiligtümer im Zentrum der Stadt (etwa den Madhyameshvara- oder

[31] Eliade, Religionen, S. 430
[32] Michaels, S. 315
[33] Eliade, Religionen, S. 440
[34] ebd., S. 432
[35] vgl. Fischer et al., 1987, S. 10ff
[36] vgl. auch Gutschow und Pieper, 1981
[37] vgl. Fischer et al., 1987, S. 5-8
[38] ebd., S. 10-30
[39] ebd., S. 5-9
[40] vgl. auch Gutschow und Pieper, 1981
[41] Fischer et al., 1987, S. 10
[42] ebd.
[43] ebd.
[44] Gutschow und Pieper, 1981, S. 291ff

den Vishveshvara-Tempel) beziehen ließen. Dieser Bereich gelte als „von Sünden frei" und werde von Pilgern im Zuge ihrer Umwallung der Stadt auf einem besonderen Weg („Panchakoshi-Straße") umrundet. Während dieser Weg als ein die Stadt umgebender Kreis gedacht würde, könne die Stadt selbst als Quadrat begriffen werden, dessen vier Ecken in die vier Himmelsrichtungen wiesen.[45] Sowohl Kreis als auch Quadrat umfassten eine Vielzahl von Heiligtümern, die durch ein System von Prozessionswegen miteinander verbunden seien.[46] Im Zentrum stünde schließlich der zentrale Tempel samt seiner Dependenzen. „So kann man zusammenfassend sagen: Orte, von den Göttern in ihren Häusern besetzt, Wege, in endlosen Prozessionen beschritten, beides bezogen auf die idealtypischen Figuren des Kreises und des orientierenden Quadrates, dies ist Benares, der Raumidee nach."[47]
Auch wenn die geometrische Regelmäßigkeit von Kreis und Quadrat in der Wirklichkeit nicht immer gegeben ist, legen diese doch die Vorstellung einer zirkulären Bewegung innerhalb eines geordneten Raumsystems nahe, und so lässt sich dieses Grundmodell räumlicher Ordnung in Indien im kleinsten wie im größten Maßstab nachweisen: bei einem vor der Türschwelle einer Hütte gezeichneten Ornament (Rangavalli), beim Grundriss eines Tempels, bei der Anlage einer Stadt bis hin zur Ausdehnung des Grundmodells in geographische Dimensionen, z. B. wenn der gesamte indische Subkontinent als „orientiertes und quadriertes Raumsystem"[48] aufgefasst wird, dessen vier Ecken (Badrinath im Norden, Puri im Osten, Rameshvaram im Süden und Dvaraka im Westen) von Anhängern des Gottes Vishnu aufgesucht werden, um ihn dort zu verehren.[49] Die heiligen Orte definieren also nicht nur einen geographischen Großraum,[50] vielmehr haben sie ihren besonderen Stellenwert in der persönlichen religiösen Praxis des einzelnen Individuums und haben auf diese Weise im Großen wie im Kleinen eine Bedeutung.[51]

Auf diese Spiegelung des Kleinen im Großen und umgekehrt bezieht sich der Indologe Axel Michaels, wenn er vom „identifikatorischen Habitus"[52] spricht, der die hinduistische Kultur präge. Was er mit dem von Max Weber[53] eingeführten und in neuerer Zeit von dem Soziologen und Ethnologen Pierre Bourdieu[54] aufgegriffenen Begriff Habitus meint, sind die „kulturell erworbenen Lebenshaltungen und -einstellungen, Gewohnheiten und Veranlagungen ebenso wie bewusste, zielgerichtete Handlungen oder mythologische, theologische bzw. philosophische Arte- und Mentefakte."[55] Dieser Habitus, den Michaels im Hinduismus verwirklicht sieht, schlage sich in den Wahrnehmungs-, Denk- und Handlungsmustern derjenigen Individuen nieder, die Anteil an der betreffenden Kultur haben, und mache den

---

[45] Fischer et al., 1987, S. 5
[46] ebd., S. 7
[47] ebd., S. 8
[48] ebd., S. 9
[49] ebd. Auch wenn Fischer et al., S. 9, Rameshvaram als Ort nennen, der von Anhängern des Gottes Vishnu aufgesucht wird, ist Rameshvaram viel eher ein Pilgerort der Anhänger Shivas (vgl. v. Glasenapp, S. 77). Gleichwohl mangelt es im äußersten Süden Indiens nicht an Heiligtümern, die Vishnu geweiht sind und die von dessen Anhängern aufgesucht werden, beispielsweise Srirangam (v. Glasenapp, S. 80), Trivandram (v. Glasenapp, S. 76f) oder Srivilliputtur (v. Glasenapp, S. 77f). Daher kann das von Fischer et al., S. 9, vorgestellte Raumsystem, das auf den Architekturwissenschaftler Niels Gutschow zurückgeht, nach wie vor Gültigkeit beanspruchen.
[50] Ein moderner Reflex auf das Verhältnis von Geographie und Philosophie bzw. Religion ist die Untersuchung von Holenstein, 2004, zu Orten und Wegen des Denkens.
[51] Zu vergleichbaren Phänomenen in der christlichen Kultpraxis des Mittelalters vgl. z. B. Becht-Jördens, 1993, besonders S. 90–93
[52] vgl. Michaels, S. 19ff
[53] Weber, 1921, S. 284
[54] vgl. Bourdieu, 1972
[55] Michaels, S. 21

„kulturellen Sinn"[56] aus, an dem sich diese Individuen orientieren.[57] Dieser Habitus beinhalte nicht nur eigene Erinnerungs- und Überlieferungsverfahren, sondern stelle den Hintergrund der gesamten hinduistischen Tradition dar.[58] Wenn nun ein Prinzip als so grundlegend für eine Kultur erachtet wird, muss es sich auch mit dem entsprechenden Gewicht im „kulturellen Gedächtnis"[59] der jeweiligen Kultur niederschlagen. Dass dies der Fall ist, zeigt die lange Tradition der heiligen Orte Indiens, die über die Jahrhunderte von entsprechend vielen Pilgern aufgesucht wurden und heute noch werden.[60]

„Tirtha" („Furt" oder „Durchgang"[61]) ist die Bezeichnung für einen solchen heiligen Ort.[62] Dieser befindet sich häufig am Ufer eines Flusses oder Sees,[63] denn die „Überzeugung von der magischen Kraft des Wassers bestimmt seit alters das kultische Handeln der Inder".[64] Der Tirtha kann aber auch ein Hügel, ein besonders geformter Stein, ein großer Baum, ein Teich oder ein sonstiger Ort sein, der einen mythologischen Bezug zu bestimmten Göttern oder Heiligen hat. In einem heiligen Fluß zu baden oder von dessen Wasser zu trinken, reinigt und stärkt. Ein Pilger, der sich zum Bad in ein solches Gewässer begibt oder davon trinkt, ist von „Sünde"[65] befreit. Ein besonderes Verdienst ist es, in unmittelbarer Nähe eines Tirtha zu sterben. Dies trifft in außerordentlichem Maße auf die Stadt Benares (eigentlich Varanasi) zu, den heiligsten Ort der Hindus, an dem niemand stirbt, „ohne dass ihm Shiva den Târaka-Mantra ins Ohr flüstert, der die befreiende Erkenntnis gewährt und der Seele den Eingang in die ewige Seligkeit öffnet".[66] Die Heiligkeit dieses Ortes ist nach hinduistischer Tradition einzigartig. Dieser Ort könnte aber auch bereits in vorvedischer Zeit von besonderer Bedeutung gewesen sein, denn Benares ist die Stadt mit der wohl längsten Wachstums- und Siedlungsgeschichte überhaupt.[67]

Benares ist aber nur eine unter zahllosen heiligen Stätten Indiens, an denen die Geschichte oder der Mythos wach sind, der mit dem jeweiligen Ort verbunden ist.[68] An jedem dieser Orte muss zuverlässig Gottesdienst geleistet werden, denn nur der Fortbestand der Hierophanie, die Beständigkeit des Numinosen, kann den Rang einer heiligen Stätte als besonderen Ort erhalten. Der Fortbestand der heiligen Stätte wird durch rituelle Handlungen gewährleistet, die oft schon in längst vergangener Zeit in ähnlicher Weise vollzogen wurden. So beinhaltet der Begriff „heiliger Raum" die Idee der Wiederholung der ursprünglichen Hierophanie, die diesen Raum einmal geweiht hat.[69]

Darüber hinaus ist der heilige Raum in der Regel durch klare Abgrenzung von der ihn umgebenden profanen Welt gekennzeichnet. Die Einfriedung, die Mauer oder der Ring von Steinen stellt eine der „ältesten Bauformen des Sanktuarismus" dar.[70]

---

[56] vgl. J. Assmann, 1992
[57] Michaels, S. 21
[58] ebd., S. 19ff
[59] vgl. J. Assmann, 1992
[60] vgl. von Glasenapp, 1928, sowie Bhardwaj, 1973, und Bhardwaj, 1987
[61] Moeller, S. 175
[62] Stutley und Stutley, S. 303
[63] ebd.
[64] Moeller, S. 175
[65] Zum Vergleich christlicher bzw. hinduistischer Vorstellungen von religiösem Fehlverhalten, d. h. „Sünde", vgl. auch Wehmeier, 2002.
[66] von Glasenapp, S. 35
[67] Fischer et al., S. 8
[68] Zum „Gedächtnis der Orte" vgl. auch A. Assmann, S. 298ff
[69] Eliade, Religionen, S. 424
[70] ebd., S. 427

Die Abgrenzung dient dazu, den Menschen vor den Gefahren zu bewahren, denen er ausgesetzt wäre, wenn er sich achtlos in den heiligen Raum begeben würde. So erklärt sich die rituelle Bedeutung der Schwelle zu einem Tempel oder Haus aus der trennenden Funktion solcher Grenzen. Die „magisch-religiöse" Bedeutung derartiger Grenzen wird am Beispiel der Stadtmauer[71] deutlich: In Zeiten äußerer Bedrohung wurde sie zum Schutz der Stadt umschritten.[72]

Obgleich die Grenze zwischen heiligem und profanem Raum dadurch bekräftigt wird, dass ein heiliger Ort zunächst an dieser Grenze umschritten wird,[73] bleibt das heilige Zentrum, die ersehnte „Mitte", das Ziel jedes hinduistischen Pilgers.[74] Die spezifische Abfolge der aufgesuchten Orte bestimmt folglich die Form des Raums, der umschritten wird. Da sich die Vielzahl der von Hindus als heilig erachteten Orte über den gesamten indischen Subkontinent verteilt, definieren sie einen geographischen Großraum. Dieses große, zirkuläre Raumsystem ist seit Jahrhunderten „Gegenstand einer kolossalen Umwallung, die mehrere Jahre in Anspruch nehmen muss, wenn sie im Einklang mit der Tradition zu Fuß vorgenommen wird."[75]

Die Orte bestimmen also den Raum und der Raum die individuelle religiöse Handlung, beispielsweise die Umwallung einer heiligen Stätte oder die Pilgerreise dorthin. Folglich haben Pilgerreisen neben dem religiösen Gesichtspunkt auch einen geographischen[76] bzw. räumlichen[77] Aspekt. Die Orte, die schließlich den Raum bestimmen, haben wiederum einen religiösen Bezug, nämlich durch die Begebenheiten, die sich in mythischer Vorzeit an diesem Ort ereignet haben. Der Mythos heiligt den Ort, der Ort fordert die religiöse Handlung heraus, die Handlung ist raumgreifend und geschieht zugleich im Andenken an den Mythos, dessen Aktionalisierung und Aneignung auf diese Weise zustande kommt. So hängen Mythos, Ort, religiöse Handlung, Raum, und Gedächtnis zusammen. Die Unverrückbarkeit der heiligen Orte entspricht dabei der Unauslöschbarkeit des (kulturellen) Gedächtnisses.

Der Religionswissenschaftler Mircea Eliade geht sehr weit, wenn er sagt: „Der Hinduismus ist der religiöse Sieg des indischen Bodens."[78] Dies ist eine offenkundige Mystifikation, insofern nicht die naturräumlichen Gegebenheiten an sich schon einen religiösen Raum schaffen. Dies tut erst der Mensch, der seine religiösen Bedürfnisse in einem gegebenen Raum zur Entfaltung bringt und mit ihm in Beziehung setzt. Sowohl die Vorstellung von Raum als auch die Religion sind letztlich auf den Menschen zurückzuführen und haben nur in Bezug auf den Einzelnen und das religiöse Kollektiv eine Bedeutung. Sonst würde auch nicht erkennbar, wie sich in den Gliederungsprinzipien des Raums ein Verständnis des Menschen und der Welt widerspiegelt. Daher bringen die Architekturwissenschaftler Fischer, Jansen und Pieper das Ganze auf den Punkt, wenn sie sagen, dass jedes Raumgefüge zu seiner Definition einer bildhaften Gliederung bedürfe, durch die Menschen und

---

[71] ebd.
[72] Ein klassisches Beispiel für die Umkehrung dieses Prinzips ist der Fall der Stadt Jericho, um die das Heer Israels dreizehn Mal ziehen musste, bevor sie eingenommen werden konnte (Jos 6,1-17).
[73] Eliade, S. 427
[74] A. Assmann, 1999, S. 305: „Das menschliche Grundbedürfnis nach heiligen Orten, von denen Wunder, Sühne, Heilung und spirituelle Erneuerung ausgehen, hat die [...] Institution der Pilgerreise hervorgebracht."
[75] Fischer et al., 1987, S. 9
[76] vgl. Bhardwaj, 1973
[77] Fischer et al., 1987, S. 9
[78] Eliade, Yoga, S. 368

Dinge, Räume und Zeiten zueinander in bedeutsame Beziehung gesetzt werden.[79] Nur auf diese Weise werde die Stellung der Dinge und des Menschen in der realen oder der vorgestellten Welt benannt: „So eröffnen sich im architektonischen Raum über die Elemente, die ihn gliedern, gestalten, besetzen, über die Orte, die er exponiert oder versteckt, über die Dinge, die er erhöht oder erniedrigt, Ausblicke auf ein geistiges Terrain, das eigentlich jenseits der Grenzen des Architektonischen liegt. Über die konkreten, sinnlich wahrnehmbaren Dinge der Alltagswelt artikulieren sich in der bedeutsamen räumlichen Zuordnung Vorstellungen, die sich der sinnlichen Wahrnehmung ihrem Wesen nach entziehen und die in den Bereich der sich selbst reflektierenden geistigen Existenz des Menschen gehören."[80]

Trotz dieser Einschränkung bleibt es das Verdienst Eliades, auf die religiöse Bedeutung des Raumes aufmerksam gemacht zu haben. Fraglos sind die naturräumlichen Gegebenheiten eine der wesentlichen Voraussetzungen für die konkrete Ausgestaltung und erst recht für das Überdauern der religiösen Traditionen in einem „heiligen Raum". Insofern stellt Eliade zu Recht einen Zusammenhang zwischen Raum und Religion her und erkennt, dass sich beides im indischen Kulturkreis wechselseitig bedingt. Allerdings muss hier noch ein Punkt problematisiert werden, nämlich die Abstraktion eines heiligen Raumes, der die Bedeutung des einzelnen Ortes relativiert und die heiligen Orte nur in ihrer Gesamtheit gelten lässt: Schließlich machen sie den heiligen Raum aus. Dieses Abstraktum eines heiligen Raumes entspricht der Idee einer überräumlichen Allgegenwart Gottes und ist eine Vorstellung, die zunächst zu den Voraussetzungen nur des Monotheismus zu gehören scheint.[81] Ob sie sich ohne weiteres auf den Hinduismus übertragen lässt, wäre zu diskutieren.[82] Doch immerhin lässt die Kultpraxis, nämlich die Begehung der kultortverbindenden Pilgerwege, den Rückschluss zu, dass sich im Zuge der durch Identifikation[83] der zahlreichen lokalen Gottheiten mit Göttern des vedischen Pantheons erfolgten religiösen Integration auch eine Vorstellung vom Subkontinent als eines in sich geschlossenen und strukturierten religiösen Raumes herausgebildet haben muss. Auch hier spiegelt sich der gesamte Kosmos in Dingen der alltäglichen Welt,[84] und das Profane findet im Heiligen seine Entsprechung.

---

[79] Fischer et al., 1987, S. 10
[80] ebd.
[81] A. Assmann, 1999, S. 303f
[82] Darauf wies Gereon Becht-Jördens in einem Gespräch hin. Für diesen und zahlreiche andere Hinweise sei ihm an dieser Stelle gedankt.
[83] Zur Identifikation verschiedener hinduistischer Götter vgl. Zvelebil, S. 839, sowie Weber, S. 290
[84] Hölscher, 1988, S. 135f, weist darauf hin, daß bei Homer ein bestimmter geographischer Raum, nämlich die Welt des Odysseus, auch „die Welt" schlechthin bedeuten kann, also einen Kosmos darstellt. Zugleich „stellt der mythologische Raum ein Weltbild dar, das einen erfahrenen Raum umschließt" (ebd., S. 158).

Literatur

Assmann, A.: Erinnerungsräume. Formen und Wandlungen des kulturellen Gedächtnisses (1999). C. H. Beck, München, 2003

Assmann, J.: Das kulturelle Gedächtnis. Schrift, Erinnerung und politische Identität in frühen Hochkulturen (1992). C. H. Beck, München, [4]2002

Assmann, J.: Ägypten. Eine Sinngeschichte (1999). Fischer, Frankfurt a. M., [3]2003

Becht-Jördens, G.: Text, Bild und Architektur als Träger einer ekklesiologischen Konzeption von Klostergeschichte. Die Karolingische Vita Aegil des Brun Candidus von Fulda (ca. 840). In Kerscher, G.: Hagiographie und Kunst. Der Heiligenkult in Schrift, Bild und Architektur, S. 75–106. Dietrich Reimer, Berlin, 1993

Bhardwaj, S. M.: Hindu places of pilgrimage in India. A study in cultural geography. University of California Press, Berkeley, 1973

Bhardwaj, S. M.: Pilgrimage: Hindu Pilgrimage. In Eliade, M. (Hg.): The Encyclopedia of Religion, Bd. 11, S. 353–354. Macmillan, New York, 1987

Bourdieu, P.: Sozialer Sinn. Kritik der theoretischen Vernunft (1980). Suhrkamp, Frankfurt a. M., 1993

Eliade, M.: Die Religionen und das Heilige. Elemente der Religionsgeschichte (1949). Suhrkamp, Frankfurt a. M., 1986

Eliade, M.: Yoga. Unsterblichkeit und Freiheit (1954). Suhrkamp, Frankfurt a. M., 1985

Fischer, K.; Jansen, M.; Pieper, J.: Architektur des indischen Subkontinents. Wissenschaftliche Buchgesellschaft, Darmstadt, 1987

Glasenapp, H. von: Heilige Stätten Indiens. Die Wallfahrtsorte der Hindus, Jainas und Buddhisten, ihre Legenden und ihr Kultus. Georg Müller, München, 1928

Gutschow, N.; Pieper, J.: Indien. Von den Klöstern im Himalaya zu den Tempelstädten Südindiens. Bauformen und Stadtgestalt einer beständigen Tradition (1978). DuMont, Köln, [3]1981

Holenstein, E.: Philosophie-Atlas. Orte und Wege des Denkens. Ammann Verlag, Zürich, 2004

Hölscher, U.: Die Odyssee. Epos zwischen Märchen und Roman (1988). C. H. Beck, München, [2]2000

Jansen, M.: Die Indus-Zivilisation. Wiederentdeckung einer frühen Hochkultur. DuMont, Köln, 1986

Leeuw, G. van der: Phänomenologie der Religionen. J. C. B. Mohr, Tübingen, 1933

Michaels, A.: Der Hinduismus. Geschichte und Gegenwart. C. H. Beck, München, 1998

Moeller, V.: Die Mythologie der vedischen Religion und des Hinduismus. In Haussig, H. W. (Hg.): Wörterbuch der Mythologie, Abt. I, Die alten Kulturvölker, Bd. V, Götter und Mythen des indischen Subkontinents, S. 1–203. Klett-Cotta, Stuttgart, 1984

Nietzsche, F.: Aus dem Nachlaß der Achtzigerjahre. Werke in drei Bänden. Dritter Band. Carl Hanser, München, 1958, [2]1960

Stutley, M.; Stutley, J.: A dictionary of Hinduism. Its mythology, folklore and development 1500 B. C. - A. D. 1500. Allied Publishers, Bombay, 1977

Turner, E.: Pilgrimage: An overview. In Eliade, M. (Hg.): The Encyclopedia of Religion, Bd. 11, S. 328–330. Macmillan, New York, 1987

Weber, M.: Die Wirtschaftsethik der Weltreligionen II. Hinduismus und Buddhismus (1921). Max Weber Gesamtausgabe, Bd. 20. J. C. B. Mohr, Tübingen, 1996

Wehmeier, P. M.: „Gangadhara" oder „Die Herabkunft des Ganges". Parallelen zum Sündenfall in einem hinduistischen Schöpfungsmythos. In Heuser M.; Kapfhammer, H.-P.; Möller, H.-J.; Walther, A.-U.: (Hg.): Die Sünde. Von der

Schuld zum Wahn, von der Sühne zur Therapie, S. 311–325. Verlag Integrative Psychiatrie, Innsbruck, 2002

Zvelebil, K. V.: Mythologie der Tamilen und anderer drawidisch sprechender Völker. In Haussig, H. W. (Hg.): Wörterbuch der Mythologie, Abt. I, Die alten Kulturvölker, Bd. V, Götter und Mythen des indischen Subkontinents, S. 825–950. Klett-Cotta, Stuttgart, 1984

Peter M. Wehmeier

Anorexie als Opferritual
Körperbild und Ausdrucksform

Er brachte sich selbst den Göttern dar. Darauf rief er ein Bild von sich selbst hervor, der das Opfer ist.[1]

Bei der heute als "Anorexia nervosa" bekannten und häufig als "Magersucht" bezeichneten seelischen Störung haben wir es mit einem Phänomen zu tun, das sich im Laufe vergangener Jahrhunderte nur zögerlich der medizinischen Wissenschaft erschlossen hat. Im Laufe dieser Entwicklung hat sich das Verständnis der Störung zudem erheblich gewandelt. Es hat diverse Versuche gegeben, die Ätiologie und Pathogenese der Störung zu beschreiben, man könnte sogar von mehreren Paradigmenwechseln sprechen. Dabei wurden verschiedenste Positionen bezogen und - unter anderem - phänomenologische, psychologische, biologische und hermeneutische Betrachtungsweisen bemüht. Die Anorexia nervosa galt lange Zeit geradezu als Prototyp "psychosomatischer" Erkrankungen, was insofern zutrifft, als sie mit körperlichen und psychischen Auffälligkeiten einhergeht. Doch heute ordnet man dieses Krankheitsbild eher als psychiatrische Störung ein und macht die Diagnose an bestimmten diagnostischen Kriterien fest, etwa an solchen, die in der Internationalen Klassifikation psychischer Störungen[2] aufgeführt sind. Dort werden beispielsweise der selbst herbeigeführte Gewichtsverlust, die sogenannte Körperschemastörung (als spezifische psychische Störung), die hormonelle Störung oder die Störung der pubertären Entwicklung als klinische Charakteristika der Anorexia nervosa erwähnt. Damit wird die Anorexie als gesundheitliche Störung betrachtet, die es nach allen Regeln der ärztlichen Kunst zu behandeln gilt. Diese Betrachtungsweise ist relativ neu und stellt das Ergebnis eines jahrhundertelangen medizin- und religionsgeschichtlichen Diskurses dar.[3] Dass allerdings die Vervollkommnung naturwissenschaftlicher Erklärungsversuche noch nicht abgeschlossen ist, ja sogar an gewisse Grenzen zu stoßen scheint, lässt sich an den mehr oder weniger vergeblichen Bemühungen ablesen, bestimmte Krankheitsmerkmale, etwa die Körperschemastörung, genau zu definieren und sie einer objektiven Quantifizierung zuzuführen.[4]

Obwohl die Anorexia nervosa nicht mit bloßem Fasten gleichgesetzt werden kann, bietet sich das Fasten als Ausgangspunkt für eine kulturgeschichtliche oder medizinhistorische Betrachtung dieser Störung an. In ihrer Kulturgeschichte des Fastens[5] gehen Vandereycken, van Deth und Meermann den historischen Wurzeln der Anorexie in Europa nach und stoßen dabei auf ein Panoptikum von Magersüchtigen, Hungerkünstlern und Fastenwundern. Dass die Anorexie ursprünglich meist religiös motiviert war, ist nicht verwunderlich, denn im abendländischen Kulturkreis - und nicht nur da - gibt es eine lange Tradition des Fastens. So taucht neben dem religiös motivierten Fasten, das in erster Linie der Buße und Askese diente,[6] Fasten im

---

[1] Nach dem Satapatha-Brahmana (11,1,8,2,3,4) opfert sich der Schöpfergott Prajapati selbst; vgl. Gerlitz, S. 254
[2] Weltgesundheitsorganisation, S. 186ff
[3] vgl. Habermas sowie Vandereycken et al.
[4] vgl. Skrzypek et al.
[5] Vandereycken et al., S. 9
[6] ebd., S. 30

Kontext teuflischer Besessenheit auf.[7] Besonderes Aufsehen erregten allerdings die sogenannten Fastenwunder, die scheinbar ganz ohne Nahrungsaufnahme jahrelang als "Wundermädchen" überlebten und damals als besondere Sensation galten.[8] Während die katholische Kirche solchen Fastenwundern nachging, weil sie als tatsächliche Wunder in Frage kamen, wurden sie von der protestantischen Kirche durchweg abgelehnt, da Wunder dieser Art in der Kirche keinen Platz hatten. Im Laufe der Zeit wurde das Phänomen des Fastenwunders zunehmend hinterfragt und der medizinisch-wissenschaftlichen Überprüfung anheimgestellt. Auf diese Weise vollzog sich ein allmählicher Rollenwandel der "Fastenheiligen" beziehungsweise "Besessenen" zu "Kranken" oder "Patienten".

Mit der Beschreibung mehrerer klinischer Fälle von Magersucht im 19. Jahrhundert, etwa durch Marcé, Rist, Worthington, Gull, Brugnoli oder Charcot, trat die zunehmende Medikalisierung dieser Störung ein, die nun in das Blickfeld von Forschern geriet. Anhand von acht Fällen fasste der in Paris lebende Lasègue die Magersucht als Krankheitsbild mit einheitlicher Symptomatik auf.[9] Er sah allerdings eine enge nosologische Verbindung zur Hysterie ("hysterische Anorexie"). Als erster bezweifelte Gull den hysterischen Charakter der Magersucht und sprach lieber von "anorexia nervosa".[10] Was früher einmal die öffentlich zur Schau gestellten Fastenwunder gewesen waren, wurden nun zum Gegenstand eingehender differentialdiagnostischer Betrachtungen zeitgenössischer Mediziner.[11] So wurde mehreren Aspekten der Anorexie zunehmende Aufmerksamkeit zuteil: einzelne Patienten wurden klinisch beschrieben, ihre psychischen Besonderheiten beobachtet und ihre Ernährungsgewohnheiten genau registriert.[12]

Als Besonderheit können die Fallbeschreibungen von Brugnoli gelten,[13] da sie als einzige an die ältere kirchliche Literatur zur Totalabstinenz anknüpfen und Ähnlichkeiten zwischen asketisch-mystischem Fasten und der Magersucht aufzeigen.[14] Damit stellt Brugnoli einen indirekten Bezug zu religiösen Deutungen lang anhaltenden Fastens her[15] und reiht sich in eine Tradition ein, die weit bis ins 20. Jahrhundert reichen sollte. Religiöse Bezüge wurden immer wieder gesehen, so zum Beispiel auch bei Déjérine,[16] der in einer Definition von Anorexie neben "Eitelkeit" und "Berufsfastentum" auch "Mystizismus" als eins der möglichen Motive für die Entwicklung der Symptomatik nennt. Damit wird die Anorexie als "kulturgebundenes Syndrom"[17] beschrieben, und diese Bezeichnung darf angesichts der massiven soziokulturellen Einflüsse auf Körperideal und Essverhalten gerade in heutiger Zeit Gültigkeit beanspruchen.

Eher auf den Bedeutungswandel extremen Fastens geht Tilmann Habermas in seiner "medizinpsychologischen Rekonstruktion" der Magersucht ein.[18] Er zeigt, dass sich die Art und Weise, in der die Symptome verstanden wurden, im Laufe der Zeit stark verändert haben, was letztendlich auf spezialisierte theologische, medizini-

---

[7] ebd., S. 53
[8] ebd., S. 71
[9] vgl. Lasègue
[10] vgl. Gull
[11] Habermas, S. 65
[12] ebd., S. 100
[13] vgl. Brugnoli
[14] Habermas, S. 107
[15] ebd., S. 112
[16] vgl. Déjérine
[17] Habermas, S. 17
[18] vgl. Habermas

sche und psychologische Diskurse zurückzuführen sei.[19] Die verschiedensten Erklärungsversuche umfassen unter anderem das Verständnis der Magersucht als Verselbständigung des Willens, abzunehmen (neo-behavioristisch), als Abwehr sexueller Triebimpulse (psychoanalytisch), als Selbstbehauptungsversuch (objektbeziehungstheoretisch) oder als Manifestation interpersoneller Konflikte (familiendynamisch). Angesichts der Vielzahl solcher Erklärungsversuche ist es einleuchtend, dass es bei der Anorexie um mehr gehen muss als um extremes Fasten allein. Besonders relevant ist das von Hilde Bruch erkannte Motiv für die selbstinduzierte Gewichtsabnahme, nämlich die körperbezogene Furcht, zu stark zuzunehmen.[20] Aus dieser Furcht ergeben sich sowohl die "Entscheidung", abzunehmen, als auch das Ziel, den in der Pubertät sexuell reifenden Körper einem asketischen Willen zu unterwerfen.[21] Bei der Anorexie sind also nicht nur Fasten und Magerkeit zentral,[22] sondern auch die Motive für den Gewichtsverlust. So hat die selbst herbeigeführte Gewichtsabnahme bei der Anorexie - sowohl der äußeren Form nach als auch von den Auswirkungen her - durchaus Ähnlichkeit mit religiös motivierten Askesepraktiken, denn beide sind durch Furcht und Entsagungswillen gekennzeichnet.

Verschiedene Modelle zur Erklärung der Störung, die sich beispielsweise auf psychoanalytische, lerntheoretische oder biologische Vorstellungen gründen, mögen durchaus Teilaspekte der Anorexia nervosa erklären, dennoch hat bisher keine Theorie vermocht, eine vollständige Erklärung für die vielfältige Symptomatik zu liefern. Die Vielzahl der Erklärungsversuche deutet aber darauf hin, dass es mit einem Modell nicht getan ist, dass vielmehr die nähere Betrachtung unterschiedlicher Teilaspekte der Störung erforderlich ist.

Die folgenden Ausführungen stellen einen Versuch dar, den Problemkomplex vor dem Hintergrund neuer religionsphilosophischer, anthropologischer und kunstgeschichtlicher Aspekte zu betrachten. Die hier vertretene These ist, dass strukturelle Entsprechungen zwischen Anorexie, der Fastenpraxis und einem Opferritual bestehen.[23] Bei jedem dieser Vorgänge geht es um die Erfahrung eines als defizitär empfundenen Ist-Zustandes, der durch entsprechende rituelle Handlungen überwunden werden soll. In Erwartung der Wiederherstellung eines Zustands ursprünglicher Vollkommenheit werden umfangreiche Leistungen erbracht, die im Wesentlichen im Verzicht bestehen. Nicht verwunderlich ist es daher, dass die Betreffenden häufig durch besonderen Ehrgeiz, Willensstärke und ein sthenisches Durchhaltevermögen auffallen. Solche Persönlichkeitseigenschaften scheinen zumindest eine Hilfe bei dem Unterfangen zu sein, welches die Betreffenden auf sich genommen haben. Das trifft besonders für Patienten mit Anorexie zu, die ihre Nahrungsaufnahme rigoros einschränken und dadurch versuchen, ihre Angst vor der Gewichtszunahme zu bewältigen. Dafür wird einiges aufs Spiel gesetzt: die körperliche und psychische Gesundheit, eine altersgemäße Entwicklung, die allgemeine Leistungsfähigkeit, zwischenmenschliche Beziehungen usw. Auf diese Weise findet das pathologische Körperbild seinen Ausdruck in einem elaborierten Opferritual, das zahlreiche Facetten des Lebens berührt.

---

[19] ebd., S. 42

[20] vgl. Bruch

[21] Habermas, S. 142f

[22] ebd., S. 59

[23] Habermas (S. 10) merkt kritisch an, dass die körperbezogene Angst vor der Gewichtszunahme beim bloßen Fasten fehlt, und Anorexie und Fasten daher nicht ohne weiteres miteinander gleichgesetzt werden könnten.

Aber was ist ein Ritual, und was ist ein Opfer? Welche Ausdrucksformen nehmen sie an? Beides sind komplexe Phänomene, die einer kurzen Erläuterung bedürfen. Ein Ritual kann als festgelegte Abfolge bestimmter Handlungen verstanden werden, durch die Menschen sich ihrer Identität vergewissern. Im Fall der Anorexie lassen die Gleichförmigkeit des anorektischen Verhaltens und dessen identitätstiftende Funktion die Bezeichnung "Ritual" als gerechtfertigt erscheinen. Eine andere Frage ist die nach dem Opfer. Über die Ursprünge der Opferpraxis gibt es zahlreiche Theorien.[24] Neben dem Gebet ist das Opfer einer der ältesten und wichtigsten Bestandteile des Kults.[25] Da es Opfer bereits in vor-theistischen Formen der Religionsausübung gibt, ist die Betrachtung des Opfers als Möglichkeit zur Herstellung einer Beziehung zwischen dem Opfernden und der Sphäre des Göttlichen eine Folge späterer Spiritualisierung. Dieser Vorstellung zufolge ist ein Opfer eine Handlung, die durch die Hingabe von Gegenständen oder Personen eine Beziehung zwischen dem Opfernden und einer Gottheit herstellt. Auf diese Weise wird versucht, numinose Kräfte zu entfesseln, die zwischen dem Opfernden und einer Gottheit wirken und beide aneinander binden sollen. So begibt sich der Opfernde mit dem Opfer zwar in eine gewisse Abhängigkeit von der Gottheit, sein Handeln vermag aber auch, die Gottheit zu beeinflussen, nämlich sie günstig zu stimmen. Indem der Opfernde also einen Teil seines Eigentums an die Gottheit abtritt und eine Gegengabe von der Gottheit erhält, findet das Prinzip des "do, ut des" Anwendung.[26] Ein klassischer Beleg für dieses Prinzip findet sich in der Taittiriya-Samhita (1,8,4,1). Dort sagt der Opfernde: "Gib mir; ich gebe dir. Lege für mich hin; ich lege für dich hin. Darbietung biete du mir; Darbietung biete ich dir."[27] Dieses Geben und Nehmen kann unterschiedliche Formen annehmen und erfüllt dann auch unterschiedliche Funktionen. So gibt es Bittopfer, Dankopfer, Sühneopfer usw. Auch das, was geopfert wird, kann unterschiedlicher Natur sein: Trankopfer, Speiseopfer, Blutopfer, Tieropfer, Menschenopfer usw. In diesem Zusammenhang ist auch das Selbstopfer zu erwähnen, dessen wesentliche Bedeutung in der Selbstaufgabe des Individuums liegt. Hier besteht das Opfer in Ergebenheit, Unterwürfigkeit, Frömmigkeit und Andacht, aber auch in der Selbstzucht und Askese, die sich der Opfernde auferlegt. Damit macht sich der Opfernde selbst zum Opfer, entfacht gewissermaßen selbst die Flammen, die ihn verschlingen, und betreibt dadurch die eigene Heiligung.[28]

Bedeutung und Funktion des Opfers zeigen sich besonders deutlich im Hinduismus.[29] In dessen heiligen Schriften gibt es auch die zahlreichsten Anweisungen zur Opferpraxis. Die ältesten dieser Texte sind im Veda zu finden, zumal im Rigveda, der Hymnen, Sprüche und Verse zur Einladung der Götter zum Opfer enthält, sowie im Yajurveda, dem "Wissen von den Opfersprüchen", der im Wesentlichen aus Ritualanweisungen für die Opferverrichtung und aus Opfersprüchen besteht.[30] Zu diesen Schriften gehören auch die etwas jüngeren Brahmana-Texte, bei denen es sich auch um Anweisungen zur Durchführung und Erklärung des Opferrituals handelt. Ursprünglich war das Opfer aus hinduistischer Sicht vor allem Feueropfer,[31] und so stand das Feuer schon immer im Mittelpunkt des hinduistischen Opferritu-

---

[24] vgl. Henninger
[25] RGG, Bd. V, Sp. 956
[26] "Gib, damit Dir gegeben wird"
[27] vgl. Gerlitz, S. 253
[28] Der Indologe Michaels (S. 276) spricht in diesem Zusammenhang von einer "beinahe kopernikanischen Wende im Opferwesen", als nämlich das Opfer mit dem Opfernden identifiziert wurde.
[29] vgl. Drexel
[30] Michaels, S. 69f
[31] ebd., S. 271

als. Mit der Zeit gewann die Vorstellung einer Identifikation des Opfernden mit dem Opfer an Bedeutung. Mit dem Entzünden des Opferfeuers holt der Opfernde das Opfer gewissermaßen aus sich selbst heraus: Das Opfer ist dann sein Selbst, und das Selbst ist das Opfer.[32] Über den Weg des Selbstopfers sucht der Einzelne das Heil in sich selbst und erzielt es dort auch. Indem das Heil als ewiges Opfer deklariert wird, ist der Weg in die Askese bereits vorgezeichnet.[33]

Die hinduistische Tradition hat eine differenzierte Askesepraxis hervorgebracht, deren zentrale Säule das Yoga-System ist, welches letzendlich auf die Samkhya-Lehren der älteren Upanisaden zurückgeht.[34] Die Samkhya-Lehren stellen eine Philosophie bzw. Psychologie dar, die auf dem Dualismus von Geist und Materie fußt. An die materiellen Vorgänge gebunden, ist das empirische Seelenleben (oder die "Psyche") dem Leiden unterworfen, welches das Kennzeichen allen bewussten Lebens ist. So ist das individuelle Seelenleben nichts anderes als das Gebundensein an den Schmerz.[35] Der Yoga hingegen ist darauf ausgerichtet, das Leiden, das durch den Dualismus von Geist und Materie zwangsläufig entsteht, zu überwinden. Damit kommt dem Yoga eine erlösende Bedeutung zu, und dieser erlangt eine Funktion, die geradezu "therapeutisch" genannt werden könnte.

Ziel des Yoga ist die Befreiung durch Erkenntnis der Einheit in der Zweiheit, die Gleichheit von Geist und Materie sowie die Verschiedenheit von Seele und Materie durch die Identifikation der Individualseele mit der Unsterblichkeit.[36] Der Weg zu diesem Ziel besteht in acht Schritten, den acht Stufen des Yoga: Die moralische Vorbereitung umfasst (1.) die äußere Selbstbeherrschung sowie (2.) die innere Selbstbeherrschung. Die physische Vorbereitung umfasst (3.) die Körperhaltung, (4.) die Atemzügelung und (5.) den Rückzug der Sinne. Die geistige Vorbereitung umfasst schließlich (6.) das Festhalten, d. h. die Konzentration auf ein Objekt, (7.) die Versenkung, also die Meditation als Loslassen der Gedanken, und (8.) die Konzentration als höchste Stufe der Versenkung, mit Befreiung der Seele durch das Erlebnis der Nicht-Verschiedenheit von Geist und Materie.[37] Hier wird erkennbar, dass die Askese im Rahmen des Yoga nicht bloß dazu dient, im Sinne eines Selbstopfers die Kluft zwischen Opferndem und göttlicher Sphäre zu überwinden, sondern auch dazu beiträgt, eine dualistische Spannung zu lösen, nämlich die zwischen Geist und Materie, und das Leid, das durch diesen Dualismus entsteht, zu lindern. Dies geschieht, indem sich der Einzelne durch den Yoga mit dem unvergänglichen Geist identifiziert und so von jeglicher materiellen Kausalbindung befreit.[38]

Doch die geordnete Durchführung dieser acht Schritte ist nicht der alleinige Weg zum Heil. Indem der Mensch alle seine Handlungen als Opfer auffasst und als Opfer vollzieht, trägt er zur Aufrechterhaltung der kosmischen Weltordnung bei.[39] Die Verwandlung profaner Taten in rituelle Handlungen wird ebenfalls durch den Yoga möglich. Der Einzelne muss sich nur innerlich von seinen Taten und deren Ergebnissen lösen, d. h. er muss ohne Wünsche und Leidenschaften handeln und auf die Früchte seiner Taten verzichten. Darin besteht sein Opfer. Dieser "Yoga des

---

[32] ebd.
[33] Michaels, S. 101
[34] Garbe, S. 33
[35] Abegg, S. 79
[36] Michaels, S. 295
[37] ebd.
[38] ebd., S. 294
[39] Eliade, S. 166ff

Handelns" macht die große Originalität der Bhagavad Gita aus, dass sie nämlich den Anspruch der Upanisaden ins alltägliche Leben verlagert. Dass diese Lehre nach wie vor einen Bezug zum Essverhalten hat und ihre gesteigerte Ausdrucksform in asketischem Nahrungsverzicht findet, zeigt sich darin, dass es noch aus dem 20 Jahrhundert Berichte über das Leben von Fastenheiligen in Indien gibt, die jahrelang ganz ohne Nahrung ausgekommen sein sollen.[40]

Mit ihrem Ziel der Befreiung vom Leiden am Unterschied zwischen Geist und Materie stand die gesamte hinduistische Psychologie von Anfang an im Dienst des Erlösungsstrebens, das den Hinduismus seit den Upanisaden beherrscht.[41] Parallelen ergeben sich zur Anorexie, bei der das Leiden im Unterschied zwischen bestehendem Körpergefühl und gedachtem Idealkörper besteht. Mit der vollständigen Beherrschung des eigenen Körpers geht es um die Überwindung des Körperlichen überhaupt und um das Erreichen einer psychischen Verfassung, die ganz im Zeichen der Unabhängigkeit steht. So scheint die Symptomatik (insbesondere der selbst herbeigeführte Gewichtsverlust und die Körperschemastörung) Ausdruck des Bestrebens zu sein, materielle Kausalitäten außer Kraft zu setzen und seelische Befreiung bzw. Erlösung zu erlangen. Ob dieses Bestreben bewusst oder unbewusst ist, spielt in diesem Zusammenhang keine Rolle.

Beim Thema Erlösung drängt sich der Gedanke an die Sehnsucht des Menschen nach paradiesischen Zuständen auf, wie sie sich in Berichten vom Sündenfall spiegelt. Wir können annehmen, dass nach deren Vorstellung die Menschen im Paradies auch mit paradiesisch schönen Körpern ausgestattet waren[42] und diesbezügliche Unzufriedenheit erst nach dem Sündenfall aufgekommen ist. Ein Bewusstsein für die körperliche Realität entstand nämlich nach dem biblischen Bericht erst nach dem Sündenfall,[43] als Adam und Eva gewahr wurden, dass sie nackt waren.[44] So ist es nicht weiter verwunderlich, dass die Vorstellung eines paradiesischen Idealzustands in der jüdisch-christlichen Tradition schon immer mit der Idee geradezu körperloser Reinheit verbunden worden ist. Auch bei der Anorexia nervosa geht es einigen Interpretationen zufolge um die Ablehnung der eigenen Geschlechtsrolle und die Abwehr sexueller Impulse, also um rituelle Reinheit. Beides geht über körperliche Realitäten hinweg und muss als Bestreben betrachtet werden, sich in paradiesische Urzustände zurückzuversetzen. Der Weg in diesen Zustand führt über das Opfer, denn durch das Opfer wird die Kluft zwischen heiliger und profaner Welt überbrückt. Damit ist der Körper des Opfernden im Fall der Anorexie Opfer und Opferstätte zugleich: Er ist gewissermaßen der "Altar", auf dem das Opfer dargebracht wird.

Indem wir zu solchen Bildern greifen, sobald wir vom Körper sprechen, reduzieren wir den Körper auf ein Bild.[45] Diese Reduktion ist ganz natürlich, denn der Mensch hat von sich Bilder gemacht, lange bevor er damit begann, über sich zu reden.[46] Das Bild ist also die ursprünglichere Mitteilungsform, es stellt gewissermaßen einen präverbalen Text dar. Neben diesem unmittelbaren Sinn hat der auf ein Bild reduzierte Körper auch einen metaphorischen Sinn: Ein Bild mag zwar den Körper zei-

---

[40] Yogananda, S. 466ff
[41] Abegg, S. 1
[42] Belting, S. 102
[43] Starobinski, S. 13
[44] 1. Mose 3,7
[45] Belting, S. 87
[46] ebd.

gen, es bedeutet aber den Menschen als solchen.[47] Unter diesem Aspekt rückt der Körper ins Blickfeld sowohl der Anthropologie als auch der Bildwissenschaften. Folgerichtig hat der Kunstwissenschaftler Hans Belting sich zur Aufgabe gemacht, eine "Bild-Anthropologie" zu entwickeln,[48] in der er den Körper als "Ort der Bilder" auffasst.[49] Er versteht den Menschen als "natürlichen" Ort der Bilder[50] und spricht vom Körper als "lebendigem Organ" für Bilder,[51] da der Körper die Fähigkeit habe, Orte und Dinge in Bilder zu verwandeln, die später durch Erinnerung reaktiviert werden.[52] Der menschliche Körper sei nicht bloßes Medium, sondern Ursprung und Ziel von Bildern, er sei nicht nur Ort der Bildentstehung, sondern könne auch selbst eine Bildfunktion übernehmen.[53]

Belting behauptet, die heutige Praxis mancher Künstler, den eigenen Körper als Mittel der Kommunikation einzusetzen, sei Folge der verlorenen Körperbilder, auf die stellvertretend in corpore reagiert würde.[54] Der Schluss ist naheliegend, dass Patienten mit einer Anorexie ähnlich verfahren: Die Symptomatik wäre dann Ausdruck der Entfremdung vom bisherigen Körperbild und Zeichen einer kompensatorischen - wenn auch pathologischen - Rekonstruktion nach einem idealen Schema. Auf diese Weise stellt der anorektische Patient, so wie der Künstler, durch seinen Körper Bilder her. Beide bewältigen damit auf ihre Weise die Krise ihres jeweiligen Körperbildes, und erlangen eine neue Sicherheit über den Körper.[55] Damit wird dem Körper eine "rhetorische Rolle"[56] zugewiesen, die ihn sowohl zum Thema der Kunst, als auch zum Medium einer konflikthaften zwischenmenschlichen Auseinandersetzung prädisponieren.

Wenn die anorektische Patientin ihre Konflikte auf der Ebene des Essens austrägt, etwa indem sie Nahrungsverzicht übt, weist sie dem Tisch die Funktion eines Altars zu, auf dem profane Speisen zu geheiligten Opfergaben werden. Die der Patientin zugedachte Nahrung erhält damit die Funktion eines Speiseopfers, das zur Erlangung einer Art Opferlohn dient und damit der Patientin einen sekundären Vorteil verschafft. Die Natur dieses Vorteils liegt auf der Hand: "Selbstbehauptung",[57] die der "Egozentrizität"[58] Magersüchtiger Rechnung trägt und in einem "Akt der Konkretisierung"[59] ihren Ausdruck findet. So kann das Individuum durch das Selbstopfer eine unmittelbare Steigerung der Autonomie und des Selbstwerts erfahren. In gewisser Weise nimmt die Magersüchtige sogar die Rolle des Priesters ein, wenn sie sich selbst auf dem Tisch des Hauses darbringt und damit ihr ideales Selbstbild verwirklicht. Eine formale Parallele könnte man in dem vom Apostel Paulus entwickelten Opfergedanken sehen: "Ich ermahne euch nun [...], dass ihr eure Leiber hingebt als Opfer, das lebendig, heilig und Gott wohlgefällig ist."[60] Doch ob sich ein solches Opfer auf längere Sicht bezahlt macht, d. h. die Entbehrungen des Einzelnen aufwiegt, hängt von den persönlichen Voraussetzungen des Einzelnen ab. Was für manche eine gelungene Kompromissbildung darstellt, kann für an-

[47] ebd.
[48] vgl. Belting
[49] ebd., S. 57
[50] ebd.
[51] ebd.
[52] ebd., S. 65
[53] ebd., S. 89
[54] ebd., S. 90
[55] ebd., S. 91
[56] ebd., S. 103
[57] Habermas, S. 21
[58] vgl. Bruch
[59] vgl. Selvini Palazzoli
[60] Röm 12,1

dere der Beginn einer destruktiven Fehlentwicklung sein, und so bleiben die Aussichten auf eine Gegengabe für erbrachte Opfer unsicher, bei der Anorexie wie im Bereich des Religiösen.

Was also ist die Anorexie, was stellt der abgemagerte Körper dar? Ein Opfer? Ein Kunstwerk? Eine Inszenierung? Einen Text? Im Grunde sind das Fragen nach der Bedeutung des Körpers. Die Antwort auf die Frage, was der Körper sei oder nicht sei, war allerdings schon immer gewissen Denkmoden unterworfen[61] und muss daher sehr unterschiedlich ausfallen. Meist wurde eine Psyche vorausgesetzt, die sich verkörpern will.[62] Das trifft natürlich auch auf unsere Fragestellung zu. Doch bei der Anorexie will die Psyche mehr als Verkörperung. Sie strebt einen Idealzustand an und will zu diesem Zweck alles Materielle überwinden. Dafür sprechen mehrere Symptome der Anorexie, die in einem religionsphilosophischen, anthropologischen und kunstgeschichtlichen Kontext besser verständlich werden können, als dies in einem naturwissenschaftlichen Kontext allein möglich wäre. Abgesehen davon folgt auch die naturwissenschaftliche Sicht des menschlichen Körpers einem Gesetz der Mythenbildung.[63] Daher können kulturwissenschaftliche Perspektiven dabei hilfreich sein, ein mehrdimensionales Verständnis der Anorexie zu gewinnen.

Wenn das Streben nach Erlösung u. a. im Opferritual seinen Ausdruck findet, liefert das Ritual allerdings nur den Rahmen, in dem sich die Opferhandlung abspielt. Wesentlich für die Opferhandlung ist der Altar, auf dem das Opfer dargebracht wird. Der Altar ist die Stätte, wo die Gottheit während der kultischen Handlung anwesend gedacht wird.[64] In der jüdisch-christlichen Tradition symbolisiert der Altar daher auch die Beziehung des Menschen zu Gott, und in der christlichen Eucharistie, die am Altar zelebriert wird, zeigt sich die Gegenwart Gottes. Gewissermaßen als profanes Gegenstück dazu stellt der Esstisch die Beziehungen zwischen Menschen dar. Schwierigkeiten, die in diesen Beziehungen bestehen, etwa familiäre Konflikte, können im Fall der Anorexie ganz konkret am Esstisch deutlich werden. Beispielsweise ist eine Konfliktsituation denkbar, in der eine wohlwollende Mutter das Essen auftischt, dies aber von der anorektischen Tochter nachdrücklich zurückgewiesen wird. Nimmt man diese Parallelen als gegeben an, kann die anorektische Symptomatik als Ausdruck eines asketischen Selbstbildes und das Körperbild als Hinweis auf das erbrachte Selbstopfer betrachtet werden.

Allerdings führen Opfer nicht immer zum Erfolg. Der Opferlohn kann jäh ausbleiben, was die alttestamentliche Geschichte von Kain und Abel deutlich zeigt: Während Abels Opfer von Gott angenommen wurde, fand Kains Opfer diese Anerkennung nicht.[65] Ganz ähnlich verhält es sich bei dem Selbstopfer, das im Falle der Anorexie erbracht wird. Schließlich haben wir es mit einer Erkrankung zu tun, deren Vorteil bestenfalls sekundärer Natur sein kann. In nicht wenigen Fällen gehen die Betroffenen an der Störung zugrunde, scheitern also an ihrem Anspruch. Das Opferritual, das wir bei der Anorexie sehen, stellt also stets ein Wagnis dar, das für den Einzelnen sehr ungünstig ausgehen kann, dass nämlich der Opfernde selbst zum Opfer wird.[66]

---

[61] Belting, S. 88
[62] ebd.
[63] ebd.
[64] RGG, Bd. I, Sp. 371
[65] 1 Mose 4,3–5
[66] vgl. Anmerkung 1

Literatur

Abegg, E.: Indische Psychologie. Rascher, Zürich, 1945

Belting, H.: Bild-Anthropologie. Entwürfe für eine Bildwissenschaft. Wilhelm Fink, München, 2001

Bruch, H.: The psychiatric differential diagnosis of anorexia nervosa. In Meyer, E.-J.; Feldmann, H. (Hg.): Anorexia nervosa, S. 70–87. Georg Thieme, Stuttgart, 1965

Brugnoli, G.: Sull' anoressia. Storie e considerazioni. Memorie della Accademia (Reale) delle Scienze dell Istituto di Bologna, 3. sér., 6, 351–361, 1875

Déjérine, J. J.: Sémiologie du système nerveux. Masson, Paris, 1914

Drexel, J.: Die Illusion des Opfers. Abriß der Opfertheorien. Akademischer Verlag, München, 1993

Eliade, M.: Yoga. Unsterblichkeit und Freiheit [1954]. Suhrkamp, Frankfurt a. M., 1985

Garbe, R.: Samkhya und Yoga (= Grundriß der indo-arischen Philologie und Altertumskunde, Bd. III, Heft 4). Karl J. Trübner, Straßburg, 1896

Gerlitz, P.: Opfer. In Müller, G. (Hg.): Theologische Realenzyklopädie, Bd. 25, S. 253–258. Walter de Gruyter, Berlin, 1995

Gull, W. W.: Anorexia nervosa. Transactions of the Clinical Society of London, 7, 22–28, 1874

Habermas, T.: Zur Geschichte der Magersucht. Eine medizinpsychologische Rekonstruktion. Fischer, Frankfurt a. M., 1994

Henninger, J.: Sacrifice. In Eliade, M. (Hg.): The Encyclopedia of Religion, Bd. 12, S. 544–557. Macmillan, New York, 1987

Lasègue, E. C.: De l'anorexie hystérique. Archive general de Médicine, 21, 385–403, 1873

Michaels, A.: Der Hinduismus. Geschichte und Gegenwart. C. H. Beck, München, 1998

Schiele, F. M.; Tscharnack, L. (Hg.): Die Religion in Geschichte und Gegenwart, Bde. I–V, J. C. B. Mohr, Tübingen, 1913 (= RGG)

Selvini Palazzoli, M.: Magersucht. Von der Behandlung einzelner zur Familientherapie [1963]. Klett-Cotta, Stuttgart, ³1986

Skrzypek, S.; Wehmeier, P. M.; Remschmidt, H.: Body image assessment using body size estimation in recent studies on anorexia nervosa. A brief review. European Child & Adolescent Psychiatry, 10, 215–221, 2001

Starobinski, J.: Kleine Geschichte des Körpergefühls (= Konstanzer Bibliothek, Bd. 7). Universitätsverlag Konstanz, Konstanz, 1987

Vandereycken, W.; van Deth, R.; Meermann, R.: Hungerkünstler, Fastenwunder, Magersucht. Eine Kulturgeschichte der Eßstörungen. Deutscher Taschenbuch Verlag, München, 1992

Weltgesundheitsorganisation: Internationale Klassifikation psychischer Störungen (ICD-10), Kapitel V (F), klinisch-diagnostische Leitlinien. Hans Huber, Bern, 1992

Yogananda, P.: Autobiographie eines Yogi [1946]. Otto Wilhelm Barth, ohne Ort, ¹⁸1991

H. G. Zapotoczky

Anton Bruckner und das quälend Unbedingte

Einleitung

Anton Bruckner (1824) ist das älteste Kind von insgesamt zwölf Kindern des Schullehrers Anton Bruckner und seiner Ehefrau Theresia in Ansfelden. Die Ahnenreihe lässt sich lückenlos bis ins 16. Jahrhundert zurückverfolgen - sesshafte Bauern im niederösterreichischen Voralpenland. Kindheit und Jugend hat Anton Bruckner in einem geordneten Lehrer- und Kirchenmusikerhaushalt verlebt (Kaiser Franz I hat 1805 ausdrücklich die Verbindung von Kirchendienst und Schuldienst angeregt). In Ansfelden gab es ein kleines Orchester, der Vater war Organist, die Mutter Sängerin im Kirchenchor - Anton Bruckner wurde offenbar früh mit Musik konfrontiert. Der Vater von Anton Bruckner wollte für seinen Sohn eine bessere musikalische Ausbildung, als er ihm selbst bieten konnte. Deshalb schickte er den 11-jährigen Sohn zum Firmpaten und Organisten Johann Baptist Weiß nach Hörsching. Vom Frühjahr 1835 bis Dezember 1836 war der junge Anton Bruckner in Hörsching. Johann Baptist Weiß war einer „der besten österreichischen Musiker seinerzeit" (Manfred Wagner), unter anderem hatte er ein Requiem komponiert. Die Rückkehr Anton Bruckners nach Ansfelden wurde durch Krankheit des Vaters bestimmt, der am 7. Juli 1837 mit 46 Jahren stirbt. Noch am selben Tag soll die Mutter mit ihrem ältesten Sohn zum Prälaten des Augustiner-Chorherrenstiftes St. Florian gegangen sein, um ihn dort als Sängerknaben im Stift unterzubringen. Während der folgenden drei Jahre war Anton Bruckner im Stift - nach der Mutation im Alter von 15 Jahren (damals die Regel) im Kirchenchor als Geiger.

Sind mit dem Tod des Vaters entscheidende Beeinträchtigungen im Leben Bruckners aufgetreten? Zwei Entwicklungstendenzen möchte ich aufzeigen:

Harmonia musica

Der Tod des Vaters, der die musikalischen Fähigkeiten seines Sohnes wohl richtig erkannt hat und entsprechend fördern wollte, muss wohl für Anton Bruckner ein massives psychisches Trauma gewesen sein. Er hat nicht nur den Schutz einer auf Erfahrung begründeten pädagogischen und musikalischen Autorität eingebüßt, sondern auch die Vertrautheit des Elternhauses verloren. Durch den Eintritt ins Stift war auch der Kontakt zur eigenen Familie (Mutter und Geschwister) eingeengt worden. Keinen Vater und auch keine Familie mehr - für einen jungen Mann in der Präpubertät schwer zu verkraften. Bruckners Reaktion war dementsprechend. In einem von Mai bis Juni 1838 geführten Heft mit „nakten Sätzen", die eine Ergänzung erforderten, schreibt der Sohn ein Jahr nach dem Tod des Vaters: Aufgabe: Der Tod entzog ..... „der Tod des weltlichen Lebens entzog mir meinen lieben Vater". Aufgabe: Der Jüngling wandelt .... „der Jüngling, welcher Gott vor Augen und Herzen hat, wandelt gewiss unsträflich seinen Weg". Diese Ergänzungen der „nakten Sätze" können bezeugen, wie es in Bruckners Seele aussieht. Die Sehnsucht nach der Autorität des fördernden Vaters, die Konsequenz des Verlustes - er müsse „gewiss unsträflich seinen Weg" fortsetzen.

Wie Vater und Großvater entschied sich Bruckner, Lehrer zu werden. Mit 16 Jahren besuchte er einen Präparandenkurs in der K. K. Hauptschule in Linz, schreibt Noten ab von Bachs „Kunst der Fuge", von Johann Georg Albrechtsberger eine Anzahl von Fugen, hört Beethovens IV. Symphonie, während Theaterbesuche den Lehrerkandidaten „wahrscheinlich aus moralischen Gründen" (M. Wagner) versagt blieben. Später als Organist suchte er von 1855 bis 1861 Simon Sechter in Wien auf, der als Lehrer für Harmonielehre, Kontrapunkt, Kanon und Fuge am Wiener Konservatorium unterrichtete, um sich aber nicht nur in diesen musikalischen Fächern zu vervollkommnen, sondern auch die Position Sechters am Konservatorium anzustreben, die Bruckner später auch tatsächlich erhielt. Totale Identifikation mit dem Lehrer und mit dessen Musikverständnis!

Bei dem Theaterkapellmeister Otto Kitzler in Linz ließ sich Anton Bruckner in Formenlehre, Instrumentation und Komposition unterweisen. Die musikalische Produktion aus dieser Zeit (Apollomarsch, Festkantate, Streichquartett in c-Mol, 114 Psalm, Symphonie in f-Mol, etc.) wird von Anton Bruckner als „Schularbeiten" bezeichnet. Mit dieser Selbstbeurteilung pendelt Bruckner wieder in die Rolle des Schülers zurück, womit die Auseinandersetzung mit Autorität aber fortgesetzt wird. Dies lässt sich auch an den verschiedenen Fassungen der Symphonien aufzeigen; die 3. Symphonie und die 4. Symphonie liegen jeweils in drei, die 1. und die 8. Symphonie in je zwei Fassungen vor. Von keinem der Zeitgenossen Bruckners sind derartige Revisionen der eigenen Werke bekannt. Dem Dirigenten Hermann Levi, der sich der Urfassung der 8. Symphonie gegenüber völlig ablehnend verhalten hat, schrieb Bruckner im Februar 1888: „Freilich habe ich Ursache, mich zu schämen - wenigstens für dieses Mal - wegen der 8. Ich Esel.". Die 8. Symphonie hat Bruckner immerhin dem Kaiser Franz Josef gewidmet. Stimmt das alles überein? Ist er wieder zum sich schämenden Schüler geworden, dem Wiederholungsprüfungen auferlegt werden? Auch die hartnäckigen Anstrengungen Bruckners, sich unaufgefordert Prüfungen zu unterziehen, die er auch mit großer Bravour meisterte (Empfehlung als Lehrer der Musik an Konservatorien und zur Unterweisung von Lehramtszöglingen, ausgestellt vom Prüfungskollegium der Direktion der Gesellschaft der Musikfreunde in Wien), betonen die scheinbar widersprüchliche Haltung Bruckners als musikalischen Lehrer, der sich als aufstrebenden Schüler empfindet.

Im Jänner 1873 - mitten in einem Schaffensschub mit der 3. Symphonie - richtet Bruckner ein Gesuch an den Unterrichtsminister Dr. Karl von Stremayr, in dem er um „eine bleibende, im Budget gesicherte und vorgesorgte Subvention" bittet, damit er - „dem seit vielen Jahren mich leidenschaftlich erfüllenden Drange zum Komponieren folgen" könne. In diesem Gesuch wird der Anspruch Bruckners, als Komponist ernster genommen zu werden, deutlich; Bruckner strahlt ein Selbstwertgefühl aus, das über die Schaffensperiode bis zum Beenden der 5. Symphonie hinüberreicht. Zugleich kommt aber auch die alte Sorge Bruckners um seine ökonomische Existenz zum Vorschein, die ihn seit den Kindertagen in Ansfelden (knappe Einkünfte des Vaters), auch in seiner Wiener Zeit („musste schon im September (1874) und später wieder Geld aufnehmen, wenn es mir nicht beliebte, zu verhungern. Kein Mensch hilft mir ...."), bis zu seinen letzten Lebensjahren (bittet „aus Krankheitsrücksichten um gnädige Enthebung von der Dienstleistung unter Belassung seiner Bezüge") begleitet hat. In dieser Hinsicht hat Bruckner gefühlsmäßig die äußere Situation seines Vaters nie verlassen - gleichzeitig ist er bestrebt, die in ihn - auch vom Vater - gesetzten Erwartungen als Komponist zu erfüllen.

Als Bruckner am 31. Juli 1890 eingeladen wurde, bei der Vermählung der Kaisertochter Erzherzogin Marie Valerie mit Erzherzog Franz Salvator in Bad Ischl die Orgel zu spielen und um seine Forderungen gebeten wurde, verlangte er, dass er schon einige Tage vor dem Ereignis in Ischl sein möchte, dass ihm während dieser Zeit ein Orgelbauer zur Verfügung stehe und im Übrigen genüge ihm ein Strohsack in einem Schulzimmer, da er ja schließlich Lehrer sei.

Zu diesem Zeitpunkt ist Bruckner fast 66 Jahre alt, er weiß, worauf es bei diesem Auftritt ankommt, er kennt seine Ressourcen, er ist einerseits der Lehrer (wie der Vater), der mit geringem Komfort auszukommen versteht, und andererseits ist er der musikalische Meister, der bestellt, wen er braucht, der „unsträflich seinen Weg" beschreitet und gewinnt. Immerhin hat Bruckner zwei später berühmt gewordene Schüler: Gustav Mahler und Hugo Wolf.

Harmonia ecclesiastica
Kindheit und Jugend Anton Bruckners waren - wie damals in Lehrerkreisen üblich - von tatkräftiger Religiosität geprägt. Orgelspiel, Ministrieren, Versehgänge. In St. Florian, wo Bruckner nach dem Tod des Vaters aufgenommen wurde, begegnete ihm Religiosität in anderer Form: Ein barockes Stiftsgebäude mit Marmorsaal, Sommerrefektorium, Stiftsbibliothek, Kaiserzimmer, Stiftskirche mit dem größten Orgelwerk Österreichs. „Zunächst war des Lernens kein Ende", schreibt Max Auer in seiner Bruckner-Biographie. Als Sängerknabe war Bruckner bei der Familie des Schulleiters Michael Bogner untergebracht. In den „nakten Sätzen", die Bruckner im Frühjahr 1838 ausfüllte, ergänzte er: „Wenn wir unser Herz (Bruckner ergänzte hier zu sehr) an das Zeitliche hängen, werden wir das Wichtigere, welches das Ewige ist, vergessen". Und die 53. Aufgabe: „Weil Gott in unser Herz sieht, so kann man sich nicht im geringsten Gedanken versündigen, ohne dass er es weiß". Geben diese beiden Satzergänzungen die Orientierung wieder, nach der Bruckners Leben - und nicht nur das spirituelle - verlaufen ist? Nicht zu sehr dem Zeitlichen sich verpflichten und wissen, dass Gott alles weiß. Nichts kann vor Gott verheimlicht werden. Das hat Konsequenzen.

Von 8. Mai bis 8. August 1867 musste sich Bruckner wegen Depressionen und nervöser Überreizung in der Kaltwasserheilanstalt Bad Kreuzen einer Kur unterziehen. Gänzliche Verkommenheit, gänzliche Entnervung und Überreiztheit, die Ankündigung von Irrsinn durch einen Arzt begleiteten ihn. Wahnideen und Zählzwang füllten ihn aus. Auslösend für diesen Zustand war vielleicht eine unbefriedigend endende Liebesaffäre mit einem Linzer Mädchen, außerdem fühlte sich Bruckner in Linz unverstanden und vereinsamt. Vielleicht spielte auch ein bis heute unbewiesenes Gerücht mit, dass Bruckner in Linz ein uneheliches Kind gezeugt habe. Hat Bruckner doch ein wenig seine Intentionen an das Zeitliche gehängt, wohl wissend, dass Gott in sein Herz blickt? Resultieren daraus Schuldgefühle und Selbstvorwürfe, die er nicht anders bewältigen konnte als durch eine depressive Phase? Haben Bruckner die „nakten Sätze" aus seiner Florianer Schulzeit eingeholt?

Eng im Zusammenhang damit stellt sich die Frage, ob diese Vorgänge nicht für Bruckner prägend waren, so dass seine späteren Versuche, eine Frau zu finden, durch diese Einstellung zum Zeitlichen wie zum Ewigen, durch das Gefühl, sich im geringsten Gedanken (der gar nicht so gering ist!) zu versündigen, von vorne herein zum Scheitern verurteilt waren? Bruckner konnte einfach nicht das entsprechende Gefühlsrepertoir aufbringen, ohne sich schuldig zu fühlen, er war im Herzen nie frei genug dazu.

Wenn auch Wolfgang Stähr betont, dass „Bruckners Verhalten gegenüber dem weiblichen Geschlecht nach den katholischen Maßstäben seiner Zeit völlig normal" war, so war doch seine Ängstlichkeit Frauen gegenüber auffallend oder zumindest einer Beziehungsaufnahme nicht förderlich. An einem Beichttag Bruckners „durfte grundsätzlich keine Besucherin oder Verehrerin zu ihm vorgelassen werden" (Stähr), wenn schon gar nicht anders, dann vermied er den direkten Körperkontakt beim Händeschütteln mit einem weißen Wollhandschuh. Am 19. Mai 1888 hatte Bruckner nach einem Gespräch mit seinem Beichtvater im Tagebuch notiert. „FR (Auen) und M (Ädchen) auch bloße Hand erlaubt zu geben". Selbst im höheren Alter hat Bruckner Besucherinnen nur in Gegenwart einer „Anstandsdame" empfangen. Man kann sich nicht im geringsten Gedanken versündigen, ohne dass Gott es weiß. Hatte Bruckner, der das Tedeum und später die unvollendet gebliebene 9. Symphonie laut mündlicher Überlieferung dem Allmächtigen, dem lieben Gott, gewidmet hat, Angst davor gehabt, gewisse Gedanken bloß im Entferntesten anzudenken? Ob in dieser praktizierten religiösen Ausrichtung die Lehrjahre im barocken Stift St. Florian zum Ausdruck kommen oder die Regeln seiner wichtigsten Beichtväter der Wiener Zeit, der Jesuitenpatres Carl Schneeweiß und Karl Graff, mag dahingestellt bleiben. Als Bruckner am Sonntag, dem 19. Juli 1896, wegen starken Regens und empfindlicher Kälte der von ihm verlangte Kirchenbesuch von dem anwesenden Arzt Dr. Richard Heller verweigert wurde, glaubte Bruckner „man wolle ihn seiner Freiheit berauben" (Max Auer). Dr. Heller musste darauf in 3-facher Ausfertigung zur Beruhigung des kranken Bruckners folgende Zeilen verfassen: „Nachdem Herr Prof. Dr. Anton Bruckner sich bis in sein hohes Alter um die Kunst hoch verdient gemacht hat, soll er immer seine volle Freiheit (sobald er genesen ist) haben und überhaupt sein ganzes Leben voll und voll genießen". „Voll und voll genießen", hatte Bruckner mit Nachdruck diktiert (Auer).

Freiheit, um seinen Regungen, seinen Gefühlen, seinen inneren Regeln nachkommen zu können? Volle Freiheit vom Zeitlichen, das dem Ewigen entgegenstehen könnte, volle Freiheit vor und für Gott?! Vieles bleibt im Geheimnisvollen.

Zusammenschau

Worin kann das quälend Unbedingte für einen Menschen bestehen? Am Beginn einer Umbruchszeit - der Pubertät - hat Anton Bruckner seinen Vater verloren. Ihm und seinen Intentionen folgte er nach: unbedingt. Wurde Lehrer wie Vater und Großvater, wurde Organist, ließ sich von dem Harmonielehrer Simon Sechter ausbilden, folgte ihm als Lehrer im Konservatorium nach, unbarmherzig sich selbst gegenüber und trotz ausbleibenden Aufführungserfolgen verfolgte Bruckner seine kompositorische Tätigkeit, unbedingt und manchmal quälend. Bruckner wird Lektor an der Wiener Universität, erhält später das Ehrendoktorat der Philosophischen Fakultät der Wiener Universität. Immer zugleich Lehrer und Schüler, zugleich sich Unterwerfender und Meister.

Quälender, viel quälender war seine religiöse Ausrichtung; Bruckner hat kein persönliches Verständnis dafür gefunden, dass das Ewige sich auch im Zeitlichen abbilden und manifestieren könne (und müsse), die ihn quälende bipolare Ausrichtung, bedingungslose Unterwerfung unter das vermittelte göttliche Gesetz und Vermeidung, ja Verleugnung von emotionalen Bedürfnissen und autochthonen Ansprüchen, hat ihn nicht nur zu übertriebenen Skrupeln und Zwängen, sondern auch zu depressiven Stimmungseinbrüchen samt Schaffenskrisen geführt. Die Harmonia musica hat Bruckner dank der Identifikation mit Vater und Vaterfiguren (bis Richard Wagner) geschafft. Da hat ihn die Reihe von Leitbildern, Leitfiguren gestützt und vorangebracht. In der Harmonia ecclesiastica ist Bruckner dem quälend Unbedingten, das auch auf uns in verschiedenen Formen immer wieder zukommt, nur mit Mühe, mit Einbußen und Qualen zu Rande gekommen. Es ist allerdings Bruckner wiederum mit seiner Musik gelungen, einen Ausgleich zu finden. „Ihm (dem lieben Gott) muss ich einmal Rechenschaft ablegen". Dem lieben Gott hat Bruckner das Tedeum und die 9. Symphonie gewidmet. „Ob er sie angenommen hat, meine schwache Menschenleistung, ich weiß es nicht; ich will aber weiter wirken, damit mich einst bei der großen Abrechnung der liebe Gott nicht beim Schopfe nehmen und zu mir sagen kann: Lump, warum hast du dein Pfund nicht ausgenützt, das ich dir einst gab?" (Stähr). Könnte Gott „Lump" zu Bruckner sagen? Verbeugen wir uns nicht alle vor dieser Menschenleistung, die Bruckner „schwach" nennt? Und was könnte Gott einmal zu uns sagen? Eine Frage, mit der ich schließen will: Wird Gott auch zu uns sagen „Du Lump", wenn wir eine Frau, eine Partnerin gefunden, mit ihr gemeinsam Kinder aufgezogen haben, die heute verantwortungsvoll im Leben stehen, ohne ein Musikstück Gott gewidmet zu haben, aber mit Gott die Daseinsbürde meistern?

Literatur

Auer, M.: Bruckner, Zürich-Leipzig-Wien, 1923

Stähr,W. Ein unzerstörbares Credo; Die Frage nach der Religiösität Anton Bruckners; In: Die Symphonien Bruckners: Entstehung, Deutung, Wirkung; Renate Ulm (Herausg.) Deutscher Taschenbuch Verlag München, 1998

Wagner, M.: Bruckner; B. Schott´s Söhne, Mainz, 1983

Sabine Hannesen

AVE MARIA
Verkündigungen in der zeitgenössischen Kunst

Sehr geehrte Damen und Herren,

ich begrüße Sie ganz herzlich zu dem Vortrag über „Verkündigungen in der zeitgenössischen Kunst" und freue mich, dass ich Ihnen einen kleinen Einblick in meine Forschungsarbeit geben darf.

Seit einiger Zeit beschäftige ich mich mit zeitgenössischen Verkündigungs-Darstellungen an Maria. Die Säkularisierung und Aufklärung hat zur Folge gehabt, dass christliche Motive in der bildenden Kunst in den Hintergrund getreten sind. Die nahe liegende Schlussfolgerung, dass es kaum noch innovative Künstler gäbe, die sich mit dem Verkündigungs-Motiv auseinandersetzen würden, ist jedoch falsch. Es lässt sich vielmehr eine kontinuierliche Beschäftigung mit dem Thema feststellen, die in den letzten Jahren eher noch zugenommen hat.

Die biblische Hauptquelle, für eine Gestaltung der Verkündung an Maria, ist das Lukas Evangelium (1,26-38). Aus der Vielzahl möglicher Ansätze, sich dem Thema zu nähern, möchte ich Ihnen Arbeiten präsentieren, bei denen sich die Künstler mit traditionellen Verkündigungs-Gemälden aus früheren Epochen - zumeist aus der Renaissance - auseinandergesetzt haben. Einige dieser Werke waren auch in meiner >AVE MARIA < Ausstellung, im Rahmen des 1. Ökumenischen Kirchentages zu sehen.

Eines dieser bekannten Verkündigungs-Bilder aus einem früheren Jahrhundert haben Sie jetzt schon betrachten können. Es handelt sich um ein Gemälde von Tizian, das er 1540 malte. Es hängt in der Scuola Grande di San Rocco in Venedig (166x266 cm).

Gerhard Richter, einer der bedeutendsten lebenden Künstler, hat sich bisher nur dieses eine Mal ausdrücklich mit einem Thema der christlichen Ikonographie beschäftigt und bisher nur für diese Bearbeitungsfolge eine Bildvorlage aus der Kunstgeschichte gewählt. In den 3 x 3 Varianten nach Tizians Verkündigung wird seine intensive Auseinandersetzung mit der Farbe und den Malprozessen an sich erkennbar, die den Künstler Anfang der 70er Jahre besonders beschäftigte. Zuvor hatte er sich mehr mit den fotorealistischen Darstellungen befasst.

In Venedig sah Richter - neben dem Bilderzyklus der Christus-Geschichte von Tintoretto, die sich ebenfalls in der Scuola di San Rocco befindet und mit einer „Verkündigung" beginnt - auch das große querformatige Gemälde Tizians auf einer Staffelei stehen. „Diese für den Maler so ‚normale' Situation des Bildes hat Gerhard Richter besonders inspiriert. Nach eigenem Bekunden war es auch der Wunsch, ein solches Gemälde des großen Tizian zu haben, der zu dieser besonderen Form der Aneignung führte." (Helmut Friedel, aus „Warum") Er näherte sich dem Bild anhand von Postkarten und anderen Druckvorlagen. Ich zeige Ihnen die Bilder seiner mittleren Dreierfolge. Alle Gemälde sind 'alla prima' gemalt, d.h., die Farben wurden jeweils unmittelbar nebeneinander gesetzt und die Ränder zu den angrenzenden Farbflächen verwischt. Im Gegensatz dazu hatte Tizian sein Bild in Schichten aufgebaut. Richter wählte zwar eine andere Maltechnik, wandte diese aber so einfühlsam an, dass die bildbestimmenden Elemente, wie der Schwung der Bewegung, das leuchtend rote Gewand des Engels, das in die Tiefe ziehende Blau des Marienmantels und der goldgelbe Lichtstrahl sehr wohl erhalten blieben und nichts an Intensität und Dynamik des Vorbildes einbüßten. Richter vollzog mit seinem malerischen Ansatz eine Entwicklung vom Abbild zum Farbbild. Durch die Pinselspuren werden die Farben so miteinander vermischt, dass die Wirkung von der Tiefe und Schichtung entsteht. Je nach Rhythmus und Intensität scheinen sich Bildgründe zu öffnen oder zu schließen. Das erste Bild zeigt eine stärkere Farbigkeit - vor allem in dem roten Gewand des Verkündigungsengels, während - vermittelt über das zweite - in dem dritten Bild eine gedämpftere Tonigkeit vorherrscht. Richter interessierte in dieser Schaffensphase vor allem die gemalte Farbfläche als Darstellungsgrund von Licht und die Spuren der Bearbeitung. Durch seine individuelle malerische Umsetzung und Konzentration auf die drei Grundfarben Rot = Engel, Blau = Maria, Gelb = Licht und Geist, mit ihren spezifischen Farbqualitäten, gelingt es ihm, in seinen drei Gemälden für den Betrachter die Geschichte der Verkündigung auf diesem malerischen Wege nachzuvollziehen. „Wenn es bei der Verkündung um eine Fleischwerdung des Wortes geht - et verbo caro factum - dann verhält sich Richters Ansatz analog dazu. Die Farbe, also primär das Malmaterial, wird durch einen sinnstiftenden Logos solchermaßen bewegt und schließlich geordnet, dass ein (geistiges) Licht sichtbar wird." (s. o.). Dies vermittelt sich dem heutigen Betrachter umso mehr durch Richters Überführung des Gegenständlichen ins Malerisch-Diffuse, die den geistigen Gehalt noch unterstreicht.

1953 entstehen die ersten Übermalungen des österreichischen Künstlers Arnulf Rainer (*1929). Ursprünglich aus der Not heraus geboren, dass er nach dem Krieg kein Geld hatte, sich frische Leinwand zu kaufen, entdeckte er die Möglichkeit, stattdessen antiquarisch bereits ‚bemalte' Leinwände billig zu erstehen. Was oder wer etwas auf diese Leinwände gemalt hatte, war für ihn zu Anfang nicht relevant. Der Künstler gewöhnte sich so sehr an die ‚bemalten' Unterlagen, dass er geradezu dieser Stimulation bis heute bedarf und eine Art ‚horror vaciu' entwickelte. Aus Angst vor der leeren weißen Fläche nutzt er seitdem die Reibung mit vorgegebenen Bildern aus der Kunstgeschichte oder von Fotographien, um sie durch seine Übermalungen vehement in Besitz zu nehmen. Es gibt eine Reihe von Menschen, die Probleme mit Rainers Arbeitsweise und seinen künstlerischen Ausdrucksformen haben. Das resultiert sicherlich nicht zuletzt daraus, dass seiner ‚Technik' ein nicht zu leugnendes Quantum an Aggressivität innewohnt. Vorgefundenes, etwas von anderen kreativ Entwickeltes, wird von ihm in einem Akt scheinbar ‚wilder' Malerei und Zerstörung - wenn schon nicht ganz ausgelöscht - so doch zumindest massiv überlagert, verfremdet, aber dadurch auch neu geschaffen. Es ist also eine wirklich schonungslose Inbesitznahme und individuelle Umgestaltung, mit der wir in seinen Werken konfrontiert werden. Das ist nicht leicht zu ertragen. Es sind jedoch nicht nur fremde Werke, die der Künstler übermalt, sondern auch eigene Fotographien, z.B. Selbstbildnisse, die er einer solchen ‚rabiaten Behandlung' unterzieht. Auf den ersten Blick mag das Gewaltsame dominieren. Aber in Rainers Buch der Bibel-Übermalung sind Werke abgebildet, in denen offenbar wird, dass dem Künstler durch seine individuelle Übermalungs-Technik eine neue Akzentuierung des Geschehens oder der dargestellten Personen gelingt. Für mich ist seine übermalte Maria aus der Verkündigung von Matthias Grünewald solch gelungenes Beispiel:

Maria wird wie von weichen Wollfäden in vielen Schlingen und Windungen umsponnen. In ihrer dramatischen verzückten Haltung mit den gefalteten Händen und dem zurückgelehnten Kopf blickt sie wie aus einem Konkon heraus und ruft in uns nun noch einmal ganz neue Assoziationen wach. In meinen Augen hat diese einwebende Darstellungsart sehr viel ‚Weibliches'. Auch die Farbwahl des Himbeer-Rosa-Violett mutet feminin an. Die Linien erinnern in ihrer weichen Ausgefranstheit an Mohair-Wolle. Das Gesicht Mariens bleibt frei. Ihr Körper ist jedoch wie hinter einem Schleier-Gespinnst geheimnisvoll verborgen. Natürlich ist neben dieser ‚positiven' Interpretation - dass es sich um eine weiche Einbettung, d.h. um ein warmes Aufgehobensein in Gottes Ratschluss handelt - auch eine ganz andere Deutung möglich. Nämlich, dass Maria eher von den Wollfäden kontinuierlich eingewickelt, ja vielleicht sogar ‚stranguliert' und erstickt wird! Durch dieses Einspinnen könnte sie der Welt entrückt, den Blicken der Menschen entzogen sein. Sie wäre nur noch auf das Wunder der Gottesempfängnis in ihrem Leib konzentriert, ohne rechte Verbindung mehr zur Außenwelt? Freiwillig oder unfreiwillig gefangen in ihrem „fiat", aus dem es für sie nun kein Entrinnen mehr zu geben scheint? Dann würde man die Haltung ihrer Hände nicht mehr als hingebungsvolles Beten, sondern eher als ein verzweifeltes Händeringen deuten. Ihren Kopf hätte sie, in dieser Interpretationsweise, nicht mehr in gläubiger Verzückung nach hinten gelehnt, sondern eher aus einer Abwehrhaltung heraus. Aus Angst, es könne ihr Gesicht - zusätzlich zu der ‚Gebundenheit' ihres Körpers - auch noch ‚eingebunden' werden. Der freien Sicht beraubt, wäre sie schließlich gänzlich handlungsunfähig. Eine sozusagen ‚gefesselte' Maria, ganz dem göttlichen Machtwillen unterworfen.

Am Beispiel dieser Interpretations-Zuspitzung wird deutlich, wie unterschiedlich die Wirkung eines Bildes ausfallen kann. Je nachdem, welcher Position oder Glaubensauffassung der einzelne Betrachter angehört, können Rainers Übermalungen also ganz verschiedene Bild-Bewertungen unterlegt werden. Wir sind demnach immer persönlich aufgefordert, Stellung zu beziehen und darüber zu reflektieren, welchem Deutungsweg wir den Vorrang geben wollen oder können.

Hatten wir bei dem letzten Bild die Figur Maria allein betrachtet, möchte ich Ihnen nun eine Einzeldarstellung des Engels in einer anderen Übermalung ARNULF RAINERs zeigen. Es handelt sich um die Figur des Gabriel aus dem Verkündigungs-Gemälde von Sandro Botticelli (1490) aus den Uffizien in Florenz.

Botticelli bringt eine gewagte Farb-Kombination aus drei kräftigen Rottönen. Rainer steht dem in nichts nach und lässt sich durch diese Vorlage zu einem wahren Farb-Feuerwerk inspirieren. Leuchtendes Rot und Rosé konkurrieren mit einem blendenden Gelb. Allein die Farben schildern uns die ungeheuere Dynamik, das unbegreiflich Himmlische, das da auf die Erde niederfährt, um zu verkünden, dass Maria vor Gott die Auserwählte ist, wenn sie seinem Heilsplan zustimmt. Man hat den Eindruck, dieser Engel besteht nur aus Feuer und Licht. Kaum noch etwas Körperliches ist an ihm zu erkennen - eben ein himmlisches Wesen, ein Bote Gottes, dessen Anblick wir Menschen in seiner ganzen strahlenden Macht nicht ertragen können. Dieser Engel verbreitet - wie kaum ein anderer - ein Sprühen und Glühen. Die irdischen Realitäten werden durch göttliche Macht verbrannt - außer Kraft gesetzt. So spricht der Engel zu Maria: „Die Macht des Höchsten wird dich überschatten.......". Bei dieser Betrachtung könnte man auch sagen: „Die Kraft und der Geist des Höchsten werden dich durchglühen." So, wie Rainer diesen Engel geschaffen hat, kann der Funke wirklich überspringen, um das Feuer der Liebe in den Menschen zu entfachen.

Bei den nächsten Bildern handelt es sich um Aufnahmen einer Ballett-Aufführung aus der Staatsoper Unter den Linden in Berlin im Mai 2001 des jungen französischen Choreographen ANGELIN PRELJOCAJ (*1959). Er lebt und arbeitet mit seiner eigenen Tanz-Gruppe in Aix-en-Provence und hat dieses Ballett inzwischen auch an anderen Orten gezeigt. Die Uraufführung dieses 30-minütigen Stückes für zwei Tänzerinnen fand 1995 in Lausanne statt. Die Aufführung ist teilweise unterlegt mit der „Crystal Music" von Stephane Roy sowie Musik aus dem „Magnifikat" von Antonio Vivaldi. Die „Cryral"-Klänge und Töne können zeitweise auch Geräusch-Charakter haben oder das Rufen spielender Kinder einblenden.

Der Choreograph fragt sich - und die Zuschauer - welchen Schlüssel die Idee der Verkündigung enthält und was durch dieses religiöse Ereignis in uns geöffnet werden soll. Die ambivalenten Reaktionen Marias, die in ihren Dialog mit dem Engel sehr wohl zuerst in Form des Erschreckens, Staunens und Zweifelns - ja sogar eines gewissen Widerspruchs („Wie soll das geschehen, da ich keinen Mann erkenne?") zum Ausdruck kommen und erst in ihrem abschließenden „fiat" ihre Auflösung finden, wirken auf den Künstler faszinierend. Aus seinem Berufsbereich heraus, greift er gerade auch die körperliche Komponente des Geschehens auf, die die Jungfräulichkeit Mariens betreffen. Diese Jungfräulichkeit wird in der bildenden Kunst traditionell durch den geschlossenen Garten, den „hortus conclusus" symbolisiert. Dr. Christiane Theobald, Ballettdramaturgin der Berliner Staatsoper, schreibt dazu in dem Begleitheft:" Das Eindringen des Engels in dieses intime Universum bringt die Ankündigung einer metabolischen Erschütterung ihrer körperlichen Unversehrtheit mit sich. (...) Diese seltsame Gleichzeitigkeit von Unterwerfung und Auflehnung, dieses Aufeinanderprallen von Raum und Zeit vermittelt uns, dass in demselben Moment, in dem die Nachricht verkündet wird, der biologische Prozess der Befruchtung einsetzt. Wir befinden uns in der Tat in einem Schöpfungsakt."

Für den Choreographen Preljokaj ist es verständlicherweise eine besondere Herausforderung, diesen „Schöpfungs"-Gedanken in Bewegung und Tanz umzusetzen. Ich war von der Aufführung begeistert und von dem psychologischen Einfühlungsvermögen und der Differenziertheit, mit der der Choreograph den biblischen Stoff in seinem Ballett bearbeitete. Ideal lassen sich auf der Bühne die verschiedenen Gefühle in einer zeitlichen Abfolge darstellen Bildende Künstler müssen sich für einen Moment des Verkündigungs-Geschehens entscheiden. Der Tanz kann das ganze Spektrum der wechselnden Empfindungen durch die Bewegung und Gesten veranschaulichen. Deshalb vermittelt diese Aufführung ein großartiges Gesamt-Erlebnis der Verkündigung in all ihren Schattierungen.

In manchen Szenen werden - für diejenigen, die mit dem biblischen Text vertraut sind - die entsprechenden Vorbilder dazu aus der Kunstgeschichte ganz deutlich. Hier ist an erster Stelle das Verkündigungs-Gemälde von Simone Martini von 1333 in den Uffizien von Florenz zu nennen. Die traditionelle Ikonographie wird von Preljokaj jedoch noch durch neue Handlungen erweitert, wie z.B. durch den Kuss! Eine künstlerische Innovation, die bei den Zuschauern wieder vielschichtige Interpretationen und Diskussionen auslösen kann.

Zwei berühmte Meister haben sich ebenfalls mit der Darstellung der Verkündigung an Maria beschäftigt. Andy Warhol verwendete in seiner Serigraphie-Folge für die Auseinandersetzung mit dem Thema nichts Geringeres als ein Gemälde Leonardo da Vincis!

Mit einem Studium für Graphische Gestaltung begann Warhols Karriere, und schon bald wurde er zum Hauptvertreter der Pop-Art. Die Anonymisierung der künstlerischen Produktion war sein Ideal. Seine „factory" verließ jedoch kein Werk, dass er nicht vorher begutachtet und geprüft hätte. In immer neuen Farb- Varianten und Bilder-Serien präsentierte er der Gesellschaft genauso die ‚Ikonen' des Konsums, wie berühmte Persönlichkeiten des öffentlichen Lebens oder ‚Highlights' der Kunstgeschichte.

Für seine Serigraphie wählte Warhol aus dem Leonardo-Gemälde nur den Ausschnitt der beiden Hände aus: Die im Redegestus erhobene linke Hand des Erzengels Gabriel und die elegant auf dem Lesepult ruhende rechte Hand Mariens. Eine Konzentration auf zwei Gesten. Eine Fokussierung auf eine verhaltene Kommunikation, durch zarte, in der Farbkombination teilweise geradezu phosphorisierende Linien hervorgehobene Gebärdensprache. Eine gestische Anrufung einerseits, eine Botschafts-Annahme andererseits.

In dem nächsten Werk wird versucht, das Phänomen des „mystisch Unfassbaren" der Verkündigung in ein Kunstobjekt zu übertragen und auf diese Weise ‚greifbar' zu machen. Die Berliner Konzept-Künstlerin SVENJA HEHNER (*1964) hat ein Objekt geschaffen, das aus einem blauen Sockel und einem fest darauf montierten Kästchen besteht. Blau ist wieder die Farbe Mariens, der Himmelskönigin. Das Kästchen ist bezogen mit der Abbildung einer Federlithographie von Joseph Heinemann aus der 2. Hälfte des 19. Jahrhunderts.

Dieses Kästchen darf der Betrachter öffnen. Hier findet eine Kommunikation bzw. Interaktion zwischen Betrachter und Kunstobjekt statt. Es ist innen mit schwarzem Samt ausgekleidet, und der Blick senkt sich in die ganze Tiefe des Sockels. Die Künstlerin hat ihrem Werk den Titel „Marias Geheimnis" gegeben. Der Betrachter öffnet also in gespannter Erwartung das Kästchen und findet außer einer tiefen – geradezu unendlichen – Dunkelheit nichts! Er kann weit in den Sockelschacht hineinfühlen, er wird im materiellen Sinne ‚nichts' finden. Es ist aber nicht ‚Leere', die hier gemeint ist, sondern eine wunderbare Veranschaulichung des Geheimnisvollen, des Unbegreiflichen der Verkündigung, die sich unseren Beleuchtungs- und Aufklärungsversuchen entzieht. Wir ‚wissen' nicht, was damals in Nazareth geschah, als die Macht des Höchsten Maria überschattete, und wir werden es auch mit allen wissenschaftlichen Methoden und allem Menschenverstand niemals wirklich herausbekommen können: Es bleibt für immer Marias Geheimnis!! Der Blick und der Griff ins gemeintlich Leere, ins ungewisse Dunkel, wirft den Betrachter auf sich selbst zurück und fordert ihn auf, über sein Staunen – vielleicht sogar über seine enttäuschte Erwartung hinaus – nun in sich selbst zu schauen, wie er sich zu diesem Rätsel stellen möchte.

Formal kann man in einem Sockel natürlich auch immer ein Phallus-Symbol erkennen und in dem Sockelschacht ein Sinnbild für die weibliche Vagina. Auch diese Aspekte schwingen in der Interpretation des Werkes mit, aber sie stehen nicht im Vordergrund. In seinem tieferen Sinn veranschaulicht diese Arbeit die Beschäftigung mit der menschlichen Irritation einem göttlichen Wunder gegenüber und möchte damit auf die Unerforschlichkeit, Unendlichkeit und auf das zeitlose Geheimnisvolle der Verkündigung verweisen.

Die Verkündigung an Maria erfährt in den Darstellungen zeitgenössischer Künstler ikonographische und stilistische Erweiterungen. Durch die Einflechtung in andere Sinnzusammenhänge oder eine Konzentration auf wenige Details werden neue Assoziationen beim Betrachter freigesetzt. Andere - aus Zeitmangel hier nicht vorgestellte - künstlerische Ansätze eröffnen noch einmal weitere Deutungs-Perspektiven. Die Auseinandersetzung mit dem christlichen Motiv bleibt auf diese Weise in der bildenden Kunst ungebrochen lebendig.

Svenja Hehner

1964 | Lebt und arbeitet in Berlin
svenjahehner@gmx.de

Marias Geheimnis | 2003 | Objekt auf Sockel | Kästchen zum Öffnen
Gesamt-Maße ca. 136 x 36 cm

Johannes M. Fox

Picasso, der Atheist, beschreibt durch seine Bilder »Kreuzigung« sein individuelles und das kollektive Leiden der Welt

Es ist schon erstaunlich, dass der Atheist Picasso das Thema Kreuzigung fast über seine gesamte Schaffensperiode hinweg immer wieder durchdeklinierte: 1896, 1903, 1915, 1918, 1926, 1929, 1930, 1932, 1938, 1951 und 1959, insgesamt 11-mal.

Abb. 1a links: Christus 1896 [Palau I 146; Museo Picasso Barcelona 110049] und Abb.1b rechts: Himmlische Vision 1903 [Palau I 873; Zervos XXII 6 (Kreuzigung)]

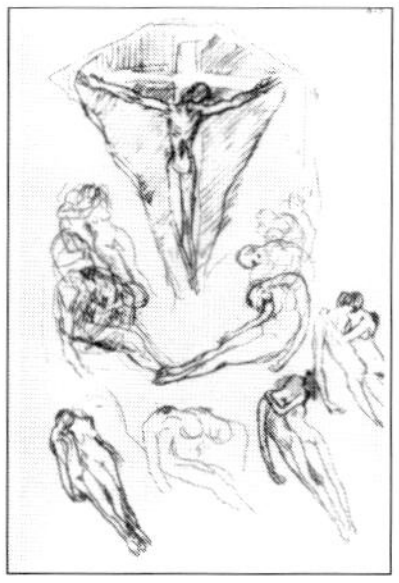

Es sind fast ausschließlich Einzelwerke, die unvermittelt im Oeuvre des Künstlers auftauchen, in jahrelangen Abständen voneinander, völlig isoliert und ohne einen Kontext zu der Thematik anderer Werke. Ihnen gemeinsam ist auch, dass Picasso nie eine seiner Kreuzigungen aus der Hand gegeben hat, was auf eine für ihn persönlich große Bedeutung schließen lässt. Daher haben Kunsthistoriker über die Anlässe für solche isolierten „Ausbrüche" gerätselt, und man hat gewagte Hypothesen gebildet und sogar Werke umdatiert, so dass sie besser in den Kontext der Hypothesen passten. Dass sich Picasso auf die christliche Ikonographie verstand – er kannte seine alten Meister und schätzte sie sehr -, haben Becht-Jördens und Wehmeier am Beispiel des Schlüsselwerks *La Vie (Das Leben)* exemplifiziert[1].

Abb. 2: Kreuzigung nach Grünewald 17.09.1932 [Zervos VIII 49]

Im christlichen Abendland ist die Darstellung der Kreuzigung das nicht überbietbare Symbol des Leidens in seiner brutalsten Form. Picasso nutzt die Kraft und die leichte Lesbarkeit dieser Symbolik, um die Brutalität von Leiden, seines eigenen Leidens als Künstler und Mensch und das der Menschen in Kriegen darzustellen. Er eignet sich die Ikonographie an, ohne irgendetwas von der dahinterliegenden Heilsbotschaft zu transportieren, da ist er Atheist.

So sehr es auch Bemühungen gegeben hat, Picassos *Kreuzigungen* einheitlich als Todes-, Kriegs- und Leidensmotiv zu interpretieren: Die gleiche Thematik ist nicht gleichbedeutend mit einer einheitlichen Aussage. Man muss daher mindestens vier Werkkomplexe unterscheiden:

- Christus am Kreuz - Eine Auseinandersetzung mit Todeserlebnissen (s. Abb. 1)
- Zitate von Werken anderer Künstler (s. Abb. 2)
- Die surrealistischen blasphemischen Passionsdarstellungen
- Kreuzigung und Stierkampf

Diese Darstellung hier beschränkt sich auf die surrealistischen blasphemischen Passionsdarstellungen.

Abb. 3: Kreuzigung 1926 [Palau III 1637; Zervos VII 29]

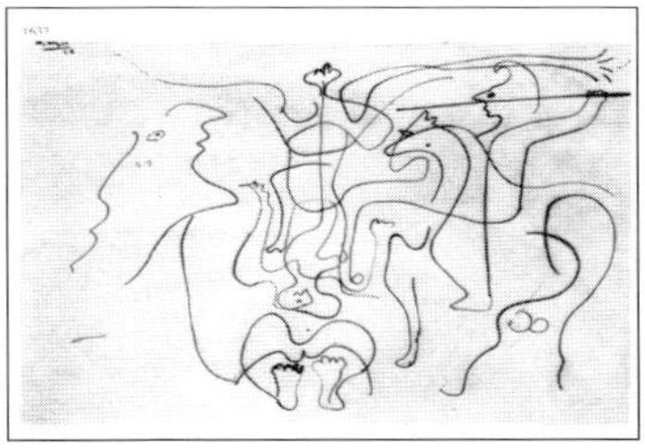

Im Frühjahr 1926 fertigt Picasso eine Tuschezeichnung *Kreuzigung* (Abb. 3): Christus hängt an einem imaginären Kreuz und scheint sich auf den Betrachter zuzubewegen, als ob er herabstiege, und gleichzeitig liegt er unter dem Kreuz, verhüllt durch ein Leichentuch, die nackten Füße dem Betrachter zugewandt. Rechts im Bild der Zenturio Longinus auf dem Pferd, die Lanze auf Christus gerichtet, links eine nur umrisshaft entworfene klagende Gestalt. Vor dem Kreuz angedeutet eine kopfüber hängende Figur. Diese Zeichnung steht in keinerlei Zusammenhang mit dem gleichzeitigen Oeuvre. So fragt Picassos Biograph Palau i Fabre mit Recht „Warum entstand diese *Kreuzigung* gerade damals, und was soll sie ausdrücken?" und findet darauf keine Antwort[2].

Abb. 4: Kreuzigung 1929 [Zervos VII 315]

1929 schuf Picasso die Bleistiftstudie einer vollständigen *Kreuzigungsszene*, in der er erstmals auch das Leitermotiv darstellt. Maria Magdalena hängt kopfüber vom Kreuz herab, eine Darstellung, die - in perverser Weise verstärkt - in der *Kreuzigung* von 1938 wiederkehren wird. Der Zenturio auf seinem Pferd stößt mit der Lanze unbarmherzig zu, und man fragt sich, ob die in Aufruhr befindlichen Personen der linken Bildhälfte die Kreuzabnahme vorbereiten. Vier weitere Vorläuferstudien[3] kulminieren in dem kleinen, sehr bedeutsamen Ölgemälde auf Sperrholz *Kreuzigung* von 1930.

Abb. 5: Kreuzigung 1930 [Z VII 287]

Wichtige Motive lassen sich ohne Schwierigkeiten erkennen: die kleine Gestalt des Gekreuzigten in der oberen Bildmitte; die ans Kreuz gelehnte Leiter mit einem Soldaten, der einen Nagel in die rechte Hand Christi schlägt, darunter – links von der Leiter - der miniaturhaft verkleinerte, wie ein Picador wirkende Zenturio mit der Lanze auf seinem Pferd. In der unteren Bildzone sehen wir zwei mit Würfeln spielende Soldaten sowie links davon die entseelten Körper der vom Kreuz genomme-

nen Schächer. Maria kann nur die weiße Gestalt vor dem Kreuz sein. Ihren Kopf mit dem großen, maulartig geöffneten, Zähne bestückten Mund hat Picasso nahezu identisch aus bewusst abwertenden surrealistischen Darstellungen Olgas übernommen, z. B. *Großer weiblicher Akt in rotem Sessel* (Abb. 6).

Abb. 6: Großer weiblicher Akt in rotem Sessel Mai 1929 [Z VII 263; MPP 113]

Bei Maria wird das furienhafte Gekeife Olgas zu einem Schreien unter Qualen. Die Bewegung der Jungfrau Maria ist ein letzter verzweifelter Versuch, ihren Sohn zu beschützen. Aus der heiligen Maria Magdalena ist eine idolhafte Figur rechts vom Kreuz mit übergroßem, scheibenartigem Kopf und flehend erhobenen Armen geworden. Als Verkörperung sexueller Ekstase erscheint sie erst wieder in der blasphemischen Tuschezeichnung *Kreuzigung* vom August 1938 (Abb. 7).

Nach Tristan Tzara[4] sei Anlass für dieses Bild gewesen, dass Picassos heimliche Geliebte und Lebensgefährtin der folgenden Jahre, Marie-Thérèse Walter, in einem Anfall von Frömmigkeit in der Fastenzeit 1930 sexuelle Enthaltsamkeit geübt habe. Picasso - wütend - habe sie nicht umstimmen können und aus seiner erzwungenen Enthaltsamkeit heraus das Gemälde *Kreuzigung* gemalt. Marie-Thérèse habe das Bild gemocht und sei stolz darauf gewesen, weil sie es als Zeichen sah, „dass Picassos Seele erreichbar war". Nun ist Tzara ein eher unzuverlässiger und diesbezüglich sicher ein zynischer Zeuge. Doch liefert diese Geschichte insofern einen interessanten neuen Aspekt, als nicht die furiose Eifersucht Olgas als Auslöser für Picassos Leiden und damit für dieses Bild angesehen wird.

Ruth Kaufmann[5] hat nachgewiesen, dass Picassos irritierende Kreuzigung von 1930 in die Bestrebungen der Surrealisten einzuordnen ist, alte Mythen und religiöse Heilslehren mit Mitteln der Psychoanalyse zu dechiffrieren und „Motive unterschiedlichster Herkunft synkretistisch zu neuen Mythologemen" zu kombinieren. Das geschieht hier in der Tat. Picassos surrealistisches Kreuzigungsbild ist ein Kompendium ekstatischer und sadistischer Motive, verbunden mit idolhaften Elementen und wohl auch Anspielungen auf den Mithraskult[6]. Das Golgatha-Geschehen ist nur der Darstellungsrahmen ohne irgendeine religiöse oder gar heilsgeschichtliche Bedeutung.

Mit den hier dargestellten Kreuzigungsszenen begab sich Picasso mit Mitteln des Surrealismus auf den Weg szenischer Darstellungen, weg von der statischen Bildkunst, die er sich seit dem Kubismus auferlegt hatte. Dies beschleunigte sein Bemühen, eindringliche eigene Darstellungsformen für Leid und Qual zu finden, die er sieben Jahre später in dem berühmten Wandbild für die Weltausstellung 1937

Guernica [Zervos IX 65] zu einem absoluten Höhepunkt führte. Mit Recht sind daher von den verschiedensten Autoren Bezüge zu *Guernica* hergestellt worden[7], und Picasso hat diese Zusammenhänge selbst belegt. Den extremen Zeichencharakter der Figuren von 1930 nahm Picasso in *Guernica* und den begleitenden Studien wieder zurück und wählte durchgängig eine mittlere Abstraktionsebene, die eindeutiger und umfassender Aussagen über unterschiedliche Zustände von Leid und Qual zuließ.

Abb. 7: Kreuzigung 1938 [Z IX 193; MPP]

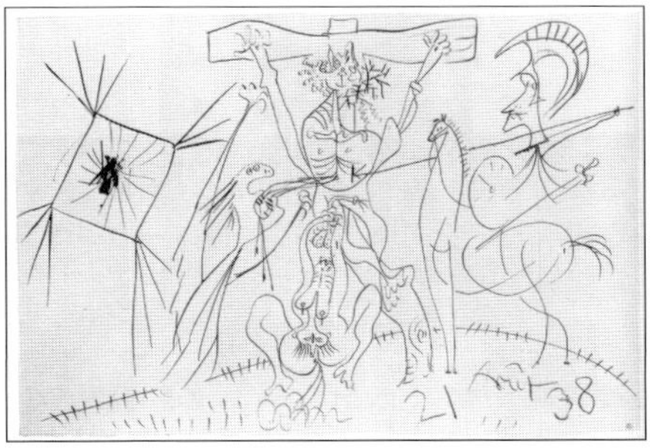

Im Sommer 1938 zeichnete Picasso eine auffallend sadistische *Kreuzigungsszene* (Abb. 7). Das auf den 21. August datierte große Blatt gehört zu den extremsten Aussagen in Picassos Werk. Der Gekreuzigte ist an einen gewundenen Stamm mit einem Querbalken geschlagen und schreit unter Todesqualen. Maria auf der linken Bildseite versucht in einem verzweifelten, pathologischen Akt die aus der Leibesmitte ihres Sohnes heraushängende Nabelschnur (oder Strahlen herausspritzenden Blutes) zu verschlingen (oder zu trinken), so als wolle sie ihr Kind wieder in sich aufnehmen. Zu Füßen des Gekreuzigten windet sich, völlig nackt, Maria Magdalena in sexueller Ekstase. Dabei entfahren ihr anale Winde. Ihre Vulva streckt sie dem Genitale Christi entgegen, dessen ejakulierenden Schaft sie beidhändig umfasst. Rechts im Bild stößt der auf einem Pferd sitzende Zenturio Longinus dem Sterbenden mit süffisanter Gleichgültigkeit den Speer in die Seite. Ganz links auf dem Blatt ist ein aufgespanntes quadratisches Tuch mit einem von Strahlen umgebenen Fleck zu sehen. Sicher zu Recht ist es als negierende Anspielung auf das Schweißtuch der Veronika gedeutet worden[8]: Anstelle des Abbildes des Hauptes Christi erscheint ein Nichts, ein explodierender schwarzer Fleck.

Picassos *Kreuzigung*szeichnung vom August 1938 ist, wie ihr heftiger graphischer Duktus ausweist, keine planvoll konzipierte Darstellung, sondern eine im Zustand akuter Erregung heruntergeschriebene schockierende Aussage. Sie verhöhnt die katholische Heilslehre durch gezielte Verspottung ihrer zentralen Heiligenfiguren und Glaubensinhalte. So als ginge es um gezeichnete Flüche. Die Mutter-Kind-Beziehung zwischen Maria und ihrem Sohn wird als orales Inkorporationsverlangen charakterisiert; die Bezüge zwischen Maria Magdalena und dem Gekreuzigten sind reduziert auf obsessive sexuelle Kontaktwünsche. Maria wird zu einer krankhaft-possessiven Mutterfigur, aus der verehrten Heiligen Maria Magdalena wird wieder eine Dirne mit hemmungsloser Triebhaftigkeit.

Bei der geradezu unerträglichen Blasphemie von Picassos Golgatha-Darstellung gerät aus dem Blick, dass die Gestalt Christi von jeglicher Verhöhnung ausgenommen wird. Es gibt bei Picasso heftigen antiklerikalen Spott, vehemente antikatholische (gegen Sakramente und kirchliche Lehren gerichtete) bildliche Kommentare und drastische literarische Ausfälle in seinen poetischen Texten, aber keine einzige abfällige Aussage über den Gekreuzigten. Christus verkörpert für Picasso zwar nicht den Erlöser, wohl aber den unschuldig Leidenden schlechthin[9]. Dieser ist er auch in der *Kreuzigung* von 1938.

Abb. 8 links: Frau mit Hahn Anfang 1938 [Z IX 109]

Erinnert sei an die von Picasso selbst legitimierte Deutung seines Gemäldes *Frau mit Hahn* (Abb. 8) als metaphorische Aussage über *»die Zerstörung hilfloser Menschheit durch die Mächte des Bösen«.* Weitaus entschiedener und offensichtlicher als es durch eine Tiermetapher möglich ist, repräsentiert der ans Kreuz geschlagene Christus die malträtierte, *»hilflose Menschheit«.* Das eigentliche Thema von Picassos blasphemischer Kreuzigung vom August 1938 ist völliges Ausgeliefertsein. Kein Teil des Körpers Christi wird verschont, eine perverse Potenzierung der ohnehin schon sadistischen römischen Kreuzigungsrituale.

Als diese blasphemische Zeichnung entstand, ging der Spanische Bürgerkrieg seinem blutigen Ende entgegen. Führende Vertreter des spanischen Katholizismus gehörten zu den entschiedenen Protagonisten Francos. Sie befürchteten, die Reformvorhaben der liberalen Republikaner würden ihren traditionell starken Einfluss in Spanien und ihren erheblichen Grundbesitz gefährden. Deshalb deklarierten sie den Bürgerkrieg zum Glaubenskrieg. Primär ist die *Kreuzigung* von 1938 daher ein antiklerikales Antikriegsbild, das die Leiden des spanischen Volkes heraufbeschwört.

Abb. 9: Eine christliche Marquesa 1937/38 [Zervos VIII 375]

178 EINE CHRISTLICHE MARQUESA, 1937/1938

Es gibt einen sehr sprechenden Beleg für Picassos Zorn und Verbitterung über die Scheinheiligkeit des spanischen Katholizismus, der sich marokkanischer, also muslimischer, Truppen bediente, um das christliche Spanien und die Heilige Jungfrau gegen Republikaner, Anarchisten und Kommunisten zu schützen: Ein kleines undatiertes satirisches Gemälde (Abb. 9). Dargestellt ist eine bewusst abwertend charakterisierte spanische Adelige, die von einem Balkon herab Francos marokkanischen Söldnern Geld zuwirft. Hinter ihr hat Picasso auf einen Mauerteil geschrieben (zu Deutsch): Bildnis einer Marquesa, eines christlichen Arschlochs, das maurischen Soldaten, als Beschützern der Heiligen Jungfrau, eine Münze zuwirft[10].

Das ist der Krieg! Er korrumpiert alle Ethik, alle Religion und alle Menschlichkeit!

Referenzen:
1 Becht-Jördens, Gereon und Wehmeier, Peter M.: Picasso und die christliche Ikonographie - Mutterbeziehung und künstlerische Position. Reimer, Berlin 2003
2 Palau i Fabre, Josep (III): Picasso 1917-1926 - Von den Balletts zum Drama. Könemann, Köln 1999, S. 461
3 Glimcher Arnold und Marc (Hrsg.): Je suis le Cahier - Die Skizzenbücher Pablo Picassos. Rowohlt, Reinbek 1986, Nr. 89
4 Tzara, Tristan, zitiert nach MacGregor-Hastie, Roy: Picasso's Women. Lennard, Luton 1988, S. 125
5 Kaufmann Ruth: Picassos Kreuzigung von 1930. In: Kat. Picasso Todesthemen, Bielefeld 1984, S. 95-106; [engl. In: Burlington Magazine, Sept. 1969].
6 Kaufmann, a. a. O. S. 98
7 Kaufmann, a. a. O.,S. 103
8 Gasman, Lydia: Mystery, Magic and Love in Picasso. Dissertation, Ann Arbor Univ. Michigan und London 1981, S. 1077; zitiert nach Ullmann a. a. O.
9, 10 adaptiert nach: Ullmann, Ludwig: Picasso und der Krieg. Kerber, Bielefeld 1993, S. 186-191

Nachweis der Abbildungen:
Abb. 1, 1b: Palau i Fabre (I), Josep: Picasso 1881-1907 - Life and Work of the Early Years. Phaidon, Oxford 1981
Abb. 2, 5, 6: Rubin, William: Pablo Picasso - A Retrospective. (Katalog MoMA). Thames & Hudson, London1980
Abb. 3: Palau i Fabre, Josep (III): a. a. O.
Abb. 4, 7, 9: Ullmann a. a. O.
Abb. 8: Warncke, Carsten-Peter und Walther, Ingo F.: Pablo Picasso 1881-1973. Taschen, Köln 1991

Hartmann Hinterhuber

Kardinal Markus Sittikus von Hohenems und die Hinrichtung seines Sohnes

Ein Beitrag zur historischen Psychotraumaforschung

Eine Arbeitsgruppe der Univ.-Klinik für Psychiatrie Innsbruck widmet sich der Erforschung der posttraumatischen Belastungsstörungen. In diesem Zusammenhang beschäftigen wir uns auch mit der historischen Traumaforschung, somit mit der Frage, wie historische Persönlichkeiten psychische Traumata in der Vergangenheit bewältigt haben. Im Rahmen eines Studiensemesters meiner Tochter Veronica in Rom wurde unsere Aufmerksamkeit auf Kardinal Markus Sittikus von Hohenems gelenkt (Abb. 1).

Abb. 1

Abb. 2

Kaum einer der vielen Paläste Roms trägt den Namen einer nichtitalienischen Familie, nur ein einziger leitet seine Bezeichnung von einem Geschlecht jenseits der Alpen ab: Der großartige Palazzo Altemps (Abb. 2) in unmittelbarer Nähe der Piazza Navona wurde von Kardinal Markus Sittikus von Hohenems zu einer prachtvollen Residenz umgestaltet. Baumeister war einer der bekanntesten Architekten der Spätrenaissance, Martino Longhi d. Ä. Heute ist er Teil des Römischen Nationalmuseums und beherbergt eine der schönsten archäologischen Sammlungen Europas. Charakteristisches Merkmal des Palazzo Altemps ist der von Martino Longhi il Vecchio errichtete Turm. In der Architekturgeschichte ist diese von einem Steinbock - das Wappentier der Hohenemser - gekrönte Altane der Prototyp der dekorativen Loggientürme (Abb. 3). Durch dieses Bauwerk, das gleichzeitig mit der Kuppel von St. Peter fertig gestellt wurde, demonstrierte ihr Auftraggeber, Kardinal Markus Sittikus von Hohenems, seine Machtfülle und seinen gestalterischen Willen.

Abb. 3

Der Hof, von Antonio da San Gallo d. Ä. begonnen und von Martino Longhi vollendet, eröffnet dem Besucher sofort einen Einblick in die Bedeutung der Hohenemser (Abb. 4). Alle Loggienbögen sind abwechselnd mit dem Familienwappen der Grafen von Hohenems, jenem des Kardinals Markus Sittikus von Hohenems und dem seines Sohnes Robert geschmückt; letzteres ist als Allianzwappen

Hohenems-Orsini gestaltet. Der Innenhof barg, wie der gesamte Palast, eine außerordentliche Antikensammlung, die zu den größten ihrer Zeit zählte. In der Mitte steht ein großer, wieder mit den Hohenemser Wappentieren geschmückter Brunnen (Abb. 5).

Abb. 4

Abb. 5

Der Palazzo Altemps galt nach dem grandiosen Palast des Kardinals Farnese als der schönste und bequemste von Rom, in Bezug auf die Bequemlichkeit übertraf er sogar den Farnesischen (Welti S. 119). Markus Sittikus von Hohenems, der seinen Namen in Altemps latinisieren ließ, stammt aus dem Geschlecht der Ministerialien von Hohenems in Vorarlberg, dem westlichsten österreichischen Bundesland (Abb. 6). Im ausgehenden Mittelalter kämpften seine Ahnen als Landsknechtsführer in Deutschland und Italien. Einer der mächtigsten war Markus Sittich, der um 1525 maßgeblichen Anteil am kaiserlichen Sieg in der Schlacht bei Pavia hatte. Erfolgreicher war er jedoch in der Heiratspolitik, als er seinen Sohn Wolf Dietrich mit Chiara von Medici verheiraten konnte. Dieser Verbindung entsprangen drei Töchter und fünf Söhne, einer davon wurde nach seinem Großvater Markus Sittikus getauft. Den rasanten sozialen Aufstieg erlebten die Hohenemser, als Chiaras Bruder, Gian Angelo de Medici, 1549 zum Papst gewählt wurde. Als Papst Pius IV. förderte er nicht nur seine eigenen Familienangehörigen - seinen Neffen Carlo Borromeo ernannte er zum Kardinal und Erzbischof von Mailand - sondern sorgte sich auch für seine emsischen Verwandten.

Abb. 6

Bis dorthin war Markus Sittikus als Landsknechtführer in Italien, im Elsass und in Deutschland tätig. Ihm schwebte kein anderes Ziel vor Augen, als einer der mächtigsten kaiserlichen Feldherren in die Geschichte einzugehen.

Erst die Wahl seines mütterlichen Onkels Gian Angelo de Medicis zum höchsten Amt der Kirche bewirkte bei Märk Sittich einen Gesinnungswandel: Er entsagte sogleich seinem geliebten Kriegshandwerk, um dem geistlichen Stand näher treten zu können! Gemeinsam mit seinem älteren Bruder Jakob Hannibal reiste Märk Sittich nach Bekanntwerden des günstigen Ausganges des Konklaves nach Rom, wo beide wohl durch ihren Mangel an Geistesschulung und Gewandtheit auffielen, andererseits sich aber wegen ihrer Kriegserfahrung bald Achtung zu verschaffen in der Lage waren. Als erstes schickte Papst Pius IV. seinen Neffen, der sich nun Markus Sittikus nannte, als päpstlichen Gesandten zu Kaiser Ferdinand I., um diesem offiziell die Thronbesteigung Gian Angelos anzuzeigen.

Markus Sittikus wurde schnell zum päpstlichen Kammerkleriker ernannt und mit dem kalabrischen Bistum Cassano Ionio bedacht. Durch die Beziehungen der Hohenemser zu Konstanz am Bodensee war dort für Markus Sittikus bald eine Domherrenstelle gefunden. Durch tatkräftige Schützenhilfe seines Schwagers Hans Werner von Raitenau wählte das Domkapitel Markus Sittikus 1561 zum Bischof von Konstanz. Zu dieser Zeit war dieser bereits seit acht Monaten im obersten Senat der Kirche vertreten: Am 16.02.1561 wurde er zum Kardinaldiakon erhoben. Am 10.11.1561 entsandte der Papst den theologisch kaum gebildeten, knapp 28-jährigen Markus Sittikus als seinen Legaten zum gerade wieder einberufenen Konzil nach Trient. Der reformeifrige Kardinal und päpstliche Staatssekretär Karl Borromäus - ein Vetter unseres Hohenemsers - hatte kurz vorher den Konzilteilnehmern noch versichert, es wäre für den Fortgang der Arbeiten von Nutzen, wenn ein deutscher Kardinal in leitender Funktion daran teilnehme. Markus Sittikus war für diese Legation durch die fehlenden Fachkenntnisse gänzlich ungeeignet und erwies sich bald als überfordert. Der Vertreter des Tiroler Landesfürsten kommentierte den Einzug des fünften päpstlichen Legaten kritisch-ernüchternd: Der "bäpstlichen heiligkeit legat (ist) einer, so erst das vatter unser lateinisch petten lernt". Wie befürchtet, konnten die Erwartungen und Hoffnungen, die in den päpstlichen Legaten gesetzt wurden, von Markus Sittikus nicht erfüllt werden. Trotzdem gelang es ihm, durch sein aufgeschlossenes und kontaktfreudiges Wesen vielfach ausgleichend zu intervenieren und somit auch den Fortgang der Konzilsarbeit zu beeinflussen.

Am 22.10.1562 verließ Markus Sittikus endlich im Einverständnis mit Pius IV. Trient und kehrte nach Rom zurück. Dort gelang es ihm, seine Machtposition konsequent auszubauen und einen beherrschenden Einfluss auf die Kurie einzunehmen. Bald wurde er zum Kardinal ernannt und war als Nepote des Papstes einer der mächtigsten Kirchenfürsten seiner Zeit.

In den sieben Papstwahlen zwischen 1565 und 1592 wurden stets Persönlichkeiten gewählt, die er förderte und die ihm wohlwollend begegneten. Durch die gewaltigen Einkünfte, die er sich zu verschaffen wusste, konnte Markus Sittikus das Leben eines Kirchenfürsten im Stile der Spätrenaissance führen, er war prunkliebend und verschwenderisch, neigte aber auch zu Zornausbrüchen und Gewalttätigkeiten. Grundlage seiner konsequenten Besitzpolitik war die Enteignung der Latifundien, die den Nepoten des Papstes Paul IV. gehört hatten. In einem Aufsehen erregenden Prozess hat Pius IV. am Beginn seines Pontifikates mit seinen Vorgängern abgerechnet! Ein beträchtlicher Teil dieses Besitzes wurde dann aber unter die Verwandten des Medici-Papstes aufgeteilt!

Abb. 7

Seiner Lebensgemeinschaft mit Camilla Bonfigli aus Genua entsprangen zwei Kinder, sein Sohn Robert (Abb. 7) und eine Tochter namens Altea, die als Nonne im Kloster Tor de Specchi in Rom lebte und ein aufschlussreiches Manuskript hinterließ, von dem noch zu sprechen sein wird. Auch nach dem Ende des Pontifikates seines Onkels behielt er seine Machtfülle bei, die er durch geschickte gesellschaftliche Verbindungen beträchtlich zu vermehren in der Lage war. Seinen Sohn verehelichte er mit Cornelia Orsini und stellte somit eine Nähe zu einer der einflussreichsten römischen Familien her. Durch die komplette Aneignung des Lebensstils der Renaissance waren Papst und Kardinäle radikal verweltlicht. Auch Markus Sittikus von Hohenems verfolgte als Kirchenfürst eine Familien- und Kunstpolitik in großem Stil und lebte konsequent seine weltlichen Interessen, diesen hat er seine ganze Tätigkeit zugewandt. Markus Sittikus erwies sich stets als kluger Taktiker. Er sammelte zuerst Geschäftskenntnisse, dann Macht, Besitz und Reichtümer. Er lebte so ungeistlich wie nicht wenige seiner Kardinalskollegen, er zelebrierte seinen Reichtum und verstand es, seinen Sohn fürstlich zu versorgen. So war auch er mehr Pater familias als Cardinalis ecclesiae! Stets war er der Kunst und den Künstlern zugetan und engagierte sich als großer Mäzen. Auch verstand es Markus Sittikus hervorragend, sich in das Rampenlicht der Öffentlichkeit zu rücken. Er besaß die größte Antikensammlung seiner Zeit und eine der beachtetsten Bibliotheken, er förderte die Künste und schuf in seiner Villa Mondragone in Frascati ein gesellschaftliches Zentrum, in dem sich Päpste und Könige, Kardinäle und Fürsten trafen. 1582 unterzeichnete in Mondragone Papst Gregor XIII. die Bulle zu der nach ihm benannten Kalenderreform.

Leben und Tod von Robert von Hohenems, Herzog von Gallese

Markus Sittikus von Hohenems erwies sich als fürsorglicher Vater: Er erwirkte, dass Papst Sixtus V. seinen Sohn Robert bereits in sehr jungen Jahren zum Gouverneur des Borgo, des St. Peter vorgelagerten Stadtteiles, ernannte, er übertrug ihm die Latifundien von Montecompatri, die er von Marc'Antonio Colonna erworben, hatte und auch jene von Soriano und Gallese. Letztere wurde - auf Intervention des Kardinals - von Papst Sixtus V. zum Herzogtum erhoben.

Robert von Hohenems war somit Herzog von Gallese, Markgraf von Soriano und Rocchette und Herr von Mesuraca. Die väterliche Fürsorge stattete Robert wahrlich fürstlich aus. Zum Schluss erhielt er noch die prachtvolle Villa von Mondragone. Alles zielte auf ein vielfach abgesichertes, mit vielen Machtpositionen ausgestattetes Leben hin. Diese Sicherheit wurde abrupt unterbrochen, als Robert in jugendlichem Übermut eine Damigella von Don Ortensio Frangipane entführte! Robert wurde daraufhin von Rom entfernt und als Milizkommandant nach Avignon beordert. Bis vor wenigen Jahren nahm man an, dass er dort in jugendlichem Alter von 20 Jahren den Tod gefunden hätte. Vor seiner Abreise ehelichte er noch Cornelia Orsini, die ihm einen Sohn gebären wird. Zu Ehren des großen Ahnen, des Papstes Pius IV., erhielt er dessen Vornamen Giovanni Angelo.

Im Zuge der Renovierungsmaßnahmen des Palazzo Altemps gelang dem römischen Superintendanten Francesco Scoppola eine Aufsehen erregende Entdeckung. Er fand in der Biblioteca Apostolica Vaticana ein bisher unbekanntes Manuskript, in dem Roberts Schwester Altea, Nonne im Kloster Tor dei Specchi, dessen letzte Lebenswochen beschrieb. Darin offenbart sie, dass Robert nicht in Avignon zu Tode gekommen sei, er kehrte im Gegenteil nach einem erfolgreichen Feldzug siegreich nach Rom zurück. Robert wurde aber beobachtet, wie er zu nächtlicher Stunde aus dem Hause einer Witwe trat, er wurde gefangen genommen, vor Gericht gestellt und als überführter Ehebrecher nach den von Sixtus V. erlassenen sehr strengen Sittengesetzen zum Tode verurteilt. Alle Eingaben und Vorsprachen des Vaters wurden vom Papst brüsk zurückgewiesen, fruchtlos waren auch die Gnadengesuche vieler Botschafter und von 13 Kardinälen des Hl. Kollegiums. Robert von Hohenems wurde in der Nähe der Engelsbrücke am 8.11.1586 enthauptet. Die beschuldigte Witwe wurde ausgepeitscht, deren zwei Kinder zur weiteren Obsorge einem Kloster anvertraut! Der Vorwurf des Ehebruchs kam Sixtus V. mit Sicherheit gelegen, um Robert als Störenfried familiärer Interessen auszuschalten (Scoppola 1993, Seite 620). Verschiedene Ämter, die der mächtige Kardinal seinem Sohn Robert vermitteln konnte, wurden nämlich auch vom Neffen des Papstes beansprucht. Obwohl Sixtus V. das Gouverneursamt im Borgo an Robert von Hohenems verliehen hatte, hatte er dieses aber gleichzeitig auch seinem Neffen Michele Damascheni Peretti übertragen, wohl in der Hoffnung, dass Robert nicht mehr von Avignon zurückkehren möge.

7. Die Bewältigung des Traumas beim Vater, Kardinal Markus Sittikus von Hohenems, und beim Sohn, Johannes Angelus Graf Altemps, Herzog von Gallese

In seinen Bemühungen um die künstlerische Ausschmückung seines Palazzo finden sich nun immer häufiger Anspielungen auf seinen Sohn Robert, besonders aber widmete er sich der Darstellung der "Madonna della Clemenza", der Mutter der Milde und Barmherzigkeit. Im "Studiolo della Clemenza" in seinem Palazzo und in Capella Altempsiana in S. Maria di Trastevere begegnen uns nun erste Hinweise auf die Trauerarbeit und die Bewältigungsversuche, mit denen Kardinal Markus Sittikus von Hohenems die Ermordung seines Sohnes Robert in einer monumentalen Art und Weise zur Darstellung brachte. Nach dem Todesurteil und nach der Hinrichtung seines Sohnes im Jahr 1586 kreisten die Gedanken des Kardinals zunehmend um das Thema der Clementia, der barmherzigen Mildtätigkeit. Beides hat er - ohne Erfolg - von Papst Sixtus V. erbeten.

7.1. Die Capella Altempsiana in S. Maria Trastevere

Abb. 8

Kardinal Markus Sittikus von Hohenems beauftragte 1587 Martino Longhi mit der Ausführung seiner Familienkapelle in der ehrwürdigen Kirche S. Maria in Trastevere. Der Kardinal ließ die Capella Altempsiana von den besten und bedeutendsten Künstlern seiner Zeit ausstatten. Die Deckengemälde stammen von P. Cati und stellen Episoden aus dem Marienleben dar, die die Madonna della Clemenza umgeben. Die „Maria der Mildtätigkeit, der Barmherzigkeit“ steht im Mittelpunkt der Familienkapelle. Die „Madonna della Clemenza“ schmückt ebenfalls den Hochaltar der Privatkapelle. Derselbe Cati schmückte die Wände der Kapelle mit Darstellungen aus dem Konzil von Trient, um dadurch auf die Taten des Kardinals hinzuweisen, der dem Konzil als Legat beiwohnte. Der den Reichtum, den Einfluss und die Macht der Familie begründende Papst Pius IV. wurde zweimal in der Kapelle dargestellt. Maria als Personifikation der Barmherzigkeit blickt - auf Anordnung des Kardinals - auf die Büste seines Sohnes (Abb. 8). Rechts vom Eingang befindet sich in der Nähe der Apsis das Grabmonument für Robert, das ihm seine Gattin Cornelia Orsini von Nicolo' Pipi d'Arras errichten ließ. In der (bewusst) unklaren Inschrift des Epitaphs erinnerte sie an die militärischen Verdienste des Verstorbenen. Darüber befindet sich die Büste Roberts, eines der großartigsten

Kunstwerke der zweiten Hälfte des Cinquecento. Alles wird von einem dreieckigen Tympanon gekrönt, in dem das Hohenemser Wappen von zwei weiblichen Figuren flankiert wird. Minerva spielt auf die militärischen Werte an, die andere auf Bellona, den "Genius des Schmerzes".

7.2. Das „Studiolo della Clemenza"

Neben seinem Schlafgemach ließ Markus Sittikus seine „Nachtbibliothek" errichten, die bald den Namen „Studiolo della Clemenza" erhielt. Die Deckengemälde wurden von Vitruvio Alberti 1590 angebracht. Darstellungen des Marienlebens und die Wappen des Papstes Pius IV., des Kardinals Markus Sittikus, seines Vaters Wolf Dietrich und seines Sohnes Robert umgeben wieder als zentrales Bild die Ikone der barmherzigen Maria (Abb. 9).

Abb. 9

Die Wappen werden von je zwei Personifikationen der Kardinaltugenden umgeben, wir finden den Glauben, die Hoffnung und die Liebe sowie die Gerechtigkeit, die Stärke, die Milde und die Weisheit. Als achte Tugend assoziiert der trauernde Vater - trotz aller Vorwürfe - die „Keuschheit" mit seinem Sohne!

7.3. Der Kardinal kümmert sich um seine Verwandten in Vorarlberg

Nach der Hinrichtung seines Sohnes Robert im Jahr 1586 stand Kardinal Markus Sittikus unvermittelt vor neuen Aufgaben, denen er sich nun mit ganz besonderer Hingabe widmete. Sein Bruder Jakob Hannibal I. starb schon 1587 nach kurzer Krankheit und hinterließ eine Reihe unversorgter Kinder. In seinem Testament hatte er seinen Bruder, den Kardinal, zum Vormund seiner Kinder bestellt. Dieser Aufgabe widmete sich der Kardinal mit großem Fleiß und höchster Sorgfalt. Seinen Neffen Kaspar, Markus Sittikus und Wolf Dietrich schrieb er regelmäßig besorgt-ermahnende Briefe, voller Belehrungen und guter Ratschläge. Er verlangte Kopien vom Testament und genaue Inventarlisten. Als diese sechs Wochen später noch nicht in Rom angelangt waren, schimpfte er Kaspar als liederlich und drohte ihm mit dem Entzug seines Beistandes. Auch forderte er jede Woche einen Bericht über die Vorgänge in Ems ein. Diese Briefe sind erhalten geblieben. Seine Anweisungen waren stets energisch und unmissverständlich. Seine Briefe schloss er mit "sic volo, sic jubeo!". Auch lud er Kaspar zu einem Besuch in Rom ein, den dieser in der Tat schon in den ersten Monaten des Jahres 1588 erledigte. Dabei eröffnete er ihm klar und deutlich, dass er nicht die geringsten Ansprüche auf eine römische Erbschaft hätte. Seinen Neffen Markus Sittikus hatte der Kardinal schon seit 1584 von Rom aus auf eine erfolgreiche geistliche Laufbahn vorbereitet. Schon im März 1587 konnte er dem jungen Markus Sittikus ein Kanonikat in Konstanz verschaffen, das er schon wenige Jahre vorher seinem weiteren Neffen Wolf Dietrich von Raitenau vermittelt hatte. Beide werden sie Fürstbischöfe von Salzburg werden und das mediterran-barocke Flair dieser Stadt begründen.

Abb. 10

7.4. Johannes Angelus, Graf Altemps und Herzog von Gallese, erhöht seinen Vater zum Märtyrer

Gian Angelo, der Sohn des getöteten Robert von Hohenems, bewältigt die belastende Familiengeschichte auf seine Weise. Im Jahr 1602 wurden in den Katakomben des heiligen Sebastian - wie so oft - Gebeine gefunden, Gian Angelo erkannte 16-jährig diese sofort mit großer Sicherheit als jene des Papstes Anicetus! Da dessen Fest am 17.04. gefeiert wird und Gian Angelo eben an diesem Tag geboren wurde, empfand er zu Anicetus eine besondere Beziehung. Im „Papstkatalog", dem Verzeichnis der römischen Bischöfe, erscheint der Syrer Anicetus als der 11. Papst. Sein Pontifikat währte von 155 – 166. Die in der Katakombe gefundenen Gebeine erbat sich Gian Angelo von Papst Clemens VII., um sie in die prachtvoll gestaltete, sehr große Hauskapelle im Palazzo Altemps (Abb. 10) der Verehrung preiszugeben. Zur Aufbewahrung der angeblichen päpstlichen Reliquien verwendete er eine Marmorwanne aus numidischem Marmor, in der – der Überlieferung nach – die Asche des Kaisers Alexander Severus geruht hätte. Das Leben dieses frühen Papstes war – und ist immer noch – weitgehend unbekannt. Gian Angelo holte dies nach und schrieb mit großer Phantasie und Hingabe das Leben dieses frühen Nachfolgers des heiligen Petrus. Als Vorlage diente ihm vor allem der tragische Tod seines eigenen Vaters. Obwohl durch keine Dokumente belegt, ließ er Anicetus auf Befehl des Kaisers durch Enthauptung sterben. Ist es grausam und schändlich, dass rohe Ungläubige einen friedfertigen Papst durch Enthauptung hinrichten, ist es doch um ein vielfaches verwerflicher, wenn ein machtgieriger Papst einen friedfertigen und heldenhaft kämpfenden jungen Mann töten lässt! Diese seine Sicht des Lebens und Sterbens des heiligen Papstes Anicetus veröffentlichte Gian Angelo in der Tat mit großem Aufwand im Jahr 1617. Durch die Erfindung der Biographie des Papstes Anicet und seine Erhebung zum Martyrer beförderte er durch einen Analogieschluss auch seinen Vater zu einem verehrungswürdigen, einem Blutzeugen gleichzustellenden Menschen.

Abb. 11

Die Kirche im Palazzo Altemps wurde äußerst reich ausgestaltet. Gian Angelo ließ von Ottavio Leoni Leben und Sterben des Papstes Anicetus malen, an der Decke sehen wir Fresken, in denen Engel unter anderem das Schwert der Hinrichtung zum Himmel tragen, am Scheitel des Kirchengewölbes halten zwei Engel eine Märtyrerkrone. Der eine scheint Papst Anicetus zu verkörpern, der andere Robert von Hohenems. Symbolhaft wird der Sarkophag des Papstmärtyrers von den Hohenemser Wappen flankiert. Über allem thront als Hochaltarbild wieder die Madonna della Clemenza (Abb. 11).

Der weitere Lebensweg des Kardinals Markus Sittikus und seines Enkels Gian Angelo

In seiner großen Geschichte der Päpste beschreibt Pastor (Band 9, Seite 869, Anmerkung 14) diese Zeit: "Altemps lebt zurückgezogen und ist ein Einzelgänger. Obwohl es zum Teil seinem Naturell entspricht, sind aber seine Krankheiten die Hauptursache dafür. Er ist wenig mitteilsam, so dass man seinen Gedanken nicht folgen kann." In seiner Korrespondenz schreibt der Kardinal immer häufiger, dass er Kuraufenthalte benötige, immer wieder Ärzte konsultieren und schmerzlindernde Therapien erbeten müsse. Den Großteil seiner Zeit verbrachte er im Palazzo

Altemps in Rom und in seinen Villen in Frascati, nur von wenigen Freunden und Verwandten umgeben. Dies mag die Bemerkung von Pastor rechtfertigen, dass der Kardinal Markus Sittikus von Hohenems in seinem letzten Lebensabschnitt zusehends vereinsamte und unter Gemütsschwankungen gelitten hätte, die er durch tägliche mehrstündige Gebete auszugleichen suchte. In den Sommermonaten gelang es ihm aber immer wieder, auf seinen Landgütern große Gesellschaften zu empfangen und Feste zu feiern.

Aus dem Leben der Kurie, den vielen kirchlichen Feiern, Veranstaltungen und Zusammenkünften hat er sich vollkommen zurückgezogen, den kirchenpolitischen Fragestellungen stand er desinteressiert, ja gleichgültig gegenüber. Markus Sittikus zeigte kein Interesse den brennenden Fragen seiner Zeit gegenüber, er interessierte sich nicht für die Gegenreformation, für die Türkenfrage oder für die Kirchenpolitik. Dies blieb selbst Papst Gregor XIII., seinem großen Förderer, nicht verborgen, der sich enttäuscht von ihm zurückzog. Seine ganze Aufmerksamkeit widmete er in den Phasen einer ungestörten Befindlichkeit seinen privaten Interessen. Laut Simonetta Scherling* entwickelte er seit dem Tode Robertos "eine fast fieberhafte Aktivität als Auftraggeber für Malereien im Palazzo Altemps und in der Familienkapelle in der Kirche S. Maria in Trastevere. Nach Ansicht Borromeos verlor Markus Sittikus zunehmend den Bezug zur äußeren Realität, während er seine ganze Konzentration nur auf seinen einzigen Enkel und Erben Giovan Angelo richtete, für den er eine geeignete Braut suchte."

Im Frühling 1590 erlitt Markus Sittikus von Hohenems eine linkshirnige zerebrale Durchblutungsstörung; es ist überliefert, dass sein rechter Arm und die Zunge gelähmt gewesen seien. Eine Besserung sei bereits am folgenden Tag eingetreten. Es scheint sich somit um eine transitorische ischämische Attacke gehandelt zu haben. Frederico Borromeo schrieb 1559 an seine Mutter, dass die Liebe zu seinem Enkel den Gesundheitszustand von Markus Sittikus verbessere, "der Kardinal habe wieder eine blühende Farbe, ja er sei rot im Gesicht, ganz wie ein Deutscher...". Insgesamt erholte sich Markus Sittikus von seiner Durchblutungsstörung sehr rasch, so dass er die Zukunft seines Enkels voll in seine Hände nehmen konnte, ja er fand in der Familie des Cesare d'Este zwei Töchter im Alter von vier und sechs Jahren, die er als geeignete Partie für Giovan Angelo erachtete. Dies hätte die Möglichkeit geboten, mit dem regierenden Papst Clemens XIII. in ein verwandtschaftliches Verhältnis eintreten zu können!

Das seine Pläne schwerstens durchkreuzende Erlebnis der Hinrichtung seines Sohnes überlebte der Kardinal neun Jahre: 1595 verstarb er 62-jährig in Rom. Sein Enkel Gian Angelo wandte sich aber von den Wertvorstellungen seines Großvaters ab und lebte – besonders nach der Veröffentlichung seiner Biographie des Papstes Anicetus - ganz nach seinen Vorstellungen eines aufgeklärten Menschen am Beginn der Neuzeit. Gian Angelo wird als leichtsinnig und wankelmütig beschrieben, andererseits rühmte man seine große Bildung, sein Verständnis für Kunst und Wissenschaft. So stand er im Briefwechsel mit Galileo Galilei. Auch erweiterte er die Antikensammlung seines Großvaters und wurde als Mäzen geachtet. Der Großteil des Besitzes, den der Kardinal anhäufte, wurde von Gian Angelo aber veräußert,

* Das vorzügliche Buch von Simonetta Scherling: "Markus Sittikus III. 1533-1595. Vom deutschen Landsknecht zum römischen Kardinal" (UVK-Universitätsverlag Konstanz GmbH 2000) wurde mir erst nach Ende meiner Recherchen bekannt. Ich danke ihr für wichtige Informationen, die ich noch in meine Ausführungen einbinden konnte.

häufig auch verschleudert, als ob er sich von der unheimlichen und unheilbringenden Machtfülle seines Großvaters hätte trennen wollen. Nach der Hypothese der "posttraumatischen Kreativität" (H. Stoffels) scheint bei beiden Hohenemsern, dem Kardinal und seinem Enkel, das Trauma einen kreativen Prozess eingeleitet zu haben.

Literatur

Altemps Johannes Angelus: Vita Sancti Aniceti papae, et martyris, cum rebus memorabilibus, quae eo pontefice in Ecclesia sedente accederunt, Roma 1617.

Biblioteca Apostolica Vaticana, Cod. Cappogniano 189, cc 35-42 v.

Cannata P.: Monumento a Roberto Altemps. In: M.L. Madonna (Hrsg.), Roma di Sisto V, le arti e la cultura, Roma 418, 1993.

Dal Prà L. (Hrsg.): I. Madruzzo e l'Europa, 1539-1658. I principi vescovi di Trento tra Papato e Impero, Milano-Firenze-Trento 122-123, 1993. n. 48 (Pio IV) 129-130, n. 54 (Carlo Borromeo) e n. 55 (Marco Sittico Altemps).

Denzler G.: Pius IV. In: Biographisch-bibliographisches Kirchenlexikon Band 7, Spalte 665, Verlag Traugott Bautz 1994.

Faggiolo M.: Römische Villen und Gärten in Latium, Wissenschaftliche Buchgesellschaft Darmstadt 1997

Jedin A.: Geschichte des Konzils von Trient Band IV./1-2 1975.

Kelly: Reclams Lexikon der Päpste 1988.

Lerza G.: Interventi di Martino Longhi il Vecchio a Hohenems. Nuove acquisizioni, "Palladio", 18, luglio-dicembre, 35-50, 1996.

Lill R.: Alexander VI und Julius II. Das Papsttum 1503 zwischen Kirche und Kirchenstaat, Renaissance und Reform. Zur Debatte 342, 42-45, 2004.

Marcucci L.: Villa Mondragone a Frascati, "Quaderni dell'Istituto di Storia dell'Architettura", 169-174, 1983, 117-136.

Petraroia P.: Santa Maria in Trastevere, Cappella Altemps, del Sacramento, In: M.L. Madonna (Hrsg.), Roma di Sisto V, le arti e la cultura, Roma 242-245, 1993.

Petraroia P., Cannata P.: Monumento del duca Roberto Altemps. In: M.L. Madonna (Hrsg.), Roma di Sisto V, le arti e la cultura, Roma 430-431, 1993.

Scoppola F (Hrsg.): Palazzo Altemps. Indagini per il restauro della fabbrica Riario, Soderini,Altemps-Gallese (LSA 8), Roma 1987.

Scoppola F.: Infussi della "giustizia" sistina sulla produzione artistica successiva: il restauro della capella della Madonna della Clemenza e di S. Aniceto in palazzo Altemps. In: M. Fagiolo, M.L. Madonna (Hrsg.), Sisto V.I, Roma e il Lazio, Atti del VI Corso Internazionale di Alta Cltura, Accademia Nazionale dei Lincei (Roma 1989), 619-664, Roma 1993.

Scoppola F.: Sant'Aniceto e Beata Vergine della Clemenza in palazzo Altemps - Giustizia papale e clemenza divina, in "Roma sacra, guida alle chiese della città eterna", 12, II, 7, 58-64, 1996.

Scoppola F.: L'ultima. Storie da palazzo Altemps. Zelig Editore Milano 1997.

Vareschi S.: profili bibliografici dei principali personaggi della Casa Madruzzo.

Welti L.: Graf Kaspar von Hohenems, 1573-1640, Universitätsverlag Wagner, Innsbruck 1963.

Die Abbildungen sind - soweit sie nicht dem historischen Archiv des Verfassers entstammen - der Publikation von F. Scoppola und Stella Diana Vordemann: "Palazzo Altemps" Electa-Verlag Mailand 1997 entnommen.

Hans Kayser

Leo Baeck, Rabbiner, Gelehrter, Bewahrer des deutschen Judentums

In der Reihe zu bedeutenden Gestalten des deutschen Judentums: Viktor Klemperer, Nelly Sachs, Walter Rathenau, werde ich Ihnen diesmal über jenen Mann berichten, der, wie kaum ein anderer, das Schicksal des verfolgten Judentums auf sich genommen und getragen hat: Leo Baeck. Seinen Namen tragen die Institute zur Forschung des deutschen Judentums in London, Jerusalem, New York.

Leo Baeck ist 1873 in Lissa, ehemalige deutsche Provinz Posen, geboren. Sein Vater Samuel Baeck, Rabbiner der jüdischen Gemeinde in Lissa, war ein Gelehrter, der ein Buch zur „Geschichte des jüdischen Volkes und seiner Literatur" (1878) hinterlassen hat. Leo Baeck wuchs in einem gebildeten Elternhaus auf. In Lissa - es ist auch meine Heimatstadt - gehörte das Haus von Samuel Baeck dem calvinistischen Pfarrer. Zwischen beiden Geistlichen bestand ein freundschaftliches Verhältnis. Der Sohn erlebte, wie bereichernd Beziehung zwischen beiden Konfessionen sein konnte.

Er schreibt:

> „Für die Entwicklung meines geschichtlichen und politischen Sinns halte ich nichts für so wesentlich wie dies, dass ich in früher Jugend in einer überwiegend polnisch gebliebenen Kleinstadt, in welcher mein Vater Vertrauensmann beider Volksteile war, diese Spannungen nicht nur beobachten konnte, sondern mich in sie hineingezogen fühlte. Ich habe das Bewusstsein, meiner Grundlage nach ein posenscher Jude zu sein, nicht verloren".

Er blieb zeitlebens dankbar seiner Heimatstadt Lissa verbunden.

Er besuchte das Comenius-Gymnasium, erwarb sich dort eine umfassende humanistische Bildung und las bis in sein hohes Alter die bedeutenden Werke des Altertums im Original.

Im Elternhaus war die Liebe zur jüdischen Tradition sehr lebendig. Sein ganzes Leben hindurch blieb er der Tradition des väterlichen Hauses in Lissa treu. Das religiöse Leben geschah in einer Atmosphäre von Ehrfurcht und Andacht, jedoch nicht so starr, dass er später - mit seinem weiten Blick für die jüdische Tradition - sich mehr der liberalen Richtung zuwenden konnte.

1891 trat er, 18-jährig, in das Breslauer Jüdische Seminar und die Universität ein. Er war den Lehrern freundschaftlich verbunden, erwarb sich eine umfassende Bildung, las das biblische Hebräisch und Aramäisch; Platon auf Griechisch; sein Deutsch war von hoher dichterischer Qualität.

1894 wechselt er an die Berliner Universität, hört Dilthey und promoviert mit einer Dissertation über Spinoza.

1897 geht er als Rabbiner an die einzige liberale Gemeinde nach Oppeln/Oberschlesien. Dort heiratet er. Seine Frau Natalie Hamburger, auch aus einer jüdischen Gelehrtenfamilie stammend, sorgte für eine harmonische Häuslichkeit bis zu ihrem Tode 1937. Diese zehn Jahre waren seine „glücklichste Zeit".

1907 wird er Rabbiner in Düsseldorf, fünf Jahre später geht er zurück nach Berlin als einer der Rabbiner der jüdischen Gemeinde und als Dozent für Midrasch-Forschung. Die große jüdische Gemeinde in Berlin zählte ungefähr 150.000 Mitglieder. Er betreute diese Gemeinde von 1912 an bis zu ihrem Untergang in den 40er Jahren.

1914 meldete sich Baeck freiwillig als Feldgeistlicher; seine Berichte von der West- und Ostfront bezeugen die Qual angesichts der vielen Sterbenden. Er gerät in eine tiefe persönliche Krise, in der sein Glaube „an den überlieferten Gottesbegriff" zusammenbricht. Als Feldrabbiner war er von den Soldaten anerkannt und respektiert, kümmerte sich an der Ostfront um russische Kriegsgefangene, darunter auch jüdische.

1918 kehrt er auf seine Kanzel an die Berliner Gemeinde und in sein Lehramt zurück. 45-jährig beginnt er, weiter wissenschaftlich zu arbeiten, beteiligt sich an einem klassischen Nachschlagewerk. In seiner umfassenden Bildung empfand er die Tradition von Goethe und Kant als Teil seines eigenen Erbes neben Hilel, Akiba und Maimonides.

1924 wählte man ihn zum Großpräsidenten der Bne Briss-Loge, die erst 1937 aufgelöst wurde. In jener Zeit, als Buber, Rosenzweig und Baeck zu Sprechern des jüdischen Denkens wurden, setzte er sich auch ein für das Frankfurter Lehrhaus. Er verpflichtete die Mitglieder der Loge, die von Buber und Rosenzweig übersetzte Neufassung des „Alten Testaments" zu kaufen, so dass dieses bis heute gültige Werk bei Lambert Schneider, Heidelberg, überhaupt erscheinen konnte.

Bei der Machtübernahme Hitlers schlossen sich die deutschen Juden 1933 in der „Reichsvertretung der Juden in Deutschland" zusammen und wählten Leo Baeck als ihren Präsidenten. Die Hauptarbeit angesichts der Bedrohungen, nachdem die Nürnberger Gesetze 1935 verkündet waren, die die deutschen Juden zu Bürgern zweiter Klasse deklassierten, lag darin, das Unvermeidliche zu verlangsamen; es war ein Kampf um Aufschub, etwa dass Kinder ins Ausland gehen konnten. Ein Kampf um ein möglichst langes Hinauszögern der Brutalität. Das bedeutete, dass Baeck und seine Mitarbeiter sich immer wieder ins Hauptquartier der Gestapo begaben, um Zeitaufschub zu erreichen. Das Schreckliche war, dass der größte Teil des Auslands seine Türen verschlossen hielt.

Die „Reichsvertretung" war eine „Autonome Regierung", die für Emigration, wirtschaftliche Hilfe, Fürsorge, Erziehung (jüdische Schulen) und Bildungsinstitute sorgte. Die erste Sitzung der Reichsvertretung eröffnete er mit den Worten: „Die tausendjährige Geschichte des deutschen Judentums ist zu Ende." Er war aber entschlossen, bei seinem Volk als Rabbiner, Lehrer und Prediger zu bleiben, „solange noch ein einziger Jude in Deutschland geblieben ist." Beharrlich wehrte er Angebote, ins Ausland zu gehen, ab.

1939 zerschnitt Deutschland alle Bande zu den übrigen Nationen und brauchte jetzt auf das Ausland in der Verfolgung des deutschen Judentums keine Rücksicht mehr zu nehmen. Die „Reichsvertretung" wurde abgeschafft und an ihre Stelle als Nachfolgeorganisation „Die Reichsvereinigung" gesetzt. Die gleichen Männer blieben an ihrer Spitze. Sie arbeiteten so lange, bis fast alle in Konzentrationslager abtransportiert worden waren. Währen der 30er und 40er Jahre hielt Baeck Kontakt zu Männern des deutschen Widerstandes und hatte sogar „ein Manifest für das deutsche Volk" verfasst für den Tag, an dem das Regime stürzen würde. 1943 wurde er unter der Nummer 108'78'94 mit anderen nach Theresienstadt deportiert.

Theresienstadt: Unter schlimmsten Bedingungen blieb er Lehrer, hielt Vorträge vor 800 Menschen in einem kleinen Kasernenraum über Platon und Kant. Es ist ein Wunder, dass Baeck überlebte (er war bereits totgesagt worden).

Das Lager wurde im Mai 1945 durch die Russen befreit. Die Mehrzahl der überlebenden Insassen befand sich im Sterben; eine Typhusepidemie wütete im ganzen Lager. Er konnte Mitgefangene davor zurückhalten, die Lagerwachen umzubringen. Er schloss sich in einen Saal mit Typhuskranken ein und hielt sie so davon ab, den Krankensaal zu verlassen. Er wurde in einer Rettungsaktion nach London gebracht. Dort blieb er aber nicht bei seiner Familie. Das Hebrew Union College in Cincinnati hatte sich entschlossen, ihn zu berufen auf ein Reformrabbinat.

Während der letzten Lebensjahre sprach er auf vielen Versammlungen und verbrachte jedes Jahr eine Zeit in Israel zum Passahfest als Sprecher des progressiven Judentums.

Ende Oktober 1956 zeichnete Baeck seinen Namen unter die Druckfahnen des zweiten Bandes seines letzten Hauptwerkes „Dieses Volk. Jüdische Existenz". Wenige Tage darauf starb er.

Leo Baeck als Gelehrter

Sein wichtigstes Werk ist „Das Wesen des Judentums" - noch heute gültig.

Es wurde von ihm bereits 1905 in Oppeln verfasst und erlebte bis 1933 fünf Auflagen. Es war die Antwort auf Vorlesungen und das Buch des Berliner evangelischen Theologen Adolf von Harnack, „Das Wesen des Christentums", das einen starken Einfluss auf die Theologen ausübte. Maßgebend seien allein die Evangelien.

Baeck kritisiert, dass Harnack das Christentum von den jüdischen Wurzeln abgetrennt, er eine gründliche Beschäftigung mit den jüdischen Quellen unterlassen hat.

Am tiefsten aber beschäftigte ihn die Gestalt Jesu, seine Lehre, sein Wirken. Er sei eine echt jüdische Persönlichkeit; all sein Streben und Tun, sein Tragen und Fühlen, das trägt den Stempel jüdischer Art, das Gepräge des jüdischen Idealismus, des Besten, was es im Judentum gab.

Er fasst seine Auffassung im Buch „Das Evangelium als Urkunde der jüdischen Glaubensgeschichte" zusammen, das noch 1938! in Berlin erschienen ist – als Versuch, in der Zeit der Entwertung alles Jüdischen die Christen noch zu erreichen.

Der Bruch zum Judentum wurde durch Paulus gezogen. Als Paulus die Städte um das Mittelmeer zu missionieren begann, wurde der jüdische Messias mit Mysterienkulten verknüpft. Das Christentum paulinischer Prägung enthalte „romantische" Züge: Erlösung und Gnade.

Das Judentum ist dagegen eine „Religion der Pflicht": Tue deine Pflicht, dann weißt du, wer Gott ist. Gott suchen, das heißt: Nach Gutem streben: Gott finden, das ist: Gutes tun.

Auch die Nächstenliebe, vom Christentum besonders betont, ist ein fundamentaler Aspekt des Judentums und eine notwendige Konsequenz aus dem Glauben an Gott.

Paulus behauptete, dass das Gesetz unter dem der Jude steht, zur „Knechtschaft" geworden sei. In der Polemik seiner Briefe stellte er den „Neuen Bund" des Glaubens über den „Alten Bund" des Gesetzes. Paulus verwechselt das Gesetz des Judentums mit einem auferlegten Zwang. Diese Verwechslung erschien Baeck als eine grundlegende Schwäche des Christentums und Abwendung von den jüdischen Wurzeln.

Es gibt eine enge Verbindung zu Walter Rathenau. Er war ein enger Vertrauter der Familie; Rathenaus Mutter schenkte ihm die Bibliothek des ermordeten Staatsmannes. „Er suchte sein Judentum. Hätte er länger gelebt, hätte er vieles dem jüdischen Denken und Hoffen noch geben können."

Abschluss und Zusammenfassung

Mit Leo Baeck wurde die Theologie der jüdischen Tradition in all ihrer existenziellen Bedrängnis erprobt. Das Christentum wird sein jüdisches Erbe heranziehen müssen. Die Schärfe seiner Polemik gegenüber dem Christentum rührt von seiner Liebe zu dieser Tochterreligion. Der Dialog zwischen Judentum und Christentum ist möglich und muss mit der Erfahrung einer gemeinsamen Menschlichkeit beginnen.

Tatsächlich wurde dieser Dialog von den christlichen Fakultäten eröffnet und getragen: mit Lehrstühlen über Judaistik, so an der Katholischen Universität Luzern. Leo Baeck als Mensch und Gelehrter ist ein wichtiger Repräsentant des deutschen Judentums, dessen Wirkung andauern wird.

Literatur

Baeck, Leo:

Das Wesen des Judentums
4. Auflage, Frankfurt/Main 1926

Wege im Judentum
Aufsätze und Reden, Berlin 1933

Das Evangelium als Urkunde der jüdischen Glaubensgeschichte
Schocken-Verlag, Berlin 1938

Dieses Volk. Jüdische Existenz.
1. Teil Frankfurt/Main 1955
2. Teil Frankfurt/Main 1957

Friedländer, Albert:

Leo Baeck, Leben und Lehre
Deutsche Verlagsanstalt, Stuttgart 1973

Leo Baeck
23.05.1873 – 01.11.1956

Lebensdaten Leo Baeck 1873-1956

23.05.1873	geboren in Lissa, ehemalige Provinz Posen, Comenius-Gymnasium Lissa, Abitur
1891	Jüdisches Theologisches Seminar in Breslau und Universität
1894	Universität Berlin, Studium bei Dilthey, Dissertation über Spinoza, Rabbinerexamen
1897 - 1907	Liberale Gemeinde in Oppeln. Heirat mit Natalie Hamburger (gestorben 1937)
1905	erscheint sein Buch „Wesen des Judentums": Eine Kritik auf Harnacks „Wesen des Christentums"
1907 - 1909	Rabbiner in Düsseldorf
1912	Übersiedlung nach Berlin: Rabbiner der jüdischen Gemeinde. Dozent an der Lehranstalt für die Wissenschaft des Judentums
1914 - 1918	Feldprediger an der Westfront und im Osten
1918	Berlin (45-jährig): Predigtamt; es erscheinen 20 wissenschaftliche Arbeiten 1918 - 1924
1922	Wahl zum Vorsitzenden des Allgemeinen Deutschen Rabbiner-Verbandes
1935	Nürnberger Gesetze: Beginn der Entrechtung und Verfolgung des deutschen Judentums; Wahl zum Vorsitzenden der „Reichsvertretung der Juden in Deutschland", die alle jüdischen Organisationen umfasste. Förderung der Auswanderung, gleichzeitig Pflege der jüdischen Kultur und Erziehung.
1939 - 1943	„Vorsitzender" der „Reichsvereinigung der Juden in Deutschland"; weigert sich, trotz vieler Angebote Deutschland zu verlassen
1943 - 1945	Häftling in Theresienstadt
1945 - 1956	Befreiung, London; Berufung nach den USA an das Cincinnativ Hebrew College: Lehre und Forschung. Publikationen: „Dieses Volk. Jüdische Existenz 1. und 2. Teil, Frankfurt am Main 1955/1957
01.11.1956:	Stirbt nach Schlaganfall im Alter von 83 Jahren

Ulrich Kobbé

Der Libertin, sein Gott und der Geist der Negation oder: Zur radikalen Negativität des Fundamentalphantasmas

Mit seinen – trotz des beachtlichen Umfangs nur fragmentarisch erhaltenen – Schriften wird der Libertin de Sade im deutschen Sprachraum kaum als ein Schriftstellerphilosoph, eher schon als schamlos-obszön grenzüberschreitender Produzent von Hardcore-Pornographie verkannt: Dem gegenüber konstatiert de Beauvoir (1997, 50), de Sade verdiene es, „wenn nicht als bedeutender Schriftsteller oder systematischer Philosoph, so doch als großer Moralist bezeichnet zu werden". So ist das Schriftwerk als eine Art öffentliches Geständnis zu verstehen, wie es – eingebettet in die Kultur der (kirchlich verlangten) Beichte, des (strafrechtlich erzwungenen) Geständnisses, der (therapeutisch erfragten) Anamnese – auch von de Sade (1797a, 376) als „öffentliche Beichte" gefordert wird. Das Ergebnis ist ein unablässig wiederholter Prozess der Subjektkonstitution in der Widerspiegelung des unbewussten Subjekts, ein hinter die akkulturierende Entfremdung des »assujettissement« zurückgehender Exzess des Narzissmus, eine kalkuliert empfindungslose Totalisierung des Selbst und ... die omnipotente Negation eines als willkürlich und grausam erlebten Gottes: „Mir ist lieber, an keinen Gott zu glauben, als mir einen zu schmieden, den ich hernach hasse" (de Sade 1797b, 12*).

Womit sich de Sade konfrontiert, ist der Gott des ‚ICH bin', ein Gott, der – so die ursprüngliche Fassung des 1. Gebots – sich selbst aus sich heraus als einzigen Gott setzt: ‚ICH bin der ICH bin' oder ‚ICH bin was ICH bin', „das heißt ein Gott, der sich wesentlich als verborgener darstellt. Dieser Gott ist ein eifersüchtiger Gott" (Lacan 1960a, 211). Dabei entfaltet de Sade „das Problem des Bösen [...] in voller Schärfe und in quasi theologischer Form" (Klossowski 1996, 110) und forciert die Idee eines dialektisch als sowohl ‚gut' wie zugleich oder parallel ‚böse' aufzufassenden Gottes, den er als einen wenn auch allmächtigen, so doch höchst unvollkommenen Gott ausweist: „Wenn ihr eure Religion auf einen Gott bauen wollt, so sorgt wenigstens dafür, dass dieser Gott ohne Fehler sei; hat er deren aber so viele wie der eure, so wird man bald auch die auf ihm beruhende Religion verachten" (de Sade 1797b, 1*).

Als „Probe" dient ihm (de Sade 1797a, 376) diese Beichte dazu, die „Missachtung" des Subjekts für das „phantastische Objekt" eines akkulturierten, nächstenliebenden Gutmenschen zu bezeugen: „Die friedlichen Menschen, mit nichts anderem mehr beschäftigt als mit ihrem Glück, werden merken, dass die Moral, auf der dieses Glück beruht, keiner Märchen bedarf, und es schließlich jede Tugend entehren und schmähen hieße, häufte man sie auf die Altäre eines lächerlichen und eitlen Gottes, der zu Staub zerfällt, sobald die Vernunft ihn streift" (de Sade 1803/04, 10*). Wenn Foucault (1986, 78) herausarbeitet, erst durch die vorgenannte Geständniskultur sei „die Subjektivierung der Menschen, das heißt, ihre Konstituierung als Untertanen/Subjekte" verwirklicht worden, zielt das Konzept de Sades auf das Gegenteil, auf die Negation dieses triebfeindlichen Kulturzwangs ab: „Sich schämen ohne Reue", beichtend „mit seinen Verirrungen offen zu prunken", sich wahrhaftig „öffentlich nackt zu zeigen" (de Sade 1797a, 429), dient dem Zweck, sich als Subjekt dieser „Ketten zu entziehen" (1797a, 385) und dem Subjekt „Hilfe, Rettung, Asyl und Unterstützung" (de Sade 1797a, 373) gegen das den Menschen von seiner Natur entfremdende Gesetz zu garantieren, denn „es ist schrecklich, geboren zu sein mit der Neigung zum Bösen und ihr nicht ohne Zagen huldigen zu können" (de Sade 1797a, 432).

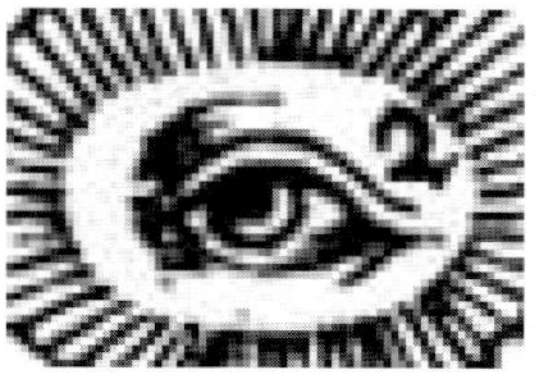

Mit dieser - perversen - Fixierung negiert der Libertin de Sade den Menschen, indem seine anti-ethischen Exzesse als kalkuliert-empfindungslose Totalisierung des Selbst fungieren. Und diese Negation erfüllt sich über einen ihm spezifischen Gottesbegriff, über die allmächtige Negation eines als „schauerlich" (de Sade 1797a, 23), als „scheußlich", „ekelhaft", „teuflisch" und „abscheulich" (de Sade 1797a, 28-29),), als „falsch, immer egoistisch" und „selbst lasterhaft" (de Sade 1797a, 101)), als „treulos und boshaft" sowie „ruchlos" (de Sade 1797a, 320), als „lächerlich" (de Sade 1797a, 322), als „grausam, inkonsequent und barbarisch" (de Sade 1797a, 332), als „bizarr" (de Sade 1797a, 341), als „überaus rachsüchtig, barbarisch, bösartig, ungerecht, grausam" erlebten Gottes (Blanchot 1986, 44). Das heißt, „wenn es wahrlich einen Gott gäbe, einen Herrn und Schöpfer der Welt, so wäre er, gemessen an den Vorstellungen seiner Verfechter, zweifellos das bizarrste, grausamste, bösartigste und blutrünstigste aller Wesen, das hinreichend zu hassen, zu verabscheuen, herabzusetzen und zu erniedrigen unsere Kraft viel zu gering wäre" (de Sade 1797b, 3*).

Dabei erweist sich „der Gottesgedanke [...] in gewisser Hinsicht [als] die unsühnbare Schuld des Menschen, [als] seine Erbsünde, [als der Beweis seiner Nichtigkeit, [als] das, was das Verbrechen rechtfertigt und autorisiert, denn einem Wesen gegenüber, das bereit ist, sich selbst vor Gott für nichtig zu erklären, können die Mittel, zu denen man greift, um es zu vernichten, gar nicht energisch genug sein. Sade schreibt: ‚Der Gottesgedanke ist der einzige Irrtum, den ich dem Menschen nicht vergeben kann'" (Blanchot 1986, 42). Denn: „Kann man einer Religion Vertrauen und Achtung schenken, wenn sie sich auf einen Gott verlässt, der eine Unzahl seiner Geschöpfe ewig bestrafen muss für Begierden, die er ihnen selber eingepflanzt hat?" (de Sade 1797b, 2*). Dieser Glaube an einen allmächtigen Gott als einen absoluten Souverän aus der Büchse der Pandora „verpflichtet den totalen Menschen", wie de Sade ihn versteht, „dazu, jene übermenschliche Macht an sich zu reißen und selber, im Namen des Menschen und über die Menschen, das souveräne Recht auszuüben, das diese Gott zuerkannt haben" (Blanchot 1986, 42). Dabei ist dieser das Böse inkarnierende Gott zu Ende gedacht „genau dasselbe wie Gott als das höchste Gute - der Unterschied liegt einzig darin, dass wir ihm zu nahe gekommen sind" (Žižek 1991, 101). Die Bedrohung durch die Annäherung an das begehrte Objekt wird dabei dadurch ausgemacht, dass sich das Begehren gerade nicht auf dieses phantasmatische, gute Objekt ‚Gott' richtet, sondern auf den ‚leeren' Ort, den dieser verdeckt (Kobbé 1998, 226). Dies ist der (Ab-)Grund, weshalb bei zu großer Annäherung eine Konfrontation mit einer ‚Lücke' in der - bis dahin symbolisch und imaginär garantierten - Realität droht, deren Leere oder Unmöglichkeit mit Hegel als „radikale Negativität" gedacht werden kann (Žižek 1990, 251).

Dieses dialektische ‚Umkippen' des distanzlos nahen Guten in ein unerträgliches Böses ist dementsprechend keineswegs eine Welt des abwesenden Gottes, sondern - wie bei Kafka - ein Universum, in dem Gott allzu sehr anwesend ist, und so aufgrund dieser unerträglichen Omnipräsenz zu einem ,Universum der Angst' geraten ist. Diese Dynamik entspricht der Angstentwicklung, wie sie Lacan entwicklungspsychologisch als durch das Fehlen einer - hinreichenden - Trennung des Kindes von der Mutter bedingt beschreibt. Verbunden ist diese Form der Angst mit dem Begriff des ,Realen', der sich einerseits auf die Realität bezieht, von dieser abhängt, andererseits manifest von ihr unterscheidet: Diese Doppeldeutigkeit von Realem versus Realität verweist auf dieselbe Ambiguität der Begriffe ,Wirklichkeit' versus ,Realität' bei Freud (1900, 625), wonach „die psychische Realität eine besondere Existenzform ist, welche mit der materiellen Realität nicht verwechselt werden soll". Der Terminus ,Realität' bezeichnet bei Lacan somit die subjektiven Repräsentationen im Sinne der ,psychischen Realität' bei Freud, wie sie durch symbolische und imaginäre Prozesse konstituiert wird und ist daher als subjektive - und demzufolge verzerrte - Repräsentation des Unbewussten als eine „Grimasse des Realen" aufzufassen (Lacan 1973, 17). Als „Angstobjekt par excellence" ist das Reale nicht assimilierbar. Anders formuliert, stellt die unmöglich in die psychische Struktur zu integrierende Realität eine Traumatisierung dar, die im Trauma - bzw. in dem mit diesem verbundenen Symptom (der Gläubigkeit) - als primärprozesshafte, unbewusste Realität des begehrenden Subjekts dem Wiederholungszwang unterliegt (Lacan 1964, 64-65). Dementsprechend kommentiert de Beauvoir (1997, 48): „Solche intuitiven Einsichten lassen es berechtigt erscheinen, Sade als einen Vorläufer der Psychoanalytiker zu bezeichnen".

Zugleich geht es auch um die Aufrechterhaltung eines idealisierten Bildes von sich selbst, einer selbst-idolisierenden Antizipation, die Vollkommenheit suggeriert und jede Schuldhaftigkeit, jedes Verfehlen in der Freiheit der Verantwortung verleugnet, so dass die Annäherung an das Inzestobjekt ,Gott', nach dessen Bild der Mensch konstituiert ist, wieder und wieder versucht werden muss, jedoch niemals gelingen darf. Dabei birgt das Bild des Gott gegenübertretenden Menschen - des Menschen schlechthin - eine durchaus dialektische Spannung in sich, indem dieser einerseits in sich mit dem menschlichen Ebenbild Gottes konfrontiert ist und sich andererseits kein Bild machen soll: ,Und Gott schuf den Menschen nach seinem Bilde, als Abbild Gottes schuf er ihn' (1. Mose/Genesis 1:27-28). Dieser „Aussage [...], die immer mehr oder weniger mit Befriedigungsschnurren aufgenommen wird" (Lacan 1960c, 237), allerdings setzen Skeptiker wie Lichtenberg entgegen, dies heiße doch vermutlich: ,Der Mensch schuf Gott nach dem seinigen'. Wenn dabei das Bilderverbot als „das Verbot, Gott in Bildern darzustellen, [...] einen Sinn hat, dann den, dass die Bilder trügen" (Lacan 1960c, 237). Hinsichtlich dieses Trugbilds formuliert denn auch de Sade (1782, 6*) kategorisch, „gegenüber jener schönen Schimäre, die man mit dem Namen Gott versieht, sind wir diese Gesellschaft von Blinden; wir haben uns etwas vorgestellt, das wir für notwendig hielten, das aber keinen anderen Daseinsgrund besitzt als den, dass wir glauben, ihn schaffen zu müssen". Wenngleich - oder weil dieser Gott ,not-wendig', sprich, erforderlich ist, um die (existentielle) Not des Menschen (abzu-)wenden, und darüber hinaus das Prinzip verkörpert, das „Wohl der anderen nach dem

Bild des meinen" zu wollen (Lacan 1960b, 227) – begegnet de Sade dem darin (ver-)bindenden Anspruch mit äußerstem Widerwillen, mit Abscheu und Hass: „In Gott hasst er die menschliche Nichtigkeit, die sich einen solchen Herrn und Meister gemacht hat, und der Gedanke an diese Nichtigkeit erzürnt und entflammt ihn so sehr, dass ihm nichts übrig bleibt, als zur Bestätigung dieser Nichtigkeit mit Gott zusammenzuwirken. Ferner hasst er in Gott die Allmacht Gottes, in der er die eigne erkennt, und Gott wird Antlitz und Körper seines unendlichen [Selbst-]Hasses. Schließlich hasst er in Gott das Elend Gottes, die Nullität einer Existenz, die trotz aller Behauptungen ihres Daseins und Schöpfertums nicht ist, denn groß, ja alles ist nur Geist der Zerstörung" (Blanchot 1986, 47). In der Tat sind die schönen Bilder – „und Gott weiß, dass die religiösen Bilder immer per definitionem dem herrschenden Schönheitskanon entsprechend" (Lacan 1960c, 237) – Simulakren eines ‚leeren' Ortes (Kobbé 1998, 223), denn angesichts ihrer fassadären Schönheit „übersieht man [allzu leicht], dass sie stets hohl sind. Dann ist aber der Mensch auch als Bild, wegen der Höhle, die das Bild leer lässt, interessant – dadurch, dass man im Bild, im Jenseits der Bestrickung durch das Bild die Leere Gottes übersieht, die zu entdecken wäre. Das macht vielleicht die Fülle des Menschen aus, aber auch da lässt ihn Gott im Leeren" (Lacan 1960c, 237-238).

Indem die Trugbilder des Gleichen als scheinbare Abbilder des Selben den Bereich der Anerkennung des anderen sowohl eröffnen und zugleich verhüllen (Kobbé 2002), entsteht eine imaginäre Grenzsituation. „Sade ist auf dieser Grenze, und er lehrt uns, dass er, sofern er sie zu überschreiten sich einbildet, ihr Phantasma in de[m] morosen [Genießen]** kultiviert [...], in de[m] dieses sich entfaltet. Sofern er sie sich einbildet, demonstriert er die imaginäre Struktur der Grenze. Doch er überschreitet sie auch. Er überschreitet sie, wohlgemerkt, nicht im Phantasma, was der Grund ist für die Langeweile, die diesem [als repetitive Wiederholung immer ähnlicher Verbrechen] anhaftet. Aber er überschreitet sie in der Theorie, in der in Worte gefassten Doktrin, den einzelnen Momenten seines Werks folgend: [im Genießen] der Zerstörung, in der dem Verbrechen eigenen Tugend, im Bösen um des Bösen willen und schließlich [...] in dem Wesen, das das höchste im Bösen ist" (Lacan 1960c, 238). In seiner Empörung dieses Gottes schreitet de Sade noch weiter: „Du hast guten Grund, dich zu verstecken! Die Verwünschungen regnen auf dich herab, erschiene dein scheußliches Angesicht jemals den Menschen; diese Unglücklichen würden im Aufstand gegen diese Schöpfung bald den, der sie vollbracht hat, zermalmen" (de Sade 1803/04, 8*). Wenngleich de Sade zunächst davon ausgeht, der Mensch, der „eines Kultes" bedürfe, „möge [...] sich den greifbaren Gegenständen seiner Leidenschaft widmen", so dass „es etwas Wirkliches" sei, das ihn in Form einer „Verehrung der Natur" zufrieden stelle (de Sade 1803/04, 17*), beschimpft er schließlich auch die Natur, in der er – siehe oben – Züge jenes grausamen Gottes zu erkennen meint, der die (meisten) Menschen mit dem Ziel erschuf, sie ewige Qualen erleiden zu lassen: „Ein zeitgenössischer Philosoph nannte sich den Geliebten der Natur – nun, ich halte sie besser für meinen Henker. Beobachtet, studiert sie, diese grausame Natur. Ihr werdet einsehen, dass sie nur furchtbar ist und zerstörerisch, dass sie ihre Zwecke durch Mord erreicht und wie der Minotaurus vom Elend der Menschen lebt, die sie verschlingt" (de Sade 1798, 68*).

„Doch auch angesichts dieser Tatsache ist die Konzeption eines infernalischen Gottes nur ein Moment der Dialektik, innerhalb deren Sades Übermensch zuerst in der Rolle Gottes den Menschen negiert, dann jedoch Gott selbst gegenübertritt und nun auch ihn negiert im Namen der Natur, um schließlich die Natur zu negieren, indem er sie mit dem Geiste der Negation gleichsetzt. Im bösen Gott ruht sich die Negation, nachdem sie eben den Begriff des Menschen getilgt hat, sozusagen einen Moment aus, ehe sie sich selber zum Gegenstand nimmt. [...] Aber der Geist der Negation, kaum dass er absolute Existenz erlangt hat und sich so der eignen Unendlichkeit bewusst geworden ist, muss sich nun gegen die Behauptung dieser absoluten Existenz wenden als gegen das einzige noch vorhandene Objekt, das einer unendlich gewordenen Negation entspricht. Der Hass gegen die Menschen hatte sich in Gott inkarniert. Nun befreit der Hass gegen Gott den Hass selber von Gott" (Blanchot 1986, 45).

„Täuschen wir uns nicht: das Böse, oder was man so nennt, hat seinen unabdingbar nützlichen Sinn in der mangelhaften Beschaffenheit dieses erbärmlichen Universums" (de Sade 1797b, 40*). Indem de Sade zunächst von seiner Definition des Problems des Bösen ausgeht, charakterisiert er dieses als „das Unglück, tugendhaft im Verbrechen und verbrecherisch in der Tugend zu sein" (Klossowski 1996, 111) und leitet dies aus seiner atheistischen Überzeugung her: „Nein, wir verletzen nichts, wenn wir uns dem Verbrechen überlassen. Einen Gott? Wie sollte er verletzbar sein, wenn es ihn nicht gibt ... Die Natur? ... Noch weniger, – der Mensch ist nicht von der Natur abhängig, er ist nicht einmal deren Kind, sondern deren Abschaum, deren bloßes Ergebnis" (de Sade 1797b, 61*). Konsequent führt ihn dies dazu, sich das Verbrechen als nicht nur ‚natürlich', sondern als geradezu geboten aufzuerlegen bzw. abzuverlangen: „Aber alles im Universum wäre gefährdet ohne die erhabenen Gesetze des Gleichgewichts. Nur durch Freveltaten regeneriert sich die Natur und erobert von neuem das ihr von der Tugend abgelistete Terrain. Lasst uns also der Natur gehorchen, indem wir die Partei des Bösen ergreifen. Das einzige Verbrechen, das sie niemals verzeihen würde, wäre der Widerstand gegen sie" (de Sade 1797b, 69*). Dabei versucht er von Anfang an eine Negation des Bösen zu propagieren, ohne dass ihm dies – siehe oben – definitiv gelingen könnte. „Hier kommt der Nächste ins Spiel; und soweit der Nächste für das Ego existiert, enthüllt er ihm die Präsenz Gottes" (Klosswoski 1996, 111). Dass sich dabei das Prinzip der ‚Nächstenliebe' als höchst problematische Forderung erweist, lässt sich daran aufzeigen, dass der phantasmatische Schauplatz, an dem das Begehren keineswegs erfüllt, sondern nur ‚artikuliert', das heißt, realisiert und inszeniert wird, ein quasi ‚leerer' Ort ohne konkreten Anderen bleibt und sich dieses Begehren nur auf ein anderes – aggressiv unterlegtes – Begehren richtet.

Klassisch findet sich die Ethik des Begehrens bei Kant als ethisches Gesetz im so genannten ‚kategorischen Imperativ' formuliert, doch gibt es historisch fast zeitgleich bei de Sade die Herausarbeitung eines konsequenten Prinzips oder universellen Rechts auf Freiheit als spiegelverkehrte oder Anti-Ethik zu Kant (Kobbé 1998; 2002). Der kategorische Imperativ (Kant 1788, 36), der als willensbezogenes sittliches Gesetz zu verstehen ist, lautet: »Handle so, dass die Maxime Deines Willens jederzeit zugleich als Prinzip einer allgemeinen Gesetzgebung gelten könnte.« Hier gibt der Begriff des Gesetzes bereits an, dass Kant das ethische Subjekt primär als Rechtssubjekt denkt. Das heißt, als ein dermaßen verrechtlichtes und in extremer Weise derart auf politische Gesetze und juristische Kodifizierungen reduziertes Subjekt, dass individualethische Normen nicht – nicht mehr – als gleichberechtigt begriffen und realisiert werden können. Da das allgemeine Gesetz bei Kant aber einen ‚leeren' Ort repräsentiert, einen Ort ohne Objekt, ohne Inhaber oder Statthalter, entsteht – so Lipowatz (1989, 110) – ein Paradoxon: „Identifiziert sich das Subjekt mit dem Gesetz, dann verpasst es mit Sicherheit das Objekt des Begehrens;

verleugnet es aber das Gesetz, dann vergisst es sich selbst und wird zum bloßen Nichts". Anders formuliert beinhaltet dies folgenden intrapsychischen Konflikt:

- Richte ich mich nach dem Gesetz, kommt mein Begehren, komme ich selbst zu kurz.
- Lebe ich aber mein Begehren, ›vergesse‹ ich mich und gerate ich in Gewissenskonflikte.

Das Gesetz tritt dem Subjekt sozusagen als Stimme aus dem ‚off' gegenüber, als abstrakte Maxime einer reinen praktischen Vernunft beziehungsweise eines Willens. Gerade da das Subjekt dieses Gesetzes kein konkretes Objekt hat, weil es konkret nicht erfahrbar ist, bleibt der kategorische Imperativ Kants a-historisch und idealistisch-abstrakt.

De Sade hingegen formuliert eine durchaus anschauliche ethische und konkrete Philosophie, die dezidiert antireligiös ist: „Wer irgendeine menschliche Einrichtung des näheren betrachten will, muss als erstes jede religiöse Idee beiseiteschieben; sie ist das Gift der Philosophie" (de Sade 1797b, 27*). Die von ihm geforderte politische Philosophie erweist sich dabei als ein definitiv strategischer Macht-Wissen-Diskurs: „Endlich will die Herrschaft der Philosophie die Herrschaft der Heuchelei vernichten; endlich erhellt sich des Menschen Geist und zerdrückt mit der einen Hand das nichtige Spielzeug einer sinnlosen Religion, während er mit der andern der teuersten Gottheit seines Herzens, der Vernunft, einen Altar errichtet" (de Sade 1793, 29*). Das heißt, bei ihm werden in konsequenter Fortführung cartesianischen Denkens alle Normen und Werte „bis hin zum Wesensbegriff des Menschen einer ausschließlich szientistischen Vernunft unterworfen und damit verworfen. Was dieser aufklärerischen Vernunft übrig bleibt, ist u. a. ein Verständnis des Menschen als ein Ding unter anderen Dingen - ohne Vorrang, ohne Spezifität" (Duncker 1999, 26). Im Namen der Vernunft deklamiert er: „Nicht auszudenken, wie wichtig es wäre, die finsteren Altäre dieses Schreckensgottes endlich umzustülpen: solange derlei verhängnisvolle Hirngespinste immer aufs neue entstehen können, wird es für die Menschen weder Rast noch Ruhe geben auf Erden, und die Fackel der Religionskriege wird unaufhörlich über unseren Köpfen schweben" (de Sade 1797b, 14*). Für eine rationale und politischpraktische Philosophie der Aufklärung reklamiert er: „Muss die Philosophie sich nicht bewaffnen von Kopf bis Fuß, um einen Gott auszulöschen, für den man so viele Wesen abschlachtet, die mehr wert sind als er? Gibt es doch nichts Abscheulicheres, keine dümmere, gefährlichere und ausgefallenere Idee als die eines Gottes" (de Sade 1787, 22*). Obschon er dann später als Bürger Sade - oder Desade - Sekretär der »Section des Piques«, der Sektion Robespierres in der französischen Nationalversammlung, geworden ist, wird seine atheistische Haltung dort keineswegs geteilt: Während de Sade (1797b, 139*) daran festhält, „der größte Dienst, den die Gesetzgeber [der Französischen Revolution] leisten könnten", sei „ein strenges Gesetz gegen die Theokratie", sucht der Konvent am 6. Dezember 1793 den antichristlichen und antireligiösen Tendenzen der Französischen Revolution durch ein Dekret ein Ende zu setzen, das volle Glaubensfreiheit garantiert. Zuvor bereits hatte Robespierre am 21. November 1793 deklamiert, der Atheismus sei „aristokratisch", denn „die Idee eines erhabenen Wesens, das die Unschuld behütet und das triumphierende Verbrechen bestraft„, sei „zutiefst im Volk verwurzelt" (Pauvert 1991, 1016). Wenngleich Robespierre die Entchristianisierungsbewegung der Französischen Revolution als „von unseren Feinden ersonnene konterrevolutionäre" Machenschaft verurteilt und als „philosophische Schrulle" diskreditiert wird (Pauvert 1991, 1016), kontert noch am 6. Dezember 1793, dem Tag des o. g. Dekrets, der Delegationsleiter der »Section des Piques« mit einer vehementen Rede, die „den unnachahmlichen Ton und die typischen Wendungen und Worte der antireligiösen Polemik Sades" erkennen lässt, mithin von de Sade verfasst worden sein dürfte (Pauvert 1991, 1018). Wie ersichtlich, erweist sich der adlige Libertin auch als Sansculotte radikal, extremistisch und selbst für eine revolutionäre Bewegung nicht integrierbar: Nachdem seine antireligiöse – und den Konvent der Nationalversammlung brüskierende – Rede am 8. Dezember 1793 „ohne lobenden Vermerk in den Affiches abgedruckt wurde" (Pauvert 1991, 1018), wird der Bürger Desade am selben Tag verhaftet und inhaftiert ... Anders ausgedrückt: „Sade ist seiner ganzen Veranlagung nach zutiefst irreligiös", doch verkennt die darauf folgende Begründung de Beauvoirs (1997, 52), de Sade sei „viel zu sehr damit beschäftigt, seine Existenz zu beanspruchen, als dass er sich über deren Sinn und Ziel befragen könnte", die philosophischen, existenzanalytischen – gar existentialistischen? – Fragestellungen dieses Freigeistes grundlegend.

„Ja, ich gestehe, ich bin ein Wüstling; alles, was man sich auf diesem Gebiet vorstellen kann, habe ich mir [der Prämisse der Wahrhaftigkeit durch öffentliche Beichte folgend] vorgestellt, aber ich habe durchaus nicht alles getan, was ich mir vorgestellt habe, und ich werde es auch nie tun. Ich bin ein Wüstling, aber weder ein Verbrecher noch ein Mörder" (de Sade 1777/84, 186*). Indem sich die Phantasie des Schriftstellers beim Schreiben sowohl enthüllt als auch zugleich verhüllt, bedeutet „die literarische Schöpfung [...] für de Sade eine letzte Möglichkeit, seine Objekte zu schützen, und zweifellos einen letzten Schutzwall gegen den Wahnsinn und psychischen Tod: ‚Meine Denkungsart', schrieb de Sade an seine Frau, ‚ist mit meiner Existenz und meiner Organisation verbunden. Es steht nicht in meiner Macht, sie zu ändern, und selbst wenn ich es könnte, würde ich es nicht tun. Meine Denkungsart, die Sie mir vorwerfen, ist der einzige Trost meines Lebens; sie erleichtert all meine Leiden im Gefängnis, sie stellt all meine Freuden in dieser Welt dar, und ich halte daran mehr fest als am Leben' (1929)", sprich, sie ist das Bollwerk gegen die Anfeindungen des infernalischen Gottes wie des – diesem fraglich ebenbürtigen – Nächsten (Chasseguet-Smirgel 1981, 251).

Das Drama de Sades beinhaltet in seiner Radikalität eine ethisch unlösbare Zwickmühle: „Und ich, der ich im Augenblick dabei bin, vor Ihnen zu bezeugen, dass es ein Gesetz des Guten allein im Bösen und durch das Böse gibt? Soll ich ein solches Zeugnis ablegen? Dieses Gesetz macht den Genuss seines Nächsten zum Angelpunkt, um den, bei Gelegenheit dieses Zeugnisses, der Sinn meines Sollens oszilliert. Soll ich [im quasi psychoanalytischen Diskurs] meiner Pflicht zur Wahrheit nachkommen, insofern sie den authentischen Platz meines Genießens wahrt, selbst wenn dieser leer bleibt? Oder soll ich mich [mit Kant] in diese Lüge fügen, die, indem sie mich mit aller Macht das Gute als Prinzip meines Genießens einsetzen macht, mir [sozusagen ‚kategorisch-imperativ'] befiehlt, das eine Mal ins Heiße, das andere Mal ins Kalte zu blasen? – sei es, dass ich davor zurückschrecke, meinen Nächsten zu verraten, um mein Ebenbild zu schonen, sei es, dass ich Schutz suche hinter meinem Ebenbild, um auf meinen eigenen Genuss Verzicht zu tun" (Lacan 1960b, 230). In diesem Dilemma provoziert der konsequent freiheitlich-aufklärerisch argumentierende Libertin de Sade, zwar habe man „kein Anrecht auf Eigentum" am Anderen, doch habe man „sicher das Recht, ihn zu genießen« und »ein unbestreitbares Recht [...], diesen Genuss zu erzwingen" (de Sade 1796, 302). Seine Maxime lautet zusammengefasst: „Ich habe das unbestreitbare Recht, Deinen Körper zu genießen, und ich habe das Recht, diesen Genuss zu erzwingen, wenn er mir, aus welchem Grunde auch immer, verweigert wird" (Lacan 1963, 138-

139). Dieses Gesetz ist ein Beziehungsmodell, dessen Anti-Ethik jede Gegen- und Wechselseitigkeit schlechthin ausschließt und dessen Asymmetrie - in Polarisierung zu Kants moralischem Gesetz - ausschließlich egozentrisch nach dem Nächsten zu trachten scheint: „Geben wir uns unbedenklich allem hin, was die Leidenschaften uns einflüstern, und wir werden immer glücklich sein" (de Sade 1787, 87*). Ersichtlich wird, dass und wie gerade das von de Sade als ‚frei' postulierte Subjekt unfrei zu werden droht, wenn der Nächste zum bloßen Instrument des Genießens, mithin zum Fetisch, wird und wenn sich das Subjekt zum Mittel seines eigenen Zwecks verobjektiviert (Lem 1981, 115).

In jedem Fall stellt es sich als allgemeines Phantasma einer nicht-umkehrbaren Beziehung dar, in dem das unbewusste Verhältnis des Subjekts zu (s)einem Objekt inszeniert wird, an dem sich das Verhältnis von Begehren und Genießen veranschaulichen lässt: „Nicht im Genuss besteht das Glück, sondern im Zerbrechen der Schranken, die man gegen das Verlangen errichtet hat" (de Sade 1782/85b, 88*), komme man „zu der Formel, dass, um zu diesem Genuss zu gelangen, eine Übertretung notwendig ist und dass das Gesetz genau dazu dient", diese Übertretung (heraus) zu fordern (Lacan 1960a, 215). Die zu überschreitende Grenze, „die wirkliche Schranke, die das Subjekt vor dem unbenennbaren Feld des radikalen Begehrens innehalten lässt", ist eine Erfahrung „absoluter Destruktion", deren verbrecherische Ästhetik von de Sade so in Szene gesetzt wird, dass sie „mit der Erfahrung des Schönen zusammenfällt" (Lacan 1960d, 262). So ist dieses Schöne der imaginierten Destruktion und des phantasierten Verbrechens „in seiner strahlenden Erscheinung" zwangsläufig „näher am Bösen" angesiedelt als am Guten; in der verbrecherischen Überschreitung inszeniert de Sade gewissermaßen nicht den Glanz einer Wahrheit, sondern vielmehr deren „Glasur" (Lacan 1960d, 262), sprich, die morbide Ästhetik der grauenvollen Wahrheit des Leidens. Um dies zu ermöglichen, konfrontiert de Sade sich und seine Leser mit einer natürlichen Ordnung, indem er das Verbrechen als einen derart „einmaligen Exzess" denkt, dass dieses „in der Macht des Menschen steht, die Natur von den Fesseln ihrer eigenen Gesetze [Zeugung, Leben, Tod, Zersetzung, Verwesung] zu befreien [...], um sie sozusagen zu einem Neubeginn aus nichts zu zwingen. Das ist die Absicht dieses Verbrechens. Nicht umsonst ist das Verbrechen für uns ein Horizont unserer Erforschung des Begehrens, und nicht umsonst hat Freud ausgehend von einem Urverbrechen [der Vatertötung] die Genealogie des Gesetzes zu rekonstruieren versucht. Die Grenzen des aus nichts, des ex nihilo, genau da hält sich [...] mit Notwendigkeit ein Denken, das streng atheistisch sein will" (Lacan 1960e, 313). Und Lacan setzt fort: „Wenn sich der Mythos vom Ursprung des Gesetzes in der Vatertötung inkarniert, dann sind daraus jene Prototypen hervorgegangen, die aufeinander folgend Totemtier, der oder jener mehr oder weniger mächtige und eifersüchtige Gott und schließlich einziger Gott, Gottvater heißen. Der Mythos der Vatertötung ist wohl der Mythos einer Zeit, für die Gott tot ist. Wenn aber Gott tot ist für uns, dann ist er es seit jeher [...]. Das heißt, dass der Mensch, der den Tod Gottes inkarnierte, immer da ist. Er ist immer da in dem Gebot, das Gott zu lieben befiehlt" (Lacan 1960a, 215-216). Dieser Gott, an dem sich de Sade abarbeitet, ist ein „Symptomgott", ein „Totem- und Tabugott", der im Mythos als ein „Vehikel für den Gott der Wahrheit" fungiert (Lacan 1960b, 219) und vor dem - wie vor dem Gebot der Nächstenliebe - auch Freud innehielt. Die Vergeblichkeit der Anstrengung de Sades beruht darin, dass von einer ‚Wahrheit' auszugehen ist, die „man wohl für wahr halten muss [...]: dass man weiß, dass Gott tot ist. Nur, da ist der nächste Schritt - Gott seinerseits weiß es nicht. Und [...] er wird es nie wissen können, da er seit je tot ist" (Lacan 1960b, 223).

Die Tautologie dieses Paradoxons zementiert umso mehr, „dass der Genuss uns verboten bleibt wie zuvor - bevor wir wissen, dass Gott tot ist" (Lacan 1960b, 223). Dabei steht das Genießen nach den Ausführungen von Kojève (1939, 146) der Lust bzw. dem Lustprinzip gegenüber, indem das begehrende Subjekt dazu tendiert, sich über die dem Genießen gesetzten Grenzen hinwegzusetzen und in dieser Transgression ‚Lust-in-Unlust' ertragen zu müssen. Dem Genießen ist also eine paradoxe Befriedigung in lustvoller Schmerzerfahrung eigen, es ist das Leiden, das es aus seiner eigenen Befriedigung gewinnt, und es ist zugleich „ein Übel, weil es das Übel des Nächsten mit sich bringt" (Lacan 1960b, 223). Bei Rückkehr zu den instituierenden Elementen der Gesellschaft, hier zum alttestamentarischen Gebot der Nächstenliebe, zum ‚Du sollst deinen Nächsten lieben wie dich selbst' (3. Mose, Kap. 19, Vers 18), kontert de Sade (1797a, 122) denn auch fast lapidar, „eines der größten Vorurteile" sei „die Annahme eines Bandes, das zwischen mir und meinen Nächsten herrschen soll". Aber auch Freud wendet gegen dieses universelle moralische Gebot ein, ein solches Kulturideal sei in seiner Unerfüllbarkeit nicht nur unmenschlich, sondern es sei darüber hinaus Ausdruck der konstitutionellen Aggressionsneigung des Menschen. Selbst wenn er nicht widersprechen würde, wenn das Gebot hieße ‚Liebe deinen Nächsten wie dein Nächster dich liebt', so sei das Gebot ‚Liebe deine Feinde' noch unfassbarer, denn beides sei paradoxerweise dasselbe: „Eben darum, weil der Nächste nicht liebenswert und eher dein Feind ist, sollst du ihn lieben wie dich selbst" (Freud 1930, 470). Denn der Mensch sei grundsätzlich kein „sanftes, liebesbedürftiges", sondern ein Wesen mit „einem mächtigen Anteil von Aggressionsneigung". Infolgedessen sei ihm „der Nächste nicht nur möglicher Helfer und Sexualobjekt, sondern auch eine Versuchung, seine Aggression an ihm zu befriedigen, seine Arbeitskraft ohne Entschädigung auszunützen, ihn ohne seine Einwilligung sexuell zu gebrauchen, sich in den Besitz seiner Habe zu setzen, ihn zu demütigen, ihm Schmerzen zu bereiten, zu martern und zu töten" (Freud 1930, 470-471). Mehr noch: „Die Verwendung, die das Gute [der Nächstenliebe] hier erfährt, kann so zusammengefasst werden, dass es uns alles in allem von unserem Genuss fernhält" (Lacan 1960b, 224).

Der Nächste, das ist nach Klossowski (1996) ausgerechnet de Sade, dessen Phantasma sich - wie Lacan (1963, 161) anmerkt - „den Stützpfeilern der christlichen Ethik eingliedert". Allerdings, fügt er hinzu, „würde de Sade es von sich weisen, mein Nächster zu sein. In der Tat führt de Sade aus, „dass das Band der Brüderlichkeit nicht nur niemals unter den Menschen herrschen konnte, sondern dass es auch widernatürlich ist. [...] Übrigens ist das oberste Gesetz [...] nicht die Liebe zu meinen angeblichen Brüdern, sondern der Wunsch, sie meinen Leidenschaften dienstbar zu machen, denn nochmals, dieser Nächste gilt mir nichts, es herrscht nicht die mindeste Beziehung zwischen ihm und mir, und wenn ich eine solche herstelle, so geschieht es nur in der Absicht, von ihm durch Schlauheit zu erlangen, was ich nicht durch Gewalt erlangen kann" (de Sade 1797a, 123). Das heißt, der a-moralische Blick auf Motive und Intentionen (s)einer Anti-Ethik erweist den Bürger de Sade als ein (post-)revolutionäres Subjekt, das sich mit seinen fragmentarisch erhaltenen

Schriften in einer schonungslosen Auseinandersetzung mit ‚Gott und der Welt' darum bemüht, als freies Subjekt alles Denken, alle Phantasien zuzulassen, mithin: quasi entfesselt von jedwedem Tabu alles zu sagen ... Erst in dem damit verbundenen streng atheistischen Denken kann de Sade mit und in der Philosophie des Verbrechens (s)ein Fundamentalphantasma entwickeln, „das die unzähligen erschöpfenden Bilder [der Erniedrigung, der Folter, der Gemeinheit, der Niederträchtigkeit, der Bösartigkeit, des Quälens und der Qual ...], die er uns von der Manifestation des Begehrens gibt, immer wieder illustrieren. Dieses Phantasma ist das des ewigen Leidens (Lacan 1960e, 313), das er innerhalb einer unendlich monotonen perversen Inszenierung als die Verbindung der „Spiele des Schmerzes" mit einer Ästhetik des Schönen wieder und wieder thematisiert und das ein endloses Leiden als „Leiden über den Tod hinaus" imaginiert (Lacan 1960f, 351). Worum es de Sade mit dieser Funktion des Ästhetisch-Schönen geht, ist, „den Ort anzuzeigen, an dem der Mensch sich zu seinem eigenen Tod verhält", doch ist dies - wie bei allen Imaginationen, bei allen sich vor (die unerträgliche Wahrheit) stellenden Vorstellungen - „nur in einer Blendung" möglich (Lacan 1960f, 352).

Blanchot (1986, 7) leitet seine Arbeit über de Sade mit der Wertung ein, mit dessen Schriften habe man „das anstößigste Werk" vor sich, „das jemals geschrieben wurde. Ist das nicht Grund genug, uns damit zu befassen?", und er fordert: „Ach, respektiert in Sade wenigstens den Skandal" (Blanchot 1986, 9). Er schließt mit der Anmerkung: „Wir behaupten nicht, diese Gedankenwelt sei ein Weg. Aber sie zeigt uns eins: unter jenen beiden, dem normalen Menschen, der den Sade'schen Menschen in eine Sackgasse sperrt, und dem Sade'schen Menschen, der diese Sackgasse in einen Ausweg verwandelt, ist es der letztere, der über Wahrheit und Logik seiner Situation besser Bescheid weiß und der die tiefere Einsicht darüber besitzt - so dass er dem normalen Menschen helfen kann, sich selbst zu verstehen, indem er ihm hilft, die Voraussetzungen allen Verstehens zu verändern" (Blanchot 1986, 63).

Dem bleibt nichts hinzuzufügen ...

<u>Anmerkung</u>

* Die mit Sternchen (*) gekennzeichneten Zitate sind der Sammlung von Dürsson (1989) entnommen; dabei beziehen sich die Angaben nicht auf die Seitenzahl, sondern auf die dort durchnummerierten Zitate.

** Im deutschsprachigen Text wird der Begriff »jouissance« (= ‚Genießen') des französischen Originals fälschlicherweise mit ‚Lust' übersetzt, hier entsprechend korrigiert.

Bildnachweis

1 Signatur de Sades. In: Bezzola et al. (2001, 3)
2 Auge Gottes (Stich). Ausschnitt aus Comenius (1658, 304)
3 „Der göttliche Marquis" nach einem »Portrait imaginaire« von Man Ray (1938). In: Pauvert (1991: Titelbild)
4 René Magritte (1947): »La philosophie dans le boudoir« (Öl auf Leinwand, 80x60). In: Passeron (1985, 52)

Literatur

Beauvoir, S. de. 1997. Soll man de Sade verbrennen? Drei Essays zur Moral des Existentialismus. Reinbek: Rowohlt

Bezzola, T. & Pfister, M. & Zweifel, S. 2001. Sade surreal. Der Marquis de Sade und die erotische Fantasie des Surrealismus in Text und Bild. Ostfilder-Ruit: Cantz

Blanchot, M. 1986. Sade. Berlin: Henssel

Chasseguet-Smirgel, J. 1981. De Sade: Der Körper und der Mord an der Realität. In: Psyche, 25 (3), 237-252

Comenius, J.A. 1658 (1991). Orbis sensualium pictus. Dortmund: Harenberg

Dürsson, W. (Hrsg.). 1989. Vom Unglück der Tugend, Worte des Marquis de Sade. Eggingen: Isele

Duncker, H. 1999. Gewalt zwischen Intimpartnern. Lebe, Aggressivität, Tötung. Lengerich: Pabst

Freud, S. 1900. Die Traumdeutung. In: Freud, S. 1999. Gesammelte Werke, Bd. II/III (V-642). Frankfurt a.M.: Fischer

Freud, S. 1930. Das Unbehagen in der Kultur. In: Freud, S. 1999. Gesammelte Werke, Bd. XIV (419-506). Frankfurt a.M.: Fischer

Klossowski, P. 1996. Sade - mein Nächster. Wien: Passagen

Kobbé, U. 1998. Zwischen Kant & de Sade: Die Ethik des Begehrens als politische Haltung. In: Ebrecht, A. & Wöll, A. (Hrsg.). Psychoanalyse, Politik und Moral (223-237). Tübingen: Diskord

Kobbé, U. 2002. Kant & de Sade. Ethik des Begehrens des Selben im Anderen. Eine psychoanalytische Diskussion. In: Kriminologisches Journal, 34 (3) 163-177

Kojève, A. 1939. Zusammenfassender Kommentar zu den ersten sechs Kapiteln der ›Phänomenologie des Geistes‹. In: Fulda, H.F. & Henrich, D. (Hrsg.). 1973. Materialien zu Hegels Phänomenologie des Geistes (133-188). Frankfurt a.M.: Suhrkamp

Lacan, J. 1960a. Der Tod Gottes. In: Lacan, J. (1986) a.a.O., 203-216

Lacan, J. 1960b. Die Nächstenliebe. In: Lacan, J. (1986) a.a.O., 217-230

Lacan, J. 1960c. Der Genuss der Überschreitung. In: Lacan, J. (1986) a.a.O., 231-247

Lacan, J. 1960d. Der Todestrieb. In: Lacan, J. (1986) a.a.O., 248-262

Lacan, J. 1960e. Die Gelenkstellen des Stücks. In: Lacan, J. (1986) a.a.O., 309-323

Lacan, J. 1960f. Der Anspruch auf Glück und das analytische Versprechen. In: Lacan, J. (1986) a.a.O., 347-359

Lacan, J. 1963. Kant mit Sade. In: Lacan, J. 1975. Schriften II (133-163). Olten: Walter

Lacan, J. 1973. Télévision. Seuil: Paris

Lacan, J. 1986. Das Seminar, Buch VII: Die Ethik der Psychoanalyse. Weinheim: Quadriga

Lem, S. 1986. Sade und die Spieltheorie. In: Lem, S. (Hrsg.). Sade und die Spieltheorie. Essays, Bd. 1 (79-118). Frankfurt a.M.: Suhrkamp

Lipowatz, T. 1989. Technik des Genusses oder Ethik des Begehrens? Kant mit Sade, zwei Zeugen der französischen Revolution. In: Fragmente, 31, 109-118

Passeron, R. 1985. René Magritte 1898-1967. Das Gesetz des Absurden. Köln: Taschen

Pauvert, J.-J. 1991. Der göttliche Marquis. Leben und Werk des Donatien-Aldonze-François de Sade, Bd. 1 und 2. München: List

Sade, D.-A.-F. de. 1777/84. Lettres écrites de Vincennes. In: Pauvert, J.-J. (Hrsg.). 1959-1966. Œuvres Complètes, Bd. XXIX-XXX. Paris (zitiert nach Dürsson, W. [1989] a.a.O.)

Sade, D.-A.-F. de. 1782/85a. Die hundertzwanzig Tage von Sodom oder Die Schule der Ausschweifung. Werkausgabe Bd. 1 (1995). Köln: Könemann

Sade, D.-A.-F. de. 1782/85b. Les 120 journées de Sodome (Hrsg: M. Heine). Sceaux: Pauvert 1953 (zitiert nach Dürsson, W. [1989] a.a.O.)

Sade, D.-A.-F. de. 1787. La Vérité. In: Pauvert, J.-J. (Hrsg.). 1959-1966. Œuvres Complètes, Bd. VIII. Paris (zitiert nach Dürsson, W. [1989] a.a.O.)

Sade, D.-A.-F. de. 1793. Écrits politiques. In: Pauvert, J.-J. (Hrsg.). 1959-1966. Œuvres Complètes, Bd. VIII. Paris (zitiert nach Dürsson, W. [1989] a.a.O.)

Sade, D.-A.-F. de. 1796. Franzosen! noch eine Anstrengung, wenn ihr Republikaner sein wollt!. In: Sade, D.-A.-F. de. Die Philosophie im Boudoir oder Die lasterhaften Lehrmeister. Werkausgabe Bd. 5 (1995, 275-339). Köln: Könemann

Sade, D.-A.-F. de. 1797a. Juliette oder Die Wonnen des Lasters, Teil 1 u. 2. Werkausgabe Bd. 3 u. 4. Köln: Könemann

Sade, D.-A.-F. de. 1797b. Histoire de Juliette. In: Pauvert, J.-J. (Hrsg.). 1959-1966. Œuvres Complètes, Bd. XIX-XXIV. Paris (zitiert nach Dürsson, W. [1989] a.a.O.)

Sade, D.-A.-F. de. 1798. La Nouvelle Justine. In: Pauvert, J.-J. (Hrsg.). 1959-1966. Œuvres Complètes, Bd. XV-XVIII. Paris (zitiert nach Dürsson, W. [1989] a.a.O.)

Sade, D.-A.-F. de. 1803/04. Cahiers personnels. In: Pauvert, J.-J. (Hrsg.). 1959-1966. Œuvres Complètes, Bd. XIII. Paris (zitiert nach Dürsson, W. [1989] a.a.O.)

Sade, D.-A.-F. de. 1929. Correspondance inédite du Marquis de Sade, de ses proches et de ses familiers. Paris: Librairie de France (zitiert bei Chasseguet-Smirgel, J. [1981] a.a.O., 252)

Žižek, S. 1990. Der Todestrieb in philosophischer Sicht. In: Nagl, L. & Vetter, H. & Leupold-Löwenthal, H. (Hrsg.). Philosophie und Psychoanalyse (245-255). Frankfurt a.M.: Nexus

Žižek, S. 1991. Liebe Dein Symptom wie Dich selbst! Jacques Lacans Psychoanalyse und die Medien. Berlin: Merve

Christian Donalies

Bemerkungen zu dem ostpreußisch-litauischen Dichterpfarrer Christian Donalitius (Kristijonas Donelaitis) 1714 - 1780

Über die tragische Geschichte des ehemaligen Ostpreußens ist viel geschrieben und geredet worden. Hier war nicht nur 1944/45 der Ausgangspunkt von großen oft tödlichen Fluchtbewegungen - nein, vorher fand hier auch schon manche lange (meist unfreiwillige) Wanderung ihr Ende. Dies und unterschiedliche territoriale Zugehörigkeiten nach 1945 unterbrachen die Geschichte mehr als irgendein anderes Ereignis in der Vergangenheit.

In Parenthese: Auf der Karte - die Situation 1945 darstellend - stehen in einigen Fällen zwei Namen aus der deutschen Zeit für ein und denselben Ort neben-einander. Das hat mit dem Bemühen des NS-Regimes zu tun, 1937/38 litauische Namen durch deutsche Bezeichnungen zu ersetzen. So wurde aus Pillkallen Schlossberg (eine sprachliche Barbarei, denn die Bezeichnung Schlossberg gab es mehrfach, während der Name Pillkallen m. E. einmalig war), aus Stallupönen Ebenrode und aus dem Fluss Pissa wurde Rossbach. Auch der Name des Dorfes Tollmingkehmen (der Hauptwirkungsstätte unseres Dichters) wurde verändert; das Dorf hieß bis 1945 Tollmingen, weil man die litauische Endung „-kehmen" eliminieren wollte. Nach dem Kriege versuchten Litauer vergeblich, hier wieder litauische Namen durchzusetzen. Lediglich aus Rossbach wurde wieder Pissa. Bis 1945 erschien jedoch in Gumbinnen die „Preußisch-Litthauische Zeitung", obwohl zu diesem Zeitpunkt dort kaum noch jemand litauisch sprach.

Zu den Massenvertreibungen und vielen Zerstörungen sowie Neuansiedlungen (wobei hier die Litauer - außerhalb des früheren Memellandes - kaum berücksichtigt wurden) - kamen neue Grenzen. Der Süden Ostpreußens mit der Masurischen Seenplatte und dem Ermland wurde Polen zugesprochen. Der größte Teil des Nordens mit Königsberg (Kaliningrad), Tilsit (Sowjetsk) und Gumbinnen (Gusew) kam zu Russland - und das Memelland mit der nördlichen Hälfte der Kurischen Nehrung und der Stadt Memel (Klaipeda) erhielt Litauen, welches allerdings schon zwischen den Weltkriegen die Verwaltung über dieses Sondergebiet inne hatte.

Die inneren und äußeren Bewältigungen dieser schrecklichen Vorgänge sind noch nicht abgeschlossen, jedoch sind es auch unvergessene Dichtungen ostpreußischer Dichter, die noch nach Jahrhunderten ihrer Entstehung dazu beitragen, Brücken zu bauen, Gegensätze abzumildern bzw. zu überwinden und im gemeinsamen Stolz unvergängliche Werke bis hin zur Weltliteratur zu pflegen, wozu auch die philosophischen Schriften des Königsbergers Immanuel **Kant** (1724- 1804) gehören. Als kleines Beispiel (von vielen möglichen) möchte ich das Lied „Ännchen von Tharau" nennen, dessen mundartlicher Text von Simon **Dach** (1605-1659) stammt, der in der hochdeutschen Form von Johann Gottfried **Herder** (1744-1803) und mit der Melodie von Friedrich **Silcher** (1789-1860) sich heute noch weithin einer großen Beliebtheit erfreut - übrigens auch bei vielen Russen im jetzigen Oblast Kaliningrad, dem früheren Königsberg. Simon Dach und Herder sind beide in Ostpreußen geboren - Dach hat das Gebiet wohl nie verlassen!

Bei Christian **Donalitius** (wie er sich selbst nannte), der ursprünglich Kristijonas **Donelaitis** (Sohn des Donalies) hieß (und von Litauern - wie auch anderen - auch so weiter genannt wird), war und ist jedoch der Bekanntheitsgrad im deutschen Sprachraum begrenzt. Das liegt v. a. daran, dass er - außer wenigen deutschen Gedichten - seine Dichtungen in Form von Hexametern in litauischer Sprache abgefasst hat. Schließlich wuchs er zweisprachig in einer von Deutschen und Litauern bewohnten Gegend - mit vielen litauischen Ortsnamen - auf, welche auch „Preußisch- "oder „Klein-Litauen" genannt wurde, und er liebte seine litauischen Bauern.

In Litauen selbst wurde er sehr populär, dort ist der Name jedem Schulkind, ja offenbar auch jedem Polizisten, wie ich es selbst einmal bei einer Verkehrskontrolle feststellen konnte, sehr bekannt. In Litauen wird er als Nationaldichter verehrt, für den eine Reihe von Denkmälern errichtet und nach dem viele Straßen und einige Schulen benannt wurden – und dies, obwohl er selbst das Gebiet des Litauen in den heutigen Grenzen vermutlich nie gesehen hat. Die dortige Nationaloper von A. Brazinsko trägt den Namen „Kristijonas". In Deutschland wurde Donelaitis in den letzten Jahrzehnten etwas bekannter, weil mehrere Veröffentlichungen seiner „Jahreszeiten" in deutschen Übersetzungen erschienen. So auch in einem Bändchen der Inselbücherei Nr. 928, Leipzig 1970, (welches damals auf meine Anregung erschien) mit der Übersetzung von Hermann **Buddensieg**.

Dann auch durch Johannes **Bobrowski** (1917–1965), der aus Tilsit stammte und später in der DDR lebte, welcher in seinem letzten Roman „Litauische Claviere" den Dichterpfarrer und seine „Jahreszeiten" zum Thema machte. Dieser Roman bildete dann auch 1976 die literarische Grundlage einer „Oper für Schauspieler" von Rainer **Cunad** (1936 –1995), der die Musik schrieb und Gerhard **Wolf** (geb. 1928), Ehemann von Christa Wolf, der das Libretto verfasste. Das Werk erlebte in Dresden seine Uraufführung. Vier Jahre danach kam noch ein Oratorium von Cunad – wiederum die Uraufführung in Dresden - mit Versen aus den „Jahreszeiten" mit dem litauischen Titel „Metai" dazu. Das Oratorium hatte zwei Teile: einmal Schilderungen der Natur –von einem Kinderchor gesungen - und dann die Belehrungen des Donelaitis – damals mit dem Tenor Peter Schreier als Solisten. Cunad übersiedelte 1984 in die alte Bundesrepublik. Seine Witwe schrieb später an Lutz **Wenau**, einem entfernten Nachkommen der Dichterfamilie, dass sowohl Oper als auch Oratorium in der DDR große Erfolge waren, „weil das Publikum viele Wahrheiten darin sah, die sonst nicht ausgesprochen werden konnten". Wenau hat sich sehr verdient gemacht durch Publikationen und Vorträge über unseren Dichter und seine Dichtungen.

Zu einem höheren Bekanntheitsgrad hat auch das Reisebüro **Mayer** aus Altdorf/Landshut in Bayern beigetragen, weil es im Rahmen von regelmäßigen Ostpreußentouren die Hauptwirkungsstätte des Dichterpfarrers in Tollmingkehmen (jetzt Cistye Prudy –„saubere Teiche") mit einbezog, was in Vorkriegszeiten bei Reisegruppen - meines Wissens - nie der Fall war! Herrn Richard Mayer von diesem Reisebüro ist es auch zu verdanken, dass jetzt in Gumbinnen (Gusew) ein Gedenkstein mit Büste für den Dichterpfarrer existiert. Einen solchen gibt es mit deutscher Initiative von Lutz Wenau nun auch auf dem Rombinus, einem Hügel am Nordufer der Memel (Njemen).

Kristijonas **Donelaitis** wurde am 01.01.1714 in Lasdinehlen, einem kleinen Dorf in der Nähe des späteren Gumbinnen, das übrigens erst einige Jahre später als Stadt gegründet wurde, geboren. Vater und Großvater waren Kölmer (also

Freibauern nach „kölmischen", das hieß Kulmer Recht, was 1683 mit Siegel und Unterschrift des „Großen Kurfürsten", dem Großvater unseres Dichters, verliehen wurde).

Die Häuser in Lasdinehlen wurden am Ende des 2. Weltkrieges völlig zerstört und später abgerissen. Alles geschah so gründlich, dass selbst sogar ein Gedenkstein für unseren Dichter und der Friedhof verschwanden. Als im Mai 1992 in einer bewegenden Feierstunde, zu der ich eingeladen war, hier ein neuer Gedenkstein eingeweiht wurde, hörten - nach einigen Reden- auch viele herangeeilte Litauer mit deutlicher Anteilnahme einige Verse aus dem Anfang der „Jahreszeiten" („Freuden des Frühlings") ihres Nationaldichters, die ein Schauspieler mit Begeisterung auswendig vortrug. Ich stand etwas betreten daneben, weil ich kein Wort verstand. Es wurde mir aber trotzdem klar, dass hier etwas Besonderes geschah: Die Verse zeigten eine beeindruckende Lautmalerei, die auch für den Fremden, der den Inhalt gar nicht erfasste, die Schönheiten der litauischen Sprache deutlich machte.

In deutscher Übersetzung von Hermann Buddensieg (1970), die naturgemäß nicht denselben Sprachklang haben konnte, lautet der Anfang:

„Schon stieg die Sonne wieder zur Höhe und weckte die Welt auf,
Lachend, da sie vom Winter mühsam Geschaff´nes vernichtet.
Denn es begann, was der Frost sich ersann, samt dem Eis, zu zerrinnen,
Brüchig geworden, verwandelt der Schnee überall sich in Nichts jetzt.
Linde Winde strichen erfrischend über die Fluren,
Reifend erweckend allerlei Kräuter jetzt auf von den Toten.
Sträucher wie Heiden erwachten, um sich vom Schlaf zu erheben,
Höhen und Senken der Ackerflur warfen nun rasch ihren Pelz ab.
Alles, was da in garstigen Herbsttagen weinend erstorben,
Alles, was friedlichen Winter über im Teich sich aufhielt
Oder unter den Stubben den Winter hatte verschlafen,
Alles das kroch rasch in Scharen heraus, die Sonne zu grüßen".

An demselben Tage erlebte ich auch einen großen Arbeitseinsatz vieler freiwilliger litauischer Helfer auf dem Gelände der Kirche in Tollmingkehmen (s. Abb.).

Der Vater unseres Dichters starb früh, er hinterließ eine Witwe mit sieben Kindern. Der begabte Kristijonas erhielt einen Freiplatz in der Königsberger Domschule. Dieser Zeit folgte das Theologiestudium an der dortigen Albertus-Universität. Da nahm er auch an dem litauischen Sprachseminar teil, wie offensichtlich alle, die in „Preußisch-Litauen" wirken sollten. Daraus zu entnehmen, dass er in Königsberg erst litauisch gelernt habe, wie auch schon vermutet wurde, halte ich - wie andere - für absurd. Er soll jedoch sehr sprachbegabt gewesen sein, lernte noch Französisch und auch - als zukünftiger Pfarrer - Hebräisch, Griechisch und Latein. Es wurde sogar behauptet, dass er in der Lage war, in all diesen Sprachen zu dichten. Weil er nach dem Studium nicht gleich eine Pfarrstelle erhielt (es wurden offensichtlich zu viele Theologen ausgebildet), wurde er zunächst Hauslehrer und 1740 Kantor in Stallupönen, das östlich von Gumbinnen liegt. 1742 wurde er dort auch Rektor. Dann übernahm er 1743 jedoch die Pfarrstelle in Tollmingkehmen, die er bis zu seinem Tode 1780 beibehielt. Donalitius war, wie es hieß, glücklich verheiratet. Die Ehe blieb kinderlos. Er machte sich Gedanken um das spätere Schicksal seiner Frau und baute für sie ein eigenes Gebäude, in dem sie noch 18 Jahre lang nach seinem Tode lebte.

Das Überraschende an Donalitius ist, dass er seine wunderbaren Dichtungen nicht als die Hauptsache in seinem Leben betrachtete und sie fast so nebenbei schuf. Zunächst war er v. a. lutherischer Pfarrer, der Sonntagvormittag deutsch und nachmittags litauisch predigte. Seine Gemeinde bestand etwa je zur Hälfte aus Deutschen und aus Litauern. Außerdem machte er alles Mögliche, z. B. veredelte er Obstbäume, fertigte Barometer und Thermometer, schliff Gläser und baute sogar drei Klaviere. Er komponierte, spielte verschiedene Musikinstrumente und sang. Dann schrieb er seine fast verloren gegangenen Dichtungen, die er auch Freunden vortrug - ohne sie jedoch zu veröffentlichen - oder weiter sorgfältig zu bearbeiten. Und trotzdem wäre es falsch, diese Verse nur als Ablenkung und Ausgleich zu betrachten. Denn die Arbeit, die Nöte, die Feste, die unterschiedlichen Verhaltensweisen und Ansichten seiner litauischen Bauern, ja sogar Kritik an manchen Missständen und zeitgemäßen Umständen (die einem manchmal sogar bekannt vorkommen), fanden durchaus Eingang in seine *„Jahreszeiten"*, die nunmehr selbst ein unvergängliches und dabei stets lebendiges Sprachdenkmal darstellen. Sie stehen seit 1977 in der Liste europäischer Meisterwerke der *UNESCO.*

Der Titel, also *„Die Jahreszeiten"* oder *„Das Jahr"*, litauisch *„Metai"*, haben nach seinem Tode seine litauischen und deutschen Herausgeber gewählt, desgleichen die Überschriften *„Die Freuden des Frühlings"*, *„Die Arbeiten des Sommers"*, *„Die Gaben des Herbstes"* und *„Die Sorgen des Winters"*. Die Reihenfolge der Jahreszeiten war in den verschiedenen Ausgaben unterschiedlich, so auch bei den beiden bedeutendsten Übersetzern ins Deutsche: Ludwig Passarge 1894 und Hermann Buddensieg 1966. Während Passarge mit dem Herbst begann, tat dies Buddensieg mit dem Frühling.

Donalitius erste Hexameter entstanden 1743, also noch 5 Jahre vor dem „Messias" von **Klopstock** in Form von Fabeln, die, dem Inhalt nach, denen von **Äsop** aus dem 6. Jahrhundert v. Chr. glichen, desgleichen auch die Hexameter, die er **Theokrit** und anderen Dichtern aus dem Altertum nachempfand und damit in der Neuzeit Bahnbrechendes schuf. Auffällig ist bei der Fabel „Der Eichbaum als Prahlhans", dass die Moral länger ausfiel als die Fabel selbst. Hier machte wohl sich die Predigtbereitschaft des lutherischen Pastors bemerkbar.

In seinem Hauptwerk *„Metai"* (*„Die Jahreszeiten"*) - etwa von 1765-1775 mit größeren Pausen entstanden - schildert er zwar Szenen und Naturbeschreibungen aus der jeweiligen Zeit, von Idyllen, wie wir den Ausdruck verstehen, kann jedoch nicht die Rede sein, d.h., die friedliche Übereinstimmung von Natur und Mensch. Auch hier geht Donalitius auf das Altertum zurück, denn da verstand man unter Idyllen Einzelgedichte. Sein Werk ist auch erst nach seinem Tode zusammengefasst worden. Er selbst schrieb die Abschnitte einzeln, es besteht keine durchgehende Handlung - obwohl Einzelpersonen in den verschiedenen Abschnitten sich wiederfinden, die im allgemeinen Typen darstellen. Hinter den weisen Worten des Bauern Selmas z. B. dürfte Salomo stecken - Slunkius stellt einen faulen Bauern dar und Slapjurgis einen Saufbruder.

Obwohl Kristijonas aus seinem Pastorentum in seinen Dichtungen keinen Hehl machte, besaß er die Freiheit, die Dainos, also alte litauische Volkslieder, mit altertümlichen Elementen einzubeziehen, mit denen sich auch Lessing, Herder und Goethe beschäftigten. Selbst heidnische Götter, wie Giltine - die Todesgöttin - und Perkunas - der Donnergott - finden bei Donelaitis Erwähnung.

Nun einige Kostproben aus den „Jahreszeiten", wobei ich - leicht redigiert - die Übersetzung benutze, die **Passarge** 1894 veröffentlicht hat:

In den
„Freuden des Frühlings"
werden Tiere beschrieben, wie sie sich nach dem Winter regen. Kristijonas stellt sie für den Menschen als Vorbild hin:

„Lern´, o nichtiger Mensch, dich auch begnügen, wie diese.
Wird dir der Bissen bisweilen auch knapp nur gereicht zu der Mahlzeit,
Blick auf die Vögel hin...". -
Dann kommt aber noch massivere,ja derbere Kritik:

„Sieh, ein vornehm gekleideter Herr,- man möcht´ es verschweigen -
Denket euch nur, der obersten einer, der voll sich gefressen,
Gänzlich betrunken von allerlei Weinen, besonders von Rheinwein,
Wälzte am Boden sich hin und brüllte und fluchte entsetzlich ....
Ist es doch allbekannt, wie die Herren oft fluchen und toben,

Freilich, dass auch die Bauern von leider schon lernen ..."

Er predigt aber auch die Gleichheit:

... „Traulich sitzen zusammen die Kinder der Herrn und der Bauern,
Krabbeln lustig im Kot, beschau´n neugierig einander,
Und wie der ein´ so der and´re, erzählen sie dümmste Geschichten.
Doch auch die Kinder der Herren bekommen eins auf die Backen,
Wenn sie wie Bauernkinder die sauber´n Betten benässen ...
... Leiden und weinen, das war der Kinder erstes Geschäft stets.
Noch ist kein einziges groß geworden, das immer nur lachte,

Und kein einz´ges entstieg der Wiege ohne zu weinen."

In der Landwirtschaft rät er zu einem rücksichtsvollen Umgang mit Tieren:

„Denke, wie wär´ dir zu Mut, wenn plötzlich wütend der Bunte" (gemeint ist ein Stier)
„Dich ergriffe beim Schopf und den Pflug zu ziehen dich zwänge ...
Also bedenke, wie dir es tät´, wenn unter dem Joche,
Du, wie ein Stier, den eigenen Pflug zu ziehen gezwungen."

Im Winterkapitel heißt es über die Tiere:

„Ach wenn sie reden nur könnten, und zwar litauisch, sie würden
sicher für unsere Gaben schön danken, das heißt in dem Stalle."

In einem anderen Abschnitt wird die Frauenarbeit gelobt, aber zuviel Geschwätz dabei getadelt.

„Die Arbeiten des Sommers"
preisen die Vorteile der Arbeit der Bauern gegenüber der Faulheit mancher Reichen:

„Wir Litauer, wir arme, auf Bastschuh´n gehende, können´s
Weder den vornehmen Herrn gleichtun, noch ihren Bedienten,
Aber wir haben auch nicht zu leiden an vornehmer Krankheit.
Ach wie viele, die stöhnen vor Schmerz in der Stadt, in den Schlössern,
Wenn sich wieder gemach der Sommer zur Wiederkunft anschickt!
Einer ringt mit dem Podagra und jammert erbärmlich,
Während ein andrer stöhnt und ächzt und schreit nach dem Doktor.
Warum rafft vor der Zeit so viele hastig der Tod hin?
Darum, weil sie verlachen der Bauern tägliche Arbeit,
Und sich tagein tagaus von Sünden nähren in Faulheit."

Einen Amtsrat lobt Donalitius besonders:

„Niemals haben wir Flüche gehört aus dem Mund des Guten,
Und wenn irgend einmal, dass fluchten die Bauern, er wahrnahm,
Väterlich wusst´ er sogleich sie zu tadeln, sie freundlich belehrend.
Niemals sagt er >Du<, er pflegte stets > Ihr< uns zu nennen,
Selbst, wenn er schalt, bedient er nur des höflichen >Ihr< sich.
Schien es doch fast, als könnt´ er in deutscher Sprache nur schelten.
Fand er sich aber den einen und andern zu loben veranlasst,
Dazu bediente er sich der Sprache der Litauer immer."

Immer wieder wird die litauische Sprache und das Wesen der Litauer in positiver Weise betont, desgleichen die Arbeit der Bauern:

„Freilich gibt´s überall in der Welt nichtsnutzige Wichte.
Und sie stecken nicht bloß in des Bauern schäbigem Kittel,
Nein aus seidnen Gewändern lacht oft uns entgegen ein Dummkopf.
Darum wund´re dich nicht, wenn oft einen Tölpel in prächt´gen
Kleidern sinnlos schwatzen du hörst, er tat es gewiss nicht,
Hätt´ ihn sein Vater gelehrt, wie man bäurische Arbeit verrichtet ...
Aber wenn´s dann an die Arbeit soll, - o Zeichen und Wunder!
Kaum dass die Schufte sich ganz am köstlichen Fleische befressen,
Brav sich gelabt am süßen Getränk, das reichlich gespendet,
Wirst bald einen du hier, bald dort den andern bemerken,
Liegend auf dem Gesicht, am Zaun und unter dem Schauer.
Manchmal wissen die faulen Kerle sich so zu verstecken,
dass es unmöglich fast, sie zu finden. Ja rufe, versuch´s nur, ..."

Manchmal wird der Verlust alter Werte beklagt, auch, dass der deutsche und der französische Einfluss sich negativ auswirken und die Litauer sogar gelegentlich überflügelt werden:

„Schämet ihr euch nicht, ihr Frau´n, ihr Litauerinnen, ...
dass diese Weiber der Deutschen
Euch auf dem Felde beschämen mit gut geleisteter Arbeit?
Als die Litauerinnen in deutscher Tracht noch nicht gingen,
Als sie noch nicht verstanden, in deutscher Sprache zu reden!
Jetzt ist´s nicht mehr genug, dass deutsch sie sich kleiden und schmücken,
Nein, sie wollen wohl gar auch schon französisch parlieren,
Und ob solchem Geschwätz vergisst man die nötige Arbeit."

„Die Gaben des Herbstes"
ist das längste Kapitel. Das hängt damit zusammen, dass hier ein Fest besonders ausführlich geschildert wird. Aber zunächst nimmt wieder die Schilderung der schweren Arbeit einen breiten Raum ein. Dann folgen - wie auch in den anderen Teilen - die Klagen über die vermeintliche Überfremdung, die durch deutsche Initiativen und französische (offenbar hugenottische) Einwanderer in vorwiegend litauischen Dörfern immer mehr um sich greift.

„Ach, wo seid ihr geblieben, ihr Tage der litau´schen Vorzeit,
Als noch die Preußen nicht wussten in deutscher Sprache zu reden" ...

Hier dachte Donelaitis offenbar nicht daran, dass die meisten Litauer (d.h. deren Vorfahren) erst in den letzten Jahrhunderten, meist nach den Deutschen, eingewandert waren, als das Land durch Kriege und durch die Pest in vielen Dörfern fast menschenleer geworden war. Die freiheitsliebenden - und häufig auch protestantischen - Litauer kamen oft aus dem katholischen Polen - aus Gegenden, in denen eine strenge Adelsherrschaft manchen die Auswanderung als ein leichteres Los erschien.

Die noch früheren Bewohner, die „Altpreußen" (Prußen oder Pruzzen), redeten eine leider ausgestorbene baltische Sprache, die zwar mit der litauischen verwandt, aber nicht identisch war.

Donalitius hat dann noch weiter mit Vergleichen mit der Vergangenheit zu tun.

„Früher kannten wir zwar, wir Litauer, wenig die Welt noch,
Dachten in unserem Sinn, dass Schweizer allein und Franzosen
Wussten mit ihren weltlichen Lehren die Welt zu verführen,
Und dass die Deutschen bloß sich nicht scheuten zu stehlen und fluchen.
Aber komm´an, bei den Litauern auch geschieht nun das Gleiche,
Dass manch schmier´ger Gesell, obwohl gebor´ner Litauer,
Unser´m Litauer-Volk und -Land nur zur Schande gereichet.
Ach, ihr Litauer, auch herzliebste Brüder, ich bitt´ euch,
Stellen wir uns nicht gleich den verblendeten wüsten Gesellen ..."

„Die Sorgen des Winters"
zeigen auch wieder die Natur mit den veränderten Bedingungen. Hier regt sich Donelaitis über manche Betrüger und die Zuwanderer (die „Enrollierten")auf, wobei er leider übertreibt. Manches hört sich auch gar nicht christlich an:

„Wenn so ein polnischer Lump, so ein jüdischer Halsabschneider
Sich nicht entbricht ganz ohne Maß zu stehlen und trügen,
Oder wenn so ein deutscher Lump mit Lügen und Trügen
Frech zu begaunern wagt die Herr´n sowohl wie die Bauern,
Drob verwund´r ich mich nicht, ist´s ihnen doch zweite Natur schon ...
... Aber noch weniger schickt sich´s, wenn Litauer betrügen ..."

und ein anderes Mal :
„O du französischer Maulaff, und du vierschrötiger Schweizer,
Oder wer sonst noch kam nach uns´rem Lande gelaufen,
Wer hat euch denn erlaubt, uns Litauer zu verachten?
Konntet ihr dort nicht bleiben, wo ihr aus dem Neste gekrochen ...?"

Bei manchen Aussprüchen, die Rundumschlägen ähnelten, bräuchte man nur wenige Vokabeln zu ändern und man könnte sagen, dass man dergleichen in der Gegenwart mit durchaus aktuellen Bezügen schon gehört hätte. Sicher, es gibt alle möglichen Assoziationen, jedoch kommt es einem überzogen interpretiert vor, wenn Donelaitis in einer Ausstellung der Staatsbibliothek in Berlin, Unter den Linden „als mutiger Kämpfer für die litauischen Leibeigenen gegen die deutschen Feudalherren" bezeichnet wurde. Sicher, der Dichterpfarrer war ein mutiger Mann, was er z. B. während des „Siebenjährigen Krieges", in dem Ostpreußen längere Zeit von russischen Truppen besetzt war, mehrfach bewies! So soll er von der Besatzungsmacht die Auflage erhalten haben, die Feste der russisch-orthodoxen Kirche in seinen Gottesdiensten zu bedenken. Am Tage des Heiligen Alexander Newski (23.11.) soll Donalitius gesagt haben: „Es mag ein guter Mann gewesen sein, allein ihr kennt ihn nicht, und ich kenne ihn nicht; deshalb wollen wir die Stelle der Heiligen Schrift 2. Thimotheus 4,14 (>Alexander der Schmied hat mir viel Böses bewiesen, der Herr bezahle ihn nach seinen Werken<) zum Text für unsere heutige Betrachtung wählen"(nach Passarge).

Dass er jedoch seine Manuskripte der *„Jahreszeiten"* in der Schublade verschwinden ließ, würde ich allerdings nur bedingt als mutig bezeichnen. Man vermutete zwar auch, dass er keinerlei literarischen Ehrgeiz besaß. Dann wäre die Schubladenexistenz seiner Dichtungen nicht Feigheit, sondern Bescheidenheit! Manches hört sich in den *„Jahreszeiten"* sogar schon nationalistisch an - man muss aber bedenken, dass nach langen Notzeiten mit Kriegen und Pest sowie vielen witterungsbedingten Schwierigkeiten, in denen Betrügereien an der Tagesordnung waren, Donelaitis wenigstens in der eigenen Gemeinde ein wenig Ordnung halten wollte. Denn die nicht publizierten Hexameter dürften doch mancher Vorbereitung auf die Predigten, in denen sich viele Gedanken vermutlich wieder fanden, gedient haben.

Hinzu kam, dass viele Einwanderer von den staatlichen Stellen manche Sonderrechte und Vergünstigungen erhielten, von denen die einheimischen Litauer nur träumen konnten. Zu den Hugenotten aus der Schweiz und v. a. aus Frankreich kamen viele protestantische Salzburger, die in Gumbinnen sogar eine eigene neue Kirche erhielten. Den kritischen Hinweisen, die es dort in der Umgebung , wozu eben auch Tollmingkehmen gehörte, vermutlich im reichlichen Maße von Seiten der einheimischen Litauer gab, wollte unser Dichterpfarrer am besten erwidern, indem er an den Stolz, die Ehre, den Fleiß seiner geliebten litauischen Gemeindeglieder appellierte und vor schlechten Beispielen - sowohl reicherer Leute als auch der Einwanderer - warnte und an elementare christliche Grundtugenden, die er einfach dann auch den einfachen Litauern zuschrieb, erinnerte. Manches *hört sich fast revolutionär an, aber unabhängig davon, dass er sein Werk nicht* veröffentlichte, wurde manches durch christliche Hinweise wieder abgemildert. Auch mahnt er zur Vorsicht:

„Kann der erbärmliche Frosch mit dem mächtigen Löwen sich messen?
So auch hüte dich wohl mit den stolzen Herren zu scherzen,
Halte vielmehr den Mund, dass du nicht verläufst mit der Rede."

Darüber hinaus betonte auch Donalitius in seinem Leben wiederholt, dass er ein guter Preuße und ein treuer Untertan des großen Friedrich wäre, was sich insbesondere auch während des „Siebenjährigen Krieges" bewährte, wo russische Truppen längere Zeit große Teile Ostpreußens besetzten und die Gemeinde in die benachbarte Rominter Heide flüchtete, in der unser Dichterpfarrer auch seinen Amtspflichten nachging.

Das Winterkapitel schließt mit einem Gebet, in dem es unter anderem heißt:
„Wir einfältige Weisen versteh´n nicht dein Ordnen, dein Walten,
Deine Gedanken sind uns ein nicht zu ergründender Abgrund ....
Sorg´ als ein Vater für uns, wenn wieder der Sommer erscheinet,
Und wir auf unser´m Feld von neuem uns quälen und abmüh´n."

Von dem Wesen des Donelaitis wissen wir nur sehr wenig, jedoch muss er nach den Berichten zur Hypochondrie geneigt haben. Er war sehr sensibel, hatte auch mancherlei Streitereien. Das für die Nachwelt so wichtige Werk ließ er liegen. Seine Witwe gab nach dem Tod des Dichterpfarrers, welcher am 18.2.1780 eintrat, die Manuskripte einem Amtsbruder, der sie dann weiterreichte, wo sie schließlich zur Abschrift kamen. Dies war sehr günstig, weil die Originale in den napoleonischen Kriegen zum größten Teil verloren gingen. 1818 erschien dann eine zweisprachige Ausgabe der „Jahreszeiten" des Königsbergers Theologieprofessor Ludwig Martin **Rhesa**, dem viele andere folgten. Es gab Übersetzungen „ins Estnische, Grusinische, Lettische, Polnische, Russische, Tschechische, Ukrainische, Weißrussische, und in Bruchstücken auch ins Lateinische, Englische, Italienische, Sorbische und Jiddische" (Buddensieg). Es folgten auch weitere Übersetzungen ins Deutsche. Passarge schrieb am Schluss des Vorworts zu seiner Übersetzung 1894: „Das Grab unseres Dichters kennt man nicht mehr." Man forschte auch zunächst nicht weiter. Der Bekanntheitsgrad für den Dichter ging selbst in seiner Heimat immer mehr zurück. Ein deutscher Reiseführer (Meyers Reisebücher) von 1934 über Ostpreußen erwähnte zwar auch Tollmingkehmen: Es wäre ein Kirchdorf mit 500 Einwohnern, hier würden sich zwei Eisenbahnlinien kreuzen, am Bahnhof gebe es Erfrischungen und zwei (namentlich genannte) Gasthäuser wären vorhanden. Über unseren Dichter jedoch fiel in dem Buch kein Wort. Im ostpreußischen „Klein-Litauen" sprachen auch immer weniger Menschen litauisch, die Bürger mit litauischer Abstammung fühlten sich dann meist als Deutsche. Sie assimilierten sich weitestgehend, wussten teilweise nicht einmal mehr, dass sie litauische Vorfahren hatten. Das Interesse für einen in litauischen Hexametern schreibenden Dichter schwand. Man wusste von ihm oft gar nichts. In Litauen sah dies anders aus: Hier empfanden die

Menschen, die auch im zaristischen Russland meist nur Menschen zweiter Klasse waren, die betonte Zuwendung eines Dichterpfarrers für ihr Volkstum, ihre Persönlichkeiten und ihre schwere Arbeit als Balsam für ihre geschundene Seele. Hier war einer, der sie nicht nur verstand, sondern sie sogar liebte, würdigte - ja ssgar oft als Vorbild hinstellte!

Auch wenn er jenseits ihrer Grenze lebte und arbeitete, er war - nach ihrer festen Meinung - einer der Ihren! Es war ihnen dabei Nebensache, dass er ein Preuße war - das hieß Ostpreuße und loyaler Untertan des preußischen Königs Friedrich II. (dem Großen). Ansonsten ging dann die Geschichte merkwürdige Wege: **Tetzner**, einer der deutschen Donalitiusforscher stellte auf Grund von Kirchenbüchern vor dem 1. Weltkrieg fest, dass der Dichter in der Kirche begraben wurde. Das war die vorletzte Beerdigung, bevor ein Verbot für eine Bestattung dort von den Königsberger Behörden ausgesprochen wurde.

1964 würdigte man Donelaitis aus Anlass seines 250. Geburtstages sehr. Die sowjetischen Behörden unterstützten die Feierlichkeiten und gaben sogar eine Briefmarke mit dem vermeintlichen Bild des Donelaitis heraus - dem auch später eine litauische folgte (s. Abb.).

Man forschte mit großen Anstrengungen in der zerstörten Kirche von Tollmingkehmen und konnte aufgrund des Alters der Knochen, Krankheitszeichen und anderer Merkmale schließlich eindeutig die Gebeine unseres Dichters 1967 identifizieren. Die Kirche wurde wiederaufgebaut und als Literaturmuseum mit vielen litauischen und internationalen Werkausgaben sowie mit Bildern ausgestattet. Die Gebeine des Dichters wurden feierlich in der neugestalteten Krypta beigesetzt, in der nun auch immer Blumen liegen. Darstellungen des Kristojonas von seinen Lebzeiten gab es nicht. Nachdem man hier schon wiederholt der Phantasie freien Lauf gelassen hatte, wurden nun auf der Grundlage gerichtsmedizinischer, anthropologischer und röntgenologischer Untersuchungen physiognomische Rekonstruktionen hergestellt. Bei all diesen Aktivitäten hat sich insbesondere der litauische Archäologe Dr. Napalys (Napoleon) **Kitkauskas** verdient gemacht, der auch in Vilnius eine Donelaitisgesellschaft und eine Donelaitiszeitung gründete.

Es folgten der Wiederaufbau des Pfarrhauses in Tollmingkehmen mit Vorbereitungen für ein weiteres Museum und die Aufstellung mehrerer Gedenksteine. Einige Jahre nach Zerfall der Sowjetunion ist dort bei der russisch-litauischen Zusammenarbeit manches schwieriger geworden. Fortschritte sind trotzdem aber zweifelsfrei vorhanden, sie verlaufen nun jedoch zähflüssiger und mühsamer! Die größte Ehrung aber für **Christian Donalitius** (Kristijonas Donelaitis) und sein Werk dürfte jedoch sein, wenn es zu einem weiteren Aufblühen seiner Heimat käme und dies zum Frieden in der Region und darüber hinaus beitrüge!

Literatur beim Verfasser

Joachim Weber

Scheitern als Lebensskript - gibt es den delinquenten Wiederholungszwang?

„*Gott und die Welt*" - nicht nur eine hier während der Tagung viel zitierte Beziehung, sondern ein sicher auch schon vor Jahrtausenden, wenn auch zunächst noch nicht schriftlich fixiertes, aber reflektiertes Thema.

Wenn Gott die Welt erschaffen hat und allwissend ist, so muss er auch ein Vorherwissen von allem gehabt haben, was sich auf der Welt und unter den Menschen ereignen wird. Wenn er aber schon im voraus weiß, wie die Menschen sich entscheiden und handeln werden, so bleibt diesen ja gar keine Entscheidung - meint schon Cicero - und fügt den Umkehrschluss hinzu: Wenn es eine Willensfreiheit gäbe, so wäre Gott nicht allwissend und damit eben auch kein Gott. Zusätzlich verkompliziert wird der Diskurs noch durch die *Theodizee*, also die Lehre, dass Gott auch das Böse im Denken und Handeln der Menschen zulässt, ja sogar vorausbestimmt.

Wenn aber die Menschen über keine Selbstbestimmung und Autonomie verfügen, mit welchem Recht dürfen wir dann einen Verbrecher bestrafen, der ja in seiner (biologischen, situationellen oder motivischen) Determiniertheit nur das tut, was ihm vorgezeichnet ist?

Schon mit diesen wenigen Sätzen befinden wir uns in einer rechtsphilosophischen Zwickmühle, und ich erdreiste mich natürlich nicht, einen Ausweg aus diesem erkenntnistheoretischen Irrgarten oder eine Lösung dieser Aporien anbieten zu wollen. Zum Glück findet der psychologische oder psychiatrische Gutachter, der ja fest auf dem Boden des Grundgesetzes stehen muss, Halt in der grundlegenden Entscheidung des BGH, wonach der Mensch seine Handlungen zu verantworten habe, weil er „*auf freie, verantwortliche, sittliche Selbstbestimmung angelegt und deshalb befähigt ist, sich für das Recht und gegen das Unrecht zu entscheiden, sein Verhalten nach den Normen des rechtlichen Sollens einzurichten und das rechtlich Verbotene zu vermeiden*" (BGH 2, 194).

Der dem Strafrecht zugrunde liegende Freiheitsbegriff – so sagen die Juristen - sei freilich nicht im Sinne eines strengen Indeterminismus als völlige Voraussetzungslosigkeit und Spontaneität des Handelns zu verstehen, sondern als Freiheit in dem positiven Sinn, dass der Mensch als ein mehrschichtiges Wesen die Fähigkeit zur *'Überdetermination'* kausaler Determinanten habe (Lenckner). Die höchstrichterliche Meinung, die an dem Gedanken von Schuld und Strafe festhält, geht aber angesichts des seinswissenschaftlich nicht zu entscheidenden „Ewigkeitsproblems" menschlicher Willensfreiheit von einem Schuldbegriff aus, der beim Täter nicht die individuelle Freiheit zum Anders-Handeln-Können voraussetzt. Unserem Verbrechenssystem wird ein durch den Begriff der Vorwerfbarkeit gekennzeichneter wertender („*normativer*") Schuldbegriff zugrunde gelegt. Dieses *normativ gesetzte* Anders-Handeln-Können wird wegen der Unbeweisbarkeit menschlicher Willensfreiheit deshalb vom Recht im Normalfall bei einem erwachsenen, geistig gesunden Täter einfach ohne weiteres vorausgesetzt. Die Schuldfähigkeit muss auch nicht besonders festgestellt werden, sondern wird bei Abwesenheit besonderer

Ausschlussgründe (z. B. mangelnde Strafreife beim Jugendlichen, besondere psychopathologische Verfassung beim Täter zur Tatzeit etc.) als gegeben unterstellt.

Die knapp bemessene Redezeit erlaubt mir nun allenfalls, am Beispiel eines Täters aus der eigenen Begutachtungspraxis das so häufig deterministisch anmutende Wirken aufzuzeigen, das bestimmte Menschen veranlasst, selbst nach einem Abstand von vielen Jahren ihr Scheitern an den von der Gesellschaft vorgegebenen Normen zu wiederholen und sich so, quasi „unfrei", aufs Neue ihrer Freiheit zu berauben. Bitte bilden Sie sich selbst anhand der knappen Fallvignette Ihr Urteil, inwieweit nicht doch zuweilen das schon **1915 von Freud beschriebene unbewusste Strafbedürfnis** die Willensfreiheit unterspült.

Kasuistik[1]

Der bei der letzten Begutachtung inzwischen 58-jährige Robert Steiner (Name geändert) ist dem Referenten ein seit langem bekannter Straftäter, den er schon 1974 und 1990 zu untersuchen hatte.

Aufgewachsen mit einem fünf Jahre älteren Bruder und einer zwei Jahre jüngeren Schwester in geordnetem und finanziell gesichertem Elternhaus (Vater Hafner, Mutter Hausfrau), fiel er weder in der Schulzeit (Mittlere Reife) noch anfangs der Lehre als Industriekaufmann auf. Als er 17 Jahre alt ist und die Mu tter noch einen Nachzügler zur Welt bringt, reagiert er auf diesen „Verrat" - wie er es später bezeichnet - mit dem Diebstahl der Ladenkasse seines Arbeitgebers, die er mit einer 48-jährigen Bardame verjubelt, was das Jugendgericht noch als einmalige Entgleisung bewertet und lediglich eine Verwarnung ausspricht, während die Bardame wegen Verführung Minderjähriger zu sechs Monaten Gefängnis verurteilt wird. Es folgt eine Vielzahl von Delikten, vornehmlich Diebstähle, Hehlerei und Betrug im Zusammenhang mit renommierendem Auftreten im Rotlichtmilieu. Mit 19 Jahren wird er dann schließlich zu drei Jahren Gefängnis verurteilt, weil er seine Freundin, eine „Edeldirne", geschlagen und bestohlen hat. Sie will er, wie später alle seine Sexualpartnerinnen, ganz für sich alleine haben, beherrschen und total und bedingungslos in Besitz nehmen.

Wenn sie ihn nicht zu sich ins Haus lassen will, greift er zu allen möglichen Tricks, droht zum Beispiel, sich an ihrem Fenster aufzuhängen, ruft sie verzweifelt an, er sei in ein Auto gelaufen und erscheint mit Verbänden an Kopf, Armen und Beinen, bestellt nachts unter falschem Namen Taxen und Notärzte zu ihr hin oder versteht es, mit seiner diesbezüglich sich selbst attestierten „Engelsgeduld" sie nervlich durch Telefonblockaden soweit zu zermürben, bis sie ihn wieder einlässt (Anruf aus einsam gelegener Telefonzelle, ohne dann den Hörer wieder aufzulegen). In ihrer Abwesenheit stiehlt er ihr Schmuck, Sparschwein und Fernseher; sie nimmt ihn aber trotzdem immer wieder auf, klagt einerseits über seine Brutalität und Impulsivität, rühmt andererseits seine Zärtlichkeit und fühlt sich auch sexuell ihm hörig, obwohl sie berufsbedingt reiche Erfahrung auf diesem Gebiet hat.

Im Gefängnis nimmt er über die Jugendzeitschrift *„Bravo"* Briefkontakt mit einer 15-Jährigen auf, die ihn in Begleitung ihrer Eltern auch in der Haft besucht und unterstützt. Nach seiner Entlassung macht er einen Besuch bei dieser Familie, es ist nur die Mutter zu Hause, die er nach einem einstündigen Plaudern plötzlich bei

[1] Prof. Nedopil sei an dieser Stelle für die freundliche Überlassung der Exploration gedankt

der Verabschiedung zu Boden stößt, ihr die Unterwäsche vom Leib reißt, ihr mit der Hand in die Scheide fasst, dann abrupt innehält und sie mit den Worten „Ich bin ein Schwein, Sie sehen mich nie wieder!" verlässt. Kurz darauf ruft er verstört bei dem Referenten an, will eine Unterredung, muss aber wegen anderer Termine auf den nächsten Tag verwiesen werden, an dem er aber schon wieder in Haft ist.

Wiederum drei Jahre später entlassen, nimmt sich seiner eine 36-jährige Dolmetscherin an, aber er hat - im Gegensatz zu früher, als er angeblich achtmal hintereinander Geschlechtsverkehr haben konnte - Potenzprobleme und sie meint beim Sex, dass es sie langweile. Als sie ihm nach acht Tagen unzufriedener sexueller Begegnungen den von ihm geforderten Kuss verweigert, will er sie mit Gewalt nehmen. Auf ihren Hinweis, sie habe keine Angst vor dem Tod, sie wolle lieber sterben als so etwas, würgt er sie bis zur Bewusstlosigkeit, dringt in sie ein, massiert sie dann wieder mit nassen Handtüchern wach, und als sie wieder zu Bewusstsein kommt, hat er - so das Opfer später - den „Moralischen", will von ihr eine Pistole, um sich zu erschießen, plötzlich dann aber nochmals mit ihr schlafen, bevor er endgültig gehe. Er droht ihr wieder, sie zu erwürgen, wenn sie weiter wie ein Brett daliegen würde; sie müsse nun büßen für all das, was ihm Dirnen in seinem Leben angetan hätten. Nach dem Satz, dass sie die erste anständige Frau sei und es nun büßen müsse, vergewaltigt er sie mehrfach.

Diesmal wird er bei nicht auszuschließender verminderter Schuldfähigkeit zu sechs Jahren Gefängnis und anschließender Unterbringung in einem psychiatrischen Krankenhaus verurteilt. Bei der psychologischen Begutachtung diktiert er mir zu der leeren TAT-Tafel 16 seine regressiven Wunschvorstellungen wie folgt:
„Mein Wunsch wäre es, diesmal so richtig leben zu dürfen, wie ich es mir als kleiner Junge gewünscht habe. Keine Sorgen zu haben, dorthin zu fahren, wo immer die Sonne scheint, in ferne und fremde Länder. Ich denke dabei an Ägypten, ein Land voller Geheimnisse, an Königsgräber, die ich entdecken könnte, und arabische Musik. An Reisen auf Kamelen, durch Oasen und Orte, an denen vor mir noch niemand war. Auch in einem Palast zu wohnen mit vielen schönen Frauen und glücklich zu sein, dass alle mich mögen und lieb haben. Das wäre mein Herzenswunsch, welcher sich bislang leider nicht erfüllt hat".

Im *Rorschach-Test* werden Frauen von ihm entweder zu *„Spielfiguren aus Porzellan und Nipp"* devitalisiert und zur Staffage benutzt oder sie werden idealisiert, wobei er auf Verhaltensebene eine übersteigerte symbiotische Nähe sucht, welche dann meist in einer verhängnisvollen intradyadischen Dynamik endet. Nach fünf Jahren Haft und drei Jahren Psychiatrie wird Ende 1989 die Unterbringung zur Bewährung ausgesetzt, da zu diesem Zeitpunkt zwar eine soziopathische Persönlichkeit, jedoch keine Störung, wie sie als Merkmal des § 20 StGB gefordert wird, vorliege.

Nun kommt die **Überraschung** für den eine schlechte Prognose vermutenden Gutachter:

Herr Steiner lebt fortan mit einer schizophrenen und alkoholkranken ehemaligen Mitpatientin aus dem Bezirkskrankenhaus bis zu deren Tod an Herzversagen im Jahr 2003 fast 14 Jahre zusammen, bleibt im Wesentlichen straffrei, arbeitet unter anderem als Hausmeister und pflegt und umsorgt die idealisierte Partnerin Maria fürsorglich, da in ihm der „Beschützerinstinkt" wach geworden sei.

Nach dem Tod dieser ihm paradoxerweise durch ihre Schwäche Struktur und Halt gebenden Lebensgefährtin versucht er, sich aus anderen Frauen eine **„zweite Maria"** zu formen, vergewaltigt mehrfach die für ein paar Monate mit ihm zusammenlebende 36-jährige Manuela, versucht, eine 72-jährige Nachbarin, der er sexuell überdrüssig geworden war, mit einem selbstgebackenen und mit pulverisiertem Rohypnol gefüllten Apfelstrudel zu vergiften (sie überlebt, wacht auf, sieht sich um ihren Schmuck gebracht), sticht nach einer Beleidigung eine bei ihm nächtigende chilenische Kunststudentin mit seinem größten Küchenmesser in den Rücken in der Absicht, sie umzubringen, vergewaltigt sie dann in den nächsten Stunden noch dreimal und bezichtigt sich nach seiner Festnahme noch weiterer fünf an verschiedenen Orten in Deutschland verübter Vergewaltigungen.

Bei der erneuten psychologischen Untersuchung bei mir im Januar 2004 ist zwar der frühere infantil-narzisstische Modus der Objektbeziehung mit den passiv-regressiven Verwöhnungswünschen verblasst, es zeichnet sich mehr Bewusstseinsreife ab, aber auch immer noch eine **dependente, gestörte, *„nach Verschmelzung hungernde"* Persönlichkeit** mit einer symbiotischen An- und Verklammerung an den idealisierten Partner, einem totalen Inbesitznehmen und einem brutalen Rachenehmen mittels sexueller Bestrafung nach erlittener Kränkung oder Verlassenwerden. Psychiatrischerseits werden bei ihm Charakteristika der impulsiven oder explosiven Persönlichkeitsstörung wie auch die Kriterien der Borderline-Persönlichkeitsstörung als zutreffend erkannt, die Voraussetzungen für die Anwendung der verminderten Schuldfähigkeit (§ 21 StGB) sind, auch das weiterhin von ihm ausgehende Gefährdungspotential wird bejaht, aber die Zweckmäßigkeit einer Verlegung in den Maßregelvollzug angesichts der begrenzten Behandlungsaussicht stark bezweifelt.

Schluss

Auf die Vielzahl der Stellungnahmen zur Frage der Willensfreiheit aus den Bereichen Theologie, Philosophie, Jurisprudenz, Psychologie, Psychiatrie und Neurobiologie kann an dieser Stelle nur verwiesen werden. Stellvertretend sei nur **Schopenhauer** als Vorläufer Freuds zitiert, der – gleich diesem ein Determinist – sich irgendeinen Zeitgenossen mit dem subjektiven Gefühl der Entscheidungsfreiheit vorstellt und ihn in seinem bekannt grimmigen, sarkastischen Stil seine Illusion nimmt. Er lässt ihn zu sich selbst sagen:

„Es ist 6.00 Uhr abends, die Tagesarbeit ist beendigt. Ich kann jetzt einen Spaziergang machen; oder ich kann in den Klub gehen; ich kann auch auf den Turm steigen, die Sonne untergehen zu sehen; ich kann auch ins Theater gehen; ich kann diesen oder aber jenen Freund besuchen, ja ich kann auch zum Tor hinauslaufen, in die weite Welt, und nie wiederkommen. Das alles steht allein bei mir, ich habe völlige Freiheit dazu; tue jedoch davon jetzt nichts, sondern gehe ebenso freiwillig nach Hause, zu meiner Frau.'

Das ist gerade so, als wenn das Wasser spräche: *'Ich kann hohe Wellen schlagen* (ja! nämlich im Bette des Stromes), *ich kann schäumend und sprudelnd herunterstürzen* (ja! nämlich im Wasserfall), *ich kann frei als Strahl in die Luft steigen* (ja! nämlich im Springbrunnen), ich *kann endlich gar verkochen und verschwinden* (ja! bei 80° Wärme); *tue jedoch von dem allem jetzt nichts, sondern bleibe freiwillig, ruhig und klar im spiegelnden Teiche.'* Wie das Wasser jenes alles nur dann kann, wann die bestimmenden Ursachen zum Einen oder Anderen eintreten;

ebenso kann jener Mensch, was er zu können wähnte, nicht anders als unter derselben Bedingung ..."

Liest man weiter Schopenhauers Theorie vom angeborenen und **unveränderlichen** Charakter (*„Unter der veränderlichen Hülle seiner Jahre ... steckt, wie ein Krebs in seiner Schale, der identische ... Mensch, ganz unveränderlich und immer derselbe..."*), so könnte man als Forensiker am Sinn der allenthalben unternommenen Therapie- und Resozialisierungsversuche zweifeln. Allerdings räumt auch Schopenhauer ein, dass sich zwar nicht der Charakter, wohl aber die **Erkenntnis** des Menschen berichtigen lasse, *„daher er zu der Einsicht gelangen kann, dass diese oder jene Mittel, die er früher anwandte, nicht zu seinem Zwecke führen, oder mehr Nachteil als Gewinn bringen: dann ändert er die Mittel, nicht die Zwecke"*.

Insofern bleibt uns wenigstens die Hoffnung, dass der wie immer erlangte Erkenntnisgewinn doch den einen oder anderen Täter von seinem unseligen **„Wiederholungszwang"** befreien könnte.

Literatur

Freud, S.: Einige Charaktertypen aus der psychoanalytischen Arbeit, Frankfurt/M. 1967/1982 Studienausgabe, Band X, 231-253 („Die Verbrecher aus Schuldbewusstsein")

Lenckner, Th.: Vorwerfbarkeit und Schuld; der Schuldtatbestand. In: Schönke/Schröder: Strafgesetzbuch. Kommentar. C.H.Beck, München, 1991, 168-174

Schopenhauer, A.: „Preisschrift „Über die Freiheit des Willens" (1839), Zürcher Ausgabe, Diogenes Verlag, Zürich 1977, Bd VI, 81-90

Rolf Ahrens

Über Gott und die Welt bei Hieronymus Bosch und Pieter Bruegel

Hieronymus Bosch und Pieter Bruegel der Ältere gehören zu den Malern, die der spätmittelalterlichen Malerei ihren Stempel aufgedrückt haben. Beide wollten nicht nur der Malkunst dienen, sondern außerdem Erkenntnisse über Gott und die Welt gewinnen und darstellen, wobei sich Bosch weitgehend auf die Welt der Menschen beschränkte, während Bruegel auch die Natur einbezog. Sie waren bestrebt, die Welt der Menschen*menge* und die Welt des *Einzel*menschen zu unterscheiden. Beide Künstler sind auch deshalb zusammen zu nennen, weil Bruegel das Werk Boschs erweitert fortführt. Es ist gewagt, sich einem großen, vielschichtigen Werk wie dem von Bosch und Bruegel unter einem bestimmten Blickpunkt zu nähern, doch wird so die Übersicht erleichtert. Es kann nur ein erster oder allgemeiner Eindruck vermittelt werden, er möge aber genügen, das Interesse für zwei Meister zu wecken oder wach zu halten, deren Werk zeitnah-aktuell geblieben ist, und zwar wegen seiner Qualitätshöhe und seiner wegweisenden Eigenart. So wäre auch eine moderne Richtung wie die des Surrealismus ohne Bosch kaum denkbar.

Hieronymus Bosch (etwa 1450-1516)

Zur Zeit von Bosch betrafen Malaufträge vor allem dreiteilige Altarbilder (Triptychen), die nicht immer zur kirchlichen Aufstellung führten. Wir beschränken uns auf zwei markante Bildbeispiele: „Der Heuwagen" und „Der Garten der Lüste". Wir betonen die künstlerische Höhe seines Schaffens und weniger die surrealen Eigentümlichkeiten.

Der Heuwagen

Abb. 1: Der Heuwagen

Dieses Triptychon stellt auf dem mittleren Bild die Torheit der menschlichen Welt dar, deren Strafe nur die höllische Verbannung sein kann (rechtes Bild). Die *linke Tafel* zeigt Gottvater mit dem Engelsturz, die Erschaffung Evas, den Sündenfall und die Vertreibung aus dem Paradies. Gott erscheint zweimal als älterer Mann im päpstlichen Gewand. Auf der *rechten Tafel* ist die Hölle drastisch dargestellt: Unten werden die Sünder getötet, in der Mitte ist ein großer Höllenofen im Bau. Der obere Teil wird von einem zerstörerischen Feuer geprägt, das Menschen und Menschenwerk (Ruine) vernichtet. Die *große Mitteltafel* wird durch einen hoch geschichteten Heuwagen bestimmt, auf dem sich oben u. a. ein Liebespaar befindet, das trotz Gefahr keine Notiz von der Umgebung nimmt. Ein Engel schaut flehend zum Himmel, doch Christus in der Wolke macht eine abwehrend-resignierende Geste. Viele Menschen kämpfen verbissen bis aufs Messer um etwas Heu vom Wagen, obwohl es wenig Wert hat und reichlich vorkommt (Darstellung der sündigen Gier). Links folgt viel Volk dem Gefährt, unter ihm auch sehr hoch gestellte Persönlichkeiten, z. B. ein Kaiser und ein Papst, die auch nicht frei von Gier sind. Rechts wird der Wagen von unheimlichen Mischwesen gezogen, die offensichtlich niedere Triebe verkörpern, sie streben eilig der Hölle zu. In einem Klosterkeller (Mitteltafel unten rechts) horten Nonnen Heubüschel.

Gott und die Welt
Der Gott des „Heuwagens" kann sehr streng und unerbittlich sein. So werden aufsässige Engel in die Tiefe gestoßen (Engelsturz), und zur Vertreibung von Adam und Eva aus dem Paradies kommt ein brennendes Schwert zur Anwendung. Christus muss sich dem göttlichen Willen beugen, er darf keine Gnade walten lassen (s. o.). Ob später einmal ein Mensch von der Hölle zum Paradies zu wechseln vermag, ist ungewiss. Die Welt, von Gott geschaffen, ist abhängig von ihrem Schöpfer. Gott übt zwar Langmut, wenn aber die Sünde überhand nimmt, kommt nur eine Ausmerzung der Sünder in Betracht.

Der Garten der Lüste
Der „Garten der Lüste" übertrifft noch die anderen Werke von Bosch. Beim „Garten" kommt auch dem *Außenbild*, das beim Schließen des Triptychons sichtbar wird, besondere Bedeutung zu. Bosch stellt *Gott und die Welt* im Schöpfungsakt (3. Tag) vor (keine Abbildung). Für die Darstellung wählt er Grautöne. Im Hintergrund, links oben, Gott als weiser, alter Mann, auf den Knien die geöffnete Bibel. Am oberen Rand des Bildes: „Ipse dixit et facta sunt. Ipse mandavit et creata sunt." In der großen Weltkugel sind schon Wasser und Atmosphäre geschieden, dazwischen bereits keimende Pflanzen.

Abb. 2: Der Garten der Lüste

Auf der *linken Tafel* ist das Paradies. Unten führt Gott in der Gestalt eines jungen Mannes die soeben geschaffene Eva dem sitzenden Adam zu. Auf der *rechten Tafel* sieht man die Hölle, von Bosch höchst einfallsreich und meisterlich surreal-grotesk gestaltet. In ihrer Mitte befindet sich der berühmt-berüchtigte Baummensch (Abb. 3), der mit seinen baumstammähnlichen Beinen in kleinen, schwimmenden Booten steht. Sein fragiler, schalenartiger Leib ist nach hinten offen, in ihm befindet sich eine Art Kneipe: An einem Tisch halten mehrere männliche Personen einen Umtrunk, sie sitzen auf einem Reptil. – Unterhalb vom Baummenschen werden Menschen auf verschiedene Weise verletzt und getötet, und oben lodern, frei oder in Ruinen, Feuer, die das Dunkel nur schwach erhellen. Zwei oder drei Menschenströme, z. T. flankiert von bizarren Wesen, führen ins Ungewisse. Das große *Mittelbild* ist in Vordergrund, Mittelgrund und Hintergrund gegliedert. Vorn treiben unzählige nackte Menschen in fantastischen Pflanzengehäusen ihre Spiele oder Liebesspiele. Im Mittelgrund reiten Männer Karussell um einen kleinen Teich mit Frauen. Im Hintergrund ein Gewässer mit Schwimmenden um eine große Kugel, die unten eine Art Öffnung hat. Fantastische Bauten umstellen das Gewässer. Überall Vögel und Menschengruppen. Die Menschen sind im Gegensatz zum „Heuwagen" friedlich, ebenfalls die vielgestaltigen, oft fremdartigen Tiere. Landschaften und Bauten der Tafel 1 und 2 wirken *paradiesisch*.

Abb. 3: Baummensch

Eine allgemein gültige Interpretation des Ganzen ist insbesondere deshalb nicht möglich, weil Bosch auf Mehrdeutigkeit durch eigenwillige Symbole und Detailfülle dringt. In der ersten Zeit nach der Fertigstellung des Werks zweifelte man kaum daran, dass etwas Sündhaftes vorlag. Später darf man mit *Justi* (1889) vermuten, dass Bosch mit dem „Garten" seine Philosophie der Sinnlichkeit darstellen wollte.
Man findet nur an einer Stelle (Hintergrund in der Öffnung der Kugel, s. o.) eine eigentliche sexuelle Handlung, die wegen ihrer Bedeutung wiedergegeben sei:

Abb. 4: Garten der Lüste

Bei genauem Hinsehen bemerkt man, dass die lokale sexuelle Stimulierung exakt auf dem Schnittpunkt der Mitte-Senkrechtlinie des Bildes mit der waagerechten Linie des Wasserspiegels liegt. Hiermit wollte Bosch ziemlich sicher zum Ausdruck bringen, dass die Sexualität eine zentrale anatomische Komponente hat, die berücksichtigt werden muss. Eine freie Sublimierung („platonische Liebe") ist kaum möglich.

Nach Coestes Ross (1972) zeigen „die Nackten die Merkmale erfüllter Lust".

Befremdlich erscheint, dass die Hölle des „Gartens" (rechter Teil des Triptychons) differenziert und sehr brutal gestaltet ist, obwohl die Menschen im freien Leben (mittlerer Teil des Triptychons) ein Wohlverhalten zeigen. Muss man schwerwiegende sexuelle Übertretungen (z. B. sexuelle Gewalttaten) zur *Nachtzeit* annehmen? Vielleicht dient die besondere Grausamkeit der Hölle des „Gartens" auch als Straf*androhung*. Wie auch immer, beim Garten der Lüste bleibt vieles in der Schwebe. Eventuell wird man diesem außerordentlichen und rätselvollen Werk am ehesten gerecht, wenn man ihm eine Eigenstellung einräumt. Bosch hat ein Kunstwerk geschaffen, dass man nicht sezieren, sondern auf sich wirken lassen sollte.

Gott und die Welt
Der Gott des „Gartens" räumt dem Menschen in seinem ursprünglichen Wesen der *Möglichkeit* nach eine paradiesische Welt ein, in der auch Liebe und Sinnlichkeit ihren Platz haben. Da der Mensch meistens nicht Maß halten kann (was auch für den sexuellen Bereich gilt) und somit sündigt, bleibt eine solche Welt gefährdet. Dies rechtfertigt ein nachhaltiges Bestrafungssystem, wie es die Hölle zur Verfügung stellt. Hier spielt auch eine Strafandrohung eine Rolle.

Ergänzung
Der Faktor „Gott und die Welt" ist auch auf das übrige Werk von Bosch großenteils anwendbar, wodurch die Interpretation vertieft und bereichert wird. Daneben spielen noch andere Faktoren eine Rolle, genannt sei in erster Linie die künstlerische Höhe, die ihrerseits Bedeutung hat für den *physiognomischen Ausdruck*. Es ist zu sehen, dass Bosch auch auf dem Gebiet der Porträtkunst Hervorragendes leistet. Dabei bleibt er nicht beim „l'art pour l'art", sondern kann etwas Göttliches ausdrücken, wie zum Beispiel durch den ruhigen Gesichtsausdruck von Christus und der Heiligen Veronika im Gegensatz zu den fratzenhaften Physiognomien der Begleitung bei der „Kreuztragung" von Gent. Näheres zum Ausdruck weiter unten.

Pieter Bruegel der Ältere (zwischen 1525 und 1530-1569)
Pieter Bruegel der Ältere hat sich als Schüler von Hieronymus Bosch gefühlt, obwohl er erst nach dessen Tod lebte. Diese Einschätzung ist auf den starken Einfluss Boschs auf ihn zurückzuführen, wobei Bruegel in Temperament und künstlerischer Gestaltung eigenständig war. Neben Gemälden hat er ein umfangreiches gleichrangiges grafisches Werk geschaffen. Außerdem war er ein hervorragender Landschaftsmaler und hier der erste, der beeindruckende Schneelandschaften schuf. Bei der Gestaltung von Menschen zogen ihn besonders die Bewegung und die körperliche Tätigkeit an, so war ihm der werktätige Mensch wichtig. Religiöse und weltliche Themen hielten sich etwa die Waage, wobei er auch die soziale Seite berücksichtigte. Die Vergänglichkeit machte ihn betroffen („Triumph des Todes"). Ein besonderes religiöses Gefühl wird in den meisten seiner Werke spürbar. Der élan vital verlässt ihn selten. Bei religiösen Bildern wird nicht mehr, wie bei Bosch, Gott als Mensch dargestellt, sondern auf ihn symbolisch verwiesen. Christus ist für ihn eine stattliche Erscheinung. Von Bruegel stammen nur Einzelbilder, Triptychen wurden von Kunden nicht mehr bestellt. Wir zeigen zwei Beispiele seines Werks: ein religiöses und ein weltliches Bild.

Christus und die Ehebrecherin

Abb. 5: *Christus und die Ehebrecherin*

Das Gemälde ist eine auffallend genaue Wiedergabe des Geschehens bei Johannes, Kapitel 8. Christus schreibt mit dem rechten Zeigefinger auf den Boden: „Ist einer unter Euch ohne Sünde, so werfe er den ersten Stein." Der Hohe Priester ist so beeindruckt, dass er freudig Beifall klatscht. Die Ehebrecherin wirkt eher zurückhaltend, doch lässt der gestreckte Zeigefinger der rechten Hand, mit dem sie offenbar die Schreibbewegung unwillkürlich mitvollzieht, ein starkes Engagement erkennen. Die zuschauenden Menschen im Tempel sind aufgeschreckt, sie beginnen, den Tempel zu verlassen, manche blicken noch unschlüssig zurück, andere streben eilends dem Ausgang zu, nur wenige hält es noch länger. Die allgemeine Anspannung teilt sich dem Betrachter mit.

Gott und die Welt
Das Göttliche in Gestalt von Christus ist für die Welt wegweisend.

Die Kornernte

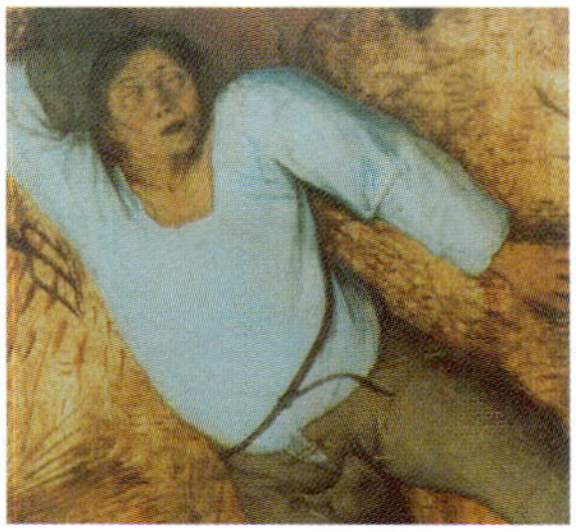

Abb. 6 und 7: Die Kornernte

Die Mahd erfolgt von einigen kräftigen Männern mit der Sense. Es wird gute und saubere Arbeit geleistet. Das gemähte Korn wird zunächst abgelegt und dann in Garben aufgestellt. Etliche Landarbeiterinnen haben sich im Bereich eines Baumes in der Bildmitte zu einer Pause niedergelassen, sie stärken sich mit breiähnlicher Suppe, Brot und Getränk. Am Stamm des Baumes liegt todmüde, schlafend ein etwas älterer Arbeiter von kräftiger Gestalt, dessen Kopf erhöht auf einer Baumwurzel ruht. Seine Gesichtszüge wirken erschöpft und vorgealtert, die Landarbeit ist schwer. Eindrucksvoll stellt Bruegel hier ein Einzelschicksal dar. Im Hintergrund links breitet sich eine hübsche, z. T. baumbestandene wellige Landschaft aus, die an eine Meeresbucht grenzt. Die Landschaft ist zwar integriert, aber doch ein Stück für sich, sie könnte ein eigenes Bild ergeben. Rechts wird der Hintergrund durch eine Baumgruppe begrenzt. Insgesamt bildet die Vielfalt des Gemäldes eine reizvolle Einheit.

Gott und die Welt
Das Bild vereint zwei wesentliche Kunstbereiche Bruegels: Natur (Landschaft) und Werktätigkeit. Beide Bereiche wirken lebensvoll beseelt und haben etwas Göttliches. Mitunter wird von Bruegel durch Farbabstimmung etwas Religiöses direkt deutlich gemacht, wie auf seiner „Flucht nach Ägypten", wo sich das Rötliche der

Bekleidung der Gottesmutter abgeschwächt und verteilt in der Landschaft wieder findet.

Ergänzung
Bruegel fühlt sich – seinem künstlerischen Temperament entsprechend – durch die *Bewegung* von Lebewesen, vor allem von Menschen, angezogen. In der spontanen Bewegung, die sich zur *Ausdrucksbewegung* spezifizieren kann, sieht er das eigentliche lebendige Geschehen. Gepaart mit seiner eigenständigen Malkunst wirken so seine Darstellungen von Menschen besonders natürlich und geschmeidig in der Bewegung. Die körperliche Arbeit von Werktätigen steht wiederholt im Mittelpunkt seiner Maltätigkeit („Turmbau zu Babel"). Winterliche Landschaften erfahren durch Mensch und Tier Belebung. Menschen in Ruhe zeigen sich still-bewegt: So wirkt die Körperhaltung eines abseits essenden Kindes leicht gebeugt, andächtig lutscht es Brei von seinen Fingern (die berühmte „Bauernhochzeit"). Dazu passt, dass der *mimische Ausdruck* der dargestellten Personen zwar kräftig, doch differenziert und lebendig ist; dies gilt auch für körperlich Behinderte („Die Bettler") und für einzelne Personen in der Menge (z. B. „Kreuztragung Christi"). Der Drang nach *Ausdruck* macht sich auch bei den Landschaften geltend; die sommerlichen Flusslandschaften sind wie durchleuchtet und zeigen, dass auch in der Natur etwas Göttliches wirksam ist.

Zum Thema Gott und die Welt
Bosch hat sich mit dem Thema Gott und die Welt konkreter auseinandergesetzt als Bruegel. Mit seinem Gemälde der Schöpfung (Außenseite von „Garten der Lüste") hat er sogar Gott und die Welt konkret malerisch dargestellt (s. o. Besprechung „Garten der Lüste"). Weitere fünf konkrete Darstellungen von Gott: „Heuwagen", „Garten der Lüste" und „Jüngstes Gericht". Die Welt ist die Welt der Menschen. Bei Bruegel erscheint Gott nicht mehr in menschlicher Gestalt, sondern symbolisch: als *Kreuz* („Die Elster auf dem Galgen"), als rötlicher *Farbschimmer* (Abglanz von Marias Gewand in „Flucht nach Ägypten"), als Lichtscheibe („Engelsturz"), als bewegter Ausdruck im menschlichen Gesicht (Heilige Veronika, „Kreuztragung von Gent"), durchschimmernd bei Ausdrucksbewegungen von Menschen als Lichtwirkungen in seinen Landschaften.

Die Welt bei Bruegel: Welt der Menschen *und* der Natur.
Christus wird von beiden Malern etwa gleich oft dargestellt, ca. acht Mal. Bei Bosch in verschiedener Gestalt, abhängig von der Situation. Bei Bruegel in stattlicher Gestalt, von der Kreuztragung abgesehen, kaum abhängig von der Situation. Im Übrigen wird in fast allen religiösen Bildern Gott und die Welt mehr oder weniger deutlich behandelt.

Abschließend sei betont, dass Hieronymus Bosch und Pieter Bruegel der Ältere zusammengehören, da sie beide auf ähnliche Weise neue Wege in der Malerei gefunden haben. Beide waren auch sehr gute Porträtisten und strebten nach Ausdruck. Bosch beschränkte sich auf die Welt der Menschen, während Bruegel noch die Welt der Natur hinzunahm. In ihrem malerischen Temperament unterscheiden sie sich deutlich. Bosch verhält sich mehr distanziert, während Bruegel mehr Engagement erkennen lässt. Bosch ist bei aller Erfindungskraft mehr statisch, Bruegel dagegen liebt die Bewegung. Beide aber lassen, jeder auf seine Weise, das Göttliche hinter den Erscheinungen der Welt erahnen.

Literatur

Baldass L (Bearbeiter: Heinz G) (1959): Hieronimus Bosch. 2. A. Anton Schroll, Wien-München

Belting H (2002): Hieronymus Bosch. Garten der Lüste. Wissenschaftl Buchgesellsch, München

Einem, H v (1975): Zur Deutung des Heuwagentriptychons von Hieronymus Bosch. Nachrichten der Akademie der Wissenschaften in Göttingen. Philosophisch-Historische Klasse. Nr. 4. Vandenhoeck und Ruprecht, Göttingen

Fraenger, W (1975): Hieronymus Bosch. Verlag der Kunst, Dresden

Marijnissen, RH (2003): Bruegel. Deutsche Ausgabe. Mercatorfonds, Antwerpen (hier auch Literatur)

Marijnissen, RH (2002): Hieronymus Bosch. Mercatorfonds, Antwerpen. Lizenzausgabe Parkland, Köln (hier auch Literatur)

Roberts-Jones, Ph und F (1997): Pieter Bruegel der Ältere. Hirmer, München

Stechow W (1974): Bruegel. DuMont Schauberg, Köln

Tolnay, Ch de (1965): Hieronymus Bosch. Einführung in das Werk des Hieronymus Bosch. Holle, Baden-Baden

Axel-Uwe Walther

Eigentlich bin ich ein Schamane...
Über das Sendungsbewusstsein und die Kunst des schizophrenen Malers Reinhold N.

Bei Brockhaus (1992) finden wir folgende Definition zu dem Begriff „Schamane": „Bezeichnung für einen religiösen Spezialisten, der im Zentrum nord-eurasischer ... Religionen steht und sich durch ekstatische und mantische Fähigkeiten auszeichnet."

Ob es ein neuer Wahneinfall, ein sehr kurzes Aufflackern alter Wahnideen, die Folge eines imperativen Phonems seiner schizophrenen Psychose oder eine überwertige Idee war, ließ sich nicht mit Sicherheit klären. Jedenfalls eröffnete mir Reinhold N. bei einem Besuch im Herbst 2003 in der Cafeteria seines Heimes plötzlich: „Eigentlich bin ich ein Schamane...", zog sich dann aber im Gespräch schnell auf ein anderes Thema zurück und antwortete auf meine sofortige Nachfrage abwehrend, ausweichend, dabei vielsagend lächelnd mit dem Nachsatz: „Na, Sie wissen schon, aber lassen wir das ...". Ich aber wusste nichts ... Monate später erreichte mich das schöne DGPA-Tagungsthema. „Über Gott und die Welt", und blitzartig erinnerte ich mich an diese kleine Episode in der Hoffnung, bei einem späteren Besuch das Schamanen-Rätsel besser verstehen zu können. Somit war das Thema geboren. Da Herr N. auch bei einem weiteren Besuchstermin nicht bereit war, ein klärendes Wort zur „Schamanen-These" zu sagen, muss eine abschließende Deutung an dieser Stelle ausbleiben, vielleicht erschließt sich dem geneigten Leser ein Teil der Deutung aus dem im Folgenden dargestellten Leben, der Kunst und der Krankheit von Reinhold N.

Abriss der Biographie - Stationen einer traumatisierten Kindheit

Der vierjährige Reinhold fand seine tote Mutter, eine Ärztin, nach ihrem Suizid. Die folgenden Jahre waren geprägt von viel Unruhe und Umzügen, zur Stiefmutter kam es nie zu einer wirklich herzlichen Beziehung. Sein Vater, von Beruf Pfarrer, war manisch-depressiv und hatte ein chronisches Alkoholproblem. Als Herr N. 13 Jahre alt war, suizidierte sich sein ältester Bruder, von den weiteren drei Brüdern scheint nur einer bis heute relativ normal leben zu können, die zwei anderen sind ebenfalls an schizophrenen Psychosen erkrankt, einer von beiden starb im Jahre 2004 an den Folgen eines Autounfalls. Ein Bild aus dem Jahre 1987 mit dem Titel „Familie in lichtdurchflutetem Raum" (Öl auf Leinwand, Abbildung 1) scheint die Sehnsucht des jungen Mannes nach einer heilen Familiensituation zu symbolisieren, man sieht einen Vater mit zweien seiner Söhne in einer geborgenen Situation am Tisch sitzend

Nach der Realschule absolvierte Herr N. eine dreijährige Lehre zum Koch, wechselte dann 1984 nach erfolgreich bestandener Aufnahmeprüfung an die Kunstakademie in München. 1986 erste Behandlung im BKH Haar wegen einer paranoid-halluzinatorischen Psychose, unter Neuroleptika Besserung. Zwei Monate später Exazerbation der Psychose, hierbei kam es zum Brückensturz mit schweren Frakturen. Über das Klinikum Großhadern Verlegung in die Psychiatrische Klinik Nussbaumstrasse. Weitere sechs Wochen an die Gipsschale gefesselt, malte Herr N. aus dem Krankenbett. Das Milieu und der Klinikalltag der geschlossenen Station fanden Eingang in sein DIN-A-4-Malbuch. So entstanden äußerst eindrucksvolle Bilder von Visiten, Studien von Mitpatienten, liegend, sitzend und immer wieder leere Betten sowie Stillleben etc. Nach seiner Entlassung planten wir bald eine Ausstellung der Aquarell-, Tusche- und Kreidezeichnungen, die dann auch im Februar 1989 mit großem öffentlichem Erfolg in unserer Klinik realisiert werden konnte. Leider war der Krankheitsverlauf der nächsten Jahre äußerst problematisch. Herr N. setzte immer wieder die verordnete Medikation ab, es kam dann zu psychotischen Rückfällen im Sinne von Erregungszuständen und nächtlichen „Reden an die Bevölkerung" aus dem Fenster seiner Münchner Wohnung und konsekutiv zu häufigen polizeilichen stationären Einweisungen in das BKH Haar. Der Referent konnte deshalb die ambulante Behandlung auf Grund der schlechten Compliance 1993 nicht mehr fortsetzen. Seit 1994 lebt Herr N. im Osten Münchens in der Nähe von Dorfen in einem Betreuungszentrum, wo ihm die schöne landschaftliche Umgebung, die Ruhe, die Regelmäßigkeit der Lebensführung und die konsequente Medikation sehr gut getan haben. Nach einer kreativen Pause malt er nun wieder und hat in den letzten Jahren an seine frühere Kreativität anknüpfen können.

Der Brückensturz und sein psychiatrische Bedeutung
Zu den Hintergründen des Brückensturzes gab Herr N. mehrere verschiedene Versionen zu Protokoll:

Erste Version: Er berichtete, er habe ein helles Licht wie ein Seelenlicht über der Isar gesehen und geglaubt, auf diesem Lichtstrahl unverletzt zum anderen Ufer gelangen zu können. Zweitens: Wenige Woche nach der Entlassung gab er dann allerdings an, inzwischen viel nachgedacht zu haben, wobei sich die „Grenzen zwischen Traum und Wirklichkeit verwischt hätten". Nun erzählte er folgende Deutung: Er habe am Weihnachtsabend 1986 gemeinsam mit einem befreundeten Paar einen Spaziergang unternommen. Die beiden Freunde hätten sich dann von ihm verabschiedet, er selber sei langsam noch hinter ihnen her gegangen, habe dann auf der Brücke plötzlich das Gefühl bekommen, die gesamte Menschheit sei bereits erlöst worden, nur er selber habe diese Erlösung noch nicht erfahren dürfen. Durch den Brückensturz habe er sich der erlösten Menschheit nähern wollen. Eine suizidale Absicht erscheint insgesamt im Rückblick eher unwahrscheinlich. Es ist schwer abzuschätzen, ob Elemente einer Mutprobe eine gewisse Rolle gespielt haben könnten.

Die Bilder von der geschlossenen Station
Als Reinhold N. zu Beginn der ambulanten Weiterbehandlung zum ersten Mal mit zwei Krücken beim Referenten in der Ambulanz erschien, die Beckenring- und Calcancius-Fraktur waren einigermaßen abgeheilt, zeigte er voller Stolz sein Malbuch mit über 100 Blättern, das er zu größten Teilen noch liegend in seiner Gipsschale gemalt hatte. Der Verfasser war sofort begeistert, da die meisten Blätter eine große spontane Kraft und Ausstrahlung hatten (Abbildung 2 und Abbildung 3). Sie sprangen förmlich aus dem Buch ins Auge des Betrachters. Herr N. verwendete unterschiedliche Techniken, zum Teil nur Tempera, zum Teil nur Bleistift, plakativ oder stilisierend wie bei einer Tuschzeichnung, zum Teil aber auch aquarellähnliche Farben. Die Autentizität der Motive aus der geschlossenen psychiatrischen Akutstation und der sichere schnelle Pinselstrich des Malers beeindruckten am stärksten. So entstand bald die Idee zu einer Ausstellung. Entgegen den ursprünglichen Absichten des Künstlers, der das Malbuch in seine

einzelnen Seiten hatte zerlegen wollen - auch im Hinblick auf größeren Erlös - konnte das Ensemble erhalten und dennoch mittels dreißig ausgewählter fotographischer Reproduktionen dem Publikum zugänglich gemacht werden (Abbildung 4 und Abbildung 5). Die Ausstellung Anfang 1989 wurde ein großer persönlicher Erfolg für den Künstler, zudem für den Verfasser zu einem vielversprechenden Beginn einer mittlerweile fast dreißig Folgeausstellungen zählenden Tradition.

Im Folgenden soll ein Text, den Reinhold N. 1988 unter dem Titel „Romantik und Realität II" für den Referenten und sein Referat auf der DGPA-Jahrestagung 1988 zum Thema „Mythologie, Romantik und Realität" geschrieben hat, die sehr individuelle, subjektive Lebensseite des kreativen Malens auf der geschlossenen Station anschaulich machen:

„Wenn man im Bett liegt, hat man erstens Ruhe und zweitens den Überblick. Ich habe in der Psychiatrie im Bett gemalt. Ich beobachte also und male dazu mit Tinte das, worüber ich den Überblick bekommen will, dann kommt die Farbeinsetzung, sprich Licht. Ich male aus der Hand, das heißt, ich habe Vertrauen zu meiner Hand, in Bezug zu dem Auge, in Harmonie mit dem Auge, entstehen dann Bilder. Ein Bild ist fertig, wenn das Licht gut ist, oder eine in-bildliche Bewegung erzeugt wird. Wenn ich male, male ich nicht zu Therapiezwecken, das mag widersprüchlich klingen, aber, und das gibt es, es gibt eine höhere Gesundheit, die ich durch das Malen erreiche, umso mehr ich male, desto öfter komme ich in den Wirkbereich der inneren Sonne, das heißt, ich trainiere mich zu einer wunderschönen gottgerechten Welt, das heißt, ich sensualisiere mich. So krank kann ich gar nicht sein, um den Überblick zu verlieren, ich male also nicht als Kranker. Wenn man beispielsweise eine Psychose hat, hat man so viel mit Stimmen und so weiter zu tun, dass man keine Zeit für Objektivität aufbringen kann. Durchs Malen dagegen kann man auch zur objektiven Gesundheit gelangen, das heißt, man malt auch ganze Bilder. Ich habe auch schon einmal zu Therapiezwecken gemalt, aber nur zweitrangig mäßig, denn in erster Linie steht die Weiterentwicklung der objektiven Tatsachen. Ich fühle mich nirgends als Patient, bin immer nur weiterführender Künstler. Ich mag die Lebendigkeit in meinen Bildern ausdrücken und das Licht. Ich spreche alle an, die keine Zeit für Lebendigkeit haben und auch Gebildete, die schöne Bilder sehen wollen."

Verlauf der Krankheit - Das neue Leben

Nach den unruhigen Jahren 1989–1994 mit vielen Exazerbationen der Psychose und stationären Behandlungen im Bezirkskrankenhaus Haar verlor Herr N. schließlich auch noch seine Wohnung in München Schwabing. Seit 1994 hat sein Leben in dem Betreuungszentrum östlich von München nun einen neuen Mittelpunkt bekommen. Nach einer größeren kreativen Pause hat er seit Ende der 90er Jahre auch wieder neue Bilder gemalt. Auf die Frage, was sich in seinem Leben geändert habe, meint er: „Seit dem ersten Tag hier im Betreuungszentrum trinke ich keinen Alkohol mehr. Es wird mir hier viel abgenommen vom täglichen Lebenskampf, so habe ich zur Kunst und zum Malen zurückgefunden." Er habe sich revanchiert, indem er mit einer ganzen Reihe von Bildern die Räume seiner neuen Heimat auf Station auch für die anderen verschönert habe. Die Themen, die er künstlerisch gestalten wolle, seien Tiere, Menschen, die Natur, Landschaften, Licht, Dunkelheit, Zwischenmenschliches. Plötzlich sagte er: „Gott kann auch im Teufel stecken!" Theoretisch beschäftige er sich inzwischen weniger mit den ganz großen Vorbildern wie Picasso oder Matisse, er sei jetzt mehr an Gegenwartskunst interessiert, wie zum Beispiel an Lüppertz, Motherwell, an Immendorf und Baselitz. Wenn er Zeit habe, beschäftige er sich mit Philosophischem, Buddha, Laotse, Konfutius. Mit seiner Lebenswirklichkeit sei er inzwischen viel ruhiger und zufriedener geworden, er wisse genau, dass auch die Medikamente eine große Hilfe seien. Er sei klarer geworden „malereimäßig". Sein Ziel sei es, weiter künstlerisch an sich zu arbeiten, er könne sich inzwischen künstlerisch besser ausdrücken, versuche dies bei verschiedenen Stilrichtungen noch zu verfeinern. Er wolle neue Ausstellungen machen. Die Beteiligung an der Ausstellung zur 100-Jahr-Feier der Nußbaumstraße im Herbst 2004 war für ihn ein großer Erfolg (Abbildung 6 und Abbildung 7). Er sei guter Dinge und hoffe, in Zukunft mehr Bilder verkaufen zu können, mit dem Geld neue Leinwände, neue Farben, neue Pinsel kaufen zu können und noch zufriedener zu werden. Wenn er viel Zeit habe, lese er immer mal wieder Baudelaire „Über Malerei" oder besonders gern im Werk von Jean Paul. Und so soll einer seiner Lieblingssätze aus Jean Pauls „Titan" diese Darstellung abrunden:

„Diese Schöpfung ist ja so kostbar und aus Gottes Hand, und das noch so klein gestaltete Herz hat ja doch sein Blut und eine Sehnsucht, und in das Augen-Pünktchen unter dem Blatte kehrt ja doch die ganze Sonne und ein kleiner Frühling ein."

Abb. 1

Abb. 2

Abb. 3

Abb. 4

Abb. 5

Abb. 6

Abb. 7

Literatur:

Brockhaus Enzyklopädie, 19. Auflage, Mannheim 1992, F. A. Brockhaus

N, R.: „Romantik und Realität II", unveröffentlichtes Manuskript, München, 1988

Walter, A.-U.: „Klinikrealität und Krankheit in Bildern und Texten eines schizophrenen Künstlers", unveröffentlichtes Manuskript des Vortrags bei der DGPA-Jahrestagung „Mythologie, Romantik und Realität" vom 16.-19.06.1988 in Baden bei Wien

Walther, A.-U.: „Kunst befreit aus der Isolation". Neurotransmitter, 2001B, Sonderheft 3, 38-42

Walther, A.- U.: „Dem Trauma trotzen. Krankheit und Werk des schizophrenen Malers Reinhold N.", unveröffentlichtes Manuskript des Vortrages bei der Jahrestagung der IGKGT vom 04.- 06.10.2002 in Salzburg

Abbildungen:

Abbildung 1: „Familie in lichtdurchflutetem Raum" (1987), Öl auf Leinwand
Abbildung 2: „Bettenlandschaft III" (1987)
Abbildung 3: „Bettenlandschaft IV" (1987)
Abbildung 4: „Telefonat in die Freiheit" (1987)
Abbildung 5: „Die Visite" (1987)
Abbildung 6: „Blumen in der Vase" (2001), Dispersion auf Leinwand
Abbildung 7: „Kreuz und quer durch die Natur" (2002), Dispersion auf Leinwand

Ruth Hampe

Zu Bildstrukturen im Verstehen der Welt

Von alters her sind bildliche Darstellungen als Ausdruck von Erkenntnis benutzt worden. Frühe Zeugnisse kultischer Verehrung von Gestaltgebungen waren in dem Zusammenhang die Steinformen, Steinritzungen und -bemalungen. Die Einbettung in die unmittelbare Naturerfahrung mit der Wahrnehmung der Gestirne, der Zyklen in der Natur u. a. bedingte das primäre Weltbild. So konnten als erste Kultbilder natürliche Objekte benutzt und als Naturobjekte durch Kultobjekte ergänzt bzw. ersetzt worden sein. Die ältesten Fundgegenstände, die nicht als Werkzeuge benutzt wurden, waren Sphäroide und stammen aus einer altsteinzeitlichen Kultur, die vor etwa 300.000 Jahren begann. Die ältesten gefundenen Sphäroide stammen aus dem Aisne-Tal in Frankreich in Form von drei zurechtgehauenen Steinen im Durchmesser von 8,9 bis 10,5 cm, also in einer Handgröße (Abb. 1) Marie E. König wirft die Frage auf, ob diese Kugelform die älteste Grundform einer Welterfassung bildet (vg. König 1981, S. 32ff). Auch weitere Sphäroide aus Löß gebildet und runde Kiesel, z. T. zu einer Größe geschlagen, wurden an verschiedenen Orten – wie in Achemheim im Elsaß und Untertürkheim – gefunden. Die Kugel konnte eine Vorstellungsform vom Kosmos beinhalten als auch die in Stein geritzte Kreisform. Entsprechend lassen sich verschiedene Gestaltungen, gleichfalls in der Schalenform, wie sie beispielsweise als Ausschwemmungen im Felsgestein wahrnehmbar ist, finden. Auch die Doppelkugeln als walzenförmiger Härtling scheinen eine Wertschätzung genossen zu haben, wie die zwei Hälften einer Kugel in der Polarität einer einheitlichen Weltkugel. Zudem tritt das Fadenkreuz auf, das sich u. a. auf einem Nummulites perforatus (Abb. 2) befindet, gefunden in einer mittelpaläolithischen Travertin-Siedlung in Ungarn mit einem Durchmesser von 2,1 cm mit schwachen Rundungen und anscheinend leicht geschliffen, und auf die Erkenntnis der vier Himmelsrichtungen verweist. So wurde auch in der Höhle Roncevaux im Dep. Seine-de-Marne in einer natürlichen Schalenform ein eingeschliffenes Linienkreuz entdeckt. Geritzte Felsplatten oder bemalte Kiesel mit Zahlenstrukturen verweisen auf weitere Aspekte einer primären Raum- und Zeiterfassung als kosmogonisches Wissen. Diese Zahlendarstellungen als Ordnungsprinzipien mit dem Linienkreuz, den vier Kardinalpunkten und dem mittleren Zentrum sind frühzeitliche Formgebungen, die ein Verstehen des Menschen in der Welt wahren und sich von der Steinzeit aus als Formstrukturen erhalten haben.[1] Sie sind Gestaltungen der besonderen Wertschätzung geblieben bzw. auch als leere Formhüllen über Jahrhunderte bewahrt worden. In der Hinsicht nimmt Marie E. König eine Entwicklung des Weltbildes vom Sphäroid hin zum Würfel wahr (vgl. König 1981, S. 145).[2] So

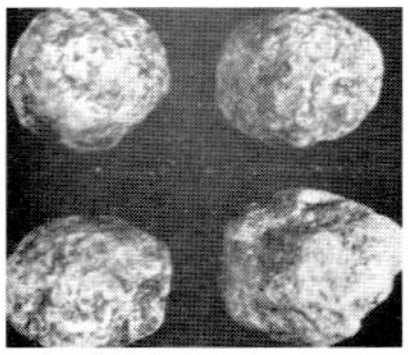

Abb. 1

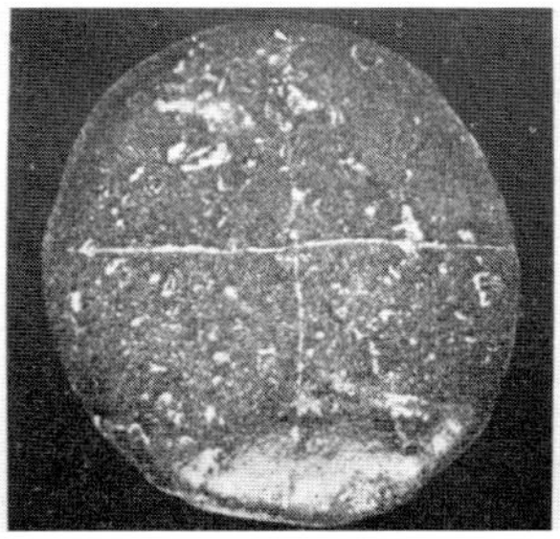

Abb. 2

[1] Die Zahl Fünf - wie auch die fünf Finger einer Hand - wurde in den alten Mythologien vielfach als Zahl für das Göttliche angesehen bzw. als göttliche Manifestation wahrgenommen.

[2] Für Walter Torbrügge (vgl. 1987, S. 38) scheint es zudem der Kreis zu sein, der als erste regelmäßige und regelhafte Figur entdeckt worden ist, und zwar als rotfarbige Punkte oder Kreise an Höhlenwände gemalt.

Abb. 3

lassen sich auch heutzutage noch unterschiedliche sakrale Wahrnehmungsformen dieser Formstrukturen finden, wie beispielsweise in Japan (vgl. Kato 1992) in der Verehrung des „Maruishigami" (Abb. 3), dem Gott des runden Steins, der als Steingottheit zwischen der Welt der Sterblichen und dem Jenseits vermitteln soll oder eines Hirsches mit einer runden Scheibe, die fünf Punkte aufweist, auf dem Rücken (Abb. 4) und im Kasuga-jinja-Schrein in Nara verehrt wird. Im Hinblick darauf mögen Naturphänome wie eine große Felsenplatte mit einer 5er Anordnung von Halbkugeln (Abb. 5) auf dem Ferschweiler Plateau in der Nähe von Echternach gleichfalls einer ehemaligen Verehrung unterlegen haben.

Abb. 4

Abb. 5

Diese Formstrukturen haben sich also erhalten, auch wenn der ehemalige Sinngehalt ein anderer geworden ist. In der Kunst des 20. Jahrhunderts mit der Wendung zur Abstraktion lässt sich eine Wiederentdeckung derartiger elementarer Strukturformen wieder finden. Mit der Aussage vom „Geistigen in der Kunst" hat beispielsweise Wassily Kandinsky (vgl. 2004) elementare geometrische Formen wie den Kreis, das Dreieck und das Viereck herausgestellt, während Paul Klee von der Sichtbarmachung des Unsichtbaren spricht. In der Nachkriegskunst lassen sich verschiedene Formen der Wiederkehr der Kreis- und Kugelform wahrnehmen. So sind für James Lee Byars (vgl. Ottmann 2004) nicht das schwarze Quadrat und das gleichseitige Kreuz, wie für Kasimir Malewitsch, sondern die Kugel und der Kreis die wesentlichen Formstrukturen (Abb. 6). Für Micha Ullman (vgl. Gercke 2004) ist es die Schalenform (Abb. 7), die in unterschiedlichen Variationen in Verbindung mit konzentrischen Kreisformen hervortritt. Der Kreis als Metapher der Erkenntnis des Selbst in Verbindung mit dem Fadenkreuz bestimmt beispielsweise auch ein frühes Bild mit dem Titel „Ich" (1970) von A. R. Penk (vgl. Böckmann 1986). Es ist das Zeichen, das den künstlerischen Ausdruck bestimmt, wo der Kreis bzw. die Kugel auch für das Selbst steht bzw. bei Penk der Kreis mit dem Fadenkreuz eine zeiträumliche Orientierung beinhaltet (Abb. 8). Anders als frühe Mandala-Gestaltungen als kosmogonische Integrität des Menschen meditativ verwandt und vielfach transkulturell auftretend, bilden sie Zeugnis einer gewandelten Selbsterkenntnis, über die wieder eine Verbindung mit einem primären Naturbezug hergestellt wird. Vergleichend ist auffällig, dass im esoterischen Buddhismus zwischen Mandalas zweier Sphären unterschieden wird, d. h., die Welt der „Taizô-kai" als die Sphäre des Mutterschoßes und die Welt der „Kongô-kai" als die Sphäre des

Abb. 6

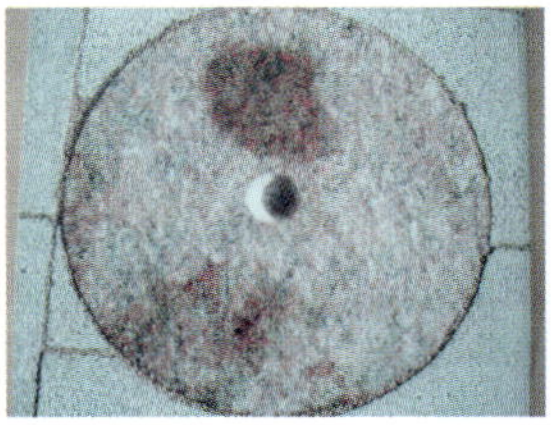

Abb. 7

Ähnlich lässt sich für die Entwicklungsgeschichte der Kinderzeichnung die Kreisstruktur als primäre Grundform aus der Kritzelphase hervorgehend wahrnehmen.

Abb. 8

Donnerkeils (vgl. Kato 1992, S. 69), die jeweils unterschiedliche Strukturierungen tragen und zwei Aspekte darstellen mit der Schöpfungsgottheit im Zentrum.[3]

In Bildgestaltungen aus dem psycho-pathologischen Ausdrucksbereich sind Kreis- und Mandalaformen allgemein bekannt. Auffallend ist, wie beispielsweise Adolf Wölfli (1964-1930) diese Formstruktur verwendet, um seine persönliche Geschichte darin zu verarbeiten und seine Selbst- und Welterkenntnis zu vermitteln. Vielfach handelt es sich dabei um Dekonstruktionen seiner eigenen Lebensgeschichte sowie den ihm zugänglichen Erfahrungsräumen und Schriften. Seine Bildgestaltungen entsprechen vielfach einem binären Weltbild, einer Ordnungsstruktur, symbolisiert in zweiseitigen Becherformen als männlich und weiblich sowie in der Form des Achtsterns. Es ist die Zahlensymbolik, die bei Wölfli auffällig ist und seine Arbeiten strukturiert. Ausgehend von der Alten Schöpfung entwirft er eine neue Ordnung als neue Skt. Adolf Schöpfung. Deutlich wird dies auch in der Doppelkomposition *„Der Zion=Stärn in seiner natürlichen Information. Skt. Adolf=Gross=Gross=Gott=Vatter=Ei"* (Abb. 9) von 1919, ein 16-teiliger Zion-Stern rechts sowie ein in zwei Halbkreise geteiltes Ei links, gezeigt (vgl. Hampe, 1995, S. 173f.) und zeigt als Ganzes Ähnlichkeiten zum orphischen Ei mit seiner komplementären Struktur. In der orphischen Tradition stellt das Ei die Geburt der Doppelaxt als Repräsentation der alten binären Einheit dar. Dieses Ei ist bei Wölfli nach oben hin spitz zulaufend gezeichnet und trägt eine zentrierte Ringsymbolik in Gestalt der liegenden Acht bzw. eine doppelseitige Becherform mit Köpfen rechts und links. Als Rechteck wird das Bild von einem dunklen Glöggli-Rand umschlossen, und zwar insgesamt 64 mit zusätzlich acht gelben Glöggli in den Kardinal- und Eckpunkten. Die in den Ecken eingefügten Vögeliformen sind in den Spektralfarben gestaltet und laufen jeweils in 3er Folge auf die oberen und unteren Mittelpunkte der Grundlinie zu. Im Ganzen scheint diese Komposition genau in den Zahlen-, Formen- und Farbverhältnissen durchkonstruiert zu sein und soll in seiner Ausrichtung eine grundlegende Formation zum seitlichen ‚Zion=Stärn' darstellen. Dieser 16-teilige *„Zion=Stärn"*, mit der oberen Strahlenspitze auf blauem Grund, hat eine Kopfform mit Federkrone und Kreuz im Zentrum und ist von sieben Ringen umschlossen, d. h. von sechs ‚Glöggli-Ringen' und einem ‚Dampferschrauben-Band', also anfangs ein 8-teiliger Ring, dann ein 12-teiliger, gefolgt von einem 16-teiligen, danach 39 und 49 sowie zwei Bänder mit 4er Einteilung von ‚Glöggli' bzw. ‚Dampferschrauben' in der Relation von 9:9:8:9 und 8:8:9:8. Eine Betonung der Kardinalpunkte, verbunden mit einer Zwischeneinteilung im Verhältnis 4:4, bestimmt die Grundstruktur des Kreises und ist als Ganzes von 84 Glöggli umgrenzt. Es scheint, als habe Wölfli mit dem ‚Zion=Stärn', der auch als ‚Skt. Adolf=Heim, Riesen=Stadt auf dem Zion=Stärn' zudem umschrieben wird, an die biblische Prophezeiung von Jesaja (2/3) angeknüpft: „Von Zion wird das Gesetz ausgehen ..." und „Sitz des höchsten Lichts". Er thematisiert damit einen Ursprungsbezug und eine neue Ordnung, aus der er sich zu regenerieren versucht. In

Abb. 9

[3] Das Mandala der Sphäre des Mutterschoßes wird aus verschachtelten Quadraten gebildet, wobei das zentrale Quadrat ein stilisierter achtblättriger Lotos ist, der die fünf Buddhas des esoterischen Wissens und die ihnen zugehörigen Bodhisattvas zeigt. Dagegen wird die Sphäre des Donnerkeils in der Aufteilung von neuen Quadraten auf der Gesamtfläche dargestellt, wobei sich in der Mitte des zentralen Sektors ein großer Kreis befindet. Beide Mandalas haben im Zentrum den Dainichi-nyorai.

seinen Zion-Büchern No. 18 und 19 von 1921 bezieht sich Wölfli auf Zion, wobei der Zion-Stern eine besondere Symbolik in Wölflis Werk einnimmt und auch als Zion-Schlange oder gefiedertes Auge in anderen Bildgestaltungen präsent ist. Wölfli scheint seine Skt. Adolf Schöpfung auf den Wechsel der Alten Schöpfung zum Neuen Jerusalem zu beziehen, identisch mit dem himmlischen Jerusalem, wie es in der Johannes Offenbarung, der Apokalypse, verkündet und als Manifestation eines neuen Himmels und einer neuen Welt interpretiert wird. In der Hinsicht scheint Wölfli an einer neuen Ordnung mit einer sakralen Dimension zu arbeiten, mit der er sich identifiziert, indem er dem Versprechen Gottes von seiner Erlösung als Skt. Adolf folgt.[4]

Mit der Hervorhebung von Gott Orpheus in Wölflis Schöpfungsmythos als einer der mächtigsten Geister unter „Gott des allmächtigen Vatters", der die Erschaffung der Erde gebot (vgl. Wölfli 1991, S. 501ff), seiner selbst ähnlich einem Orpheus in der Unterwelt als Musiker, steht er mit seinen doppelseitigen Becherformen in der orphischen Tradition. Als Sänger der Vorzeit wird Orpheus zudem mit der Jenseitsfahrt, dem Jenseitigem in Verbindung gebracht. Auch Wölfli berichtet vorrangig von Reisen mit seinen Ahnen bzw. von der „Groß=Gott=Vatter=Reise od'er Riesen=Avantt=Gaarde", mit der er sowohl irdische als auch kosmische Bereiche be reist, und zwar vielfach zur Zeit früher schwerer Erkrankungen. Seine Bechersymbolik als durchgehende Strukturierungsform ähnelt der Dopppelaxt mykenischer Zeit, welche die Doppelaxtgottheit darstellen soll und als zweigliedriges Signum auf ein göttliches Paar bezogen ist bzw. auf das Komplementärwirken zweier Halbwesenheiten des Einen.[5] Mit seinem Entwurf einer neuen Schöpfung bezieht sich Wölfli sowohl auf ein Elysium als Aufenthaltsort der Sterblichen als auch auf ein neues Jerusalem, das es zu gründen gilt. In einer seiner letzten Arbeiten *„Räbloch Skt. Adolf Ring"* (Abb. 10) von 1930 reiht er fünf Vögeli im Zentrum mit jeweils einer Ei-Form im Maul auf, umgrenzt von einer Schlangenform sowie verschiedenen Ringmotiven. Es ist eine zunehmende Reduzierung auf elementare Grundformen, die dabei auffällig ist und einer zunehmenden Vereinfachung unterliegt.

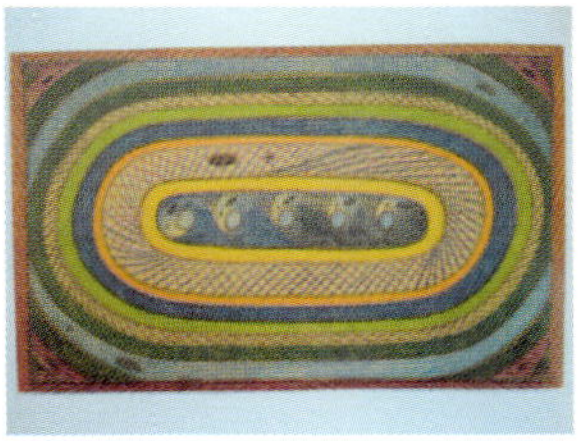

Abb. 10

Zusammenfassung

Die bildlichen Formgestalten als Träger von Erkenntnis sind einem Wandel im Referentiellen unterlegen gewesen. Waren sie anfangs noch in kultische Zusammenhänge eingebunden, so wurden sie mit Beginn der Neuzeit immer mehr profanisiert. Die Kugel- und Kreisformen haben als Grundformen im Laufe der Geschichte gleichfalls andere Sinngehalte getragen (vgl. Raphael 1979, S. 213; Hampe 1999, S. 100). Auffällig ist, dass es mit dem 20. Jahrhundert zu einer Renaissance dieser

[4] Auf der rückwärtigen Seite des Blattes berichtet Wölfli von der *„Schlacht bei Plevna"* und hat zur Verdeutlichung Postkartenbilder mit Schlachtfeldern sowie von einer elegant wirkenden Frau vor einer entfernten männlichen Gestalt als Gefangenem eingefügt. Es ist die Zeit des Versailler Vertrages, des Völkerbundes, als dieses Bild von Wölfli entstand und Wölfli im Text auf ein Kriegsgeschehen, Riesen=Städte, ein Skt. Adolf=Sieger=Denkmal wie auch auf die Skt. Adolfina als zukünftige Gemahlin des Skt. Adolf II. eingeht. In der Verbindung mit der Vorderseite scheint Wölfli eine kosmogonische Verknüpfung mit dem historischen Geschehen vorzunehmen, in dem er selbst als Held und Friedensbringer in der Versicherung Gottes auftritt.

[5] Auf mykenischen Gefäßdarstellungen erscheinen diese als zwei Hälften durch ein Wellenband, als der 'Strom Okeanos' getrennt erscheinen, da er die zwei Wesenheiten des Einen zwischen seiner dies- und jenseitigen Hälfte scheidet. Aus einem 'weißglänzenden Ei' hervorgegangen entspricht die Eigeburt des Doppelaxtwesens in der orphischen Tradition der alten Zweieinigkeit.

Grundformen gekommen ist, die als Formgestalten auf unser Unbewusstes wirken. In therapeutischen Prozessen tragen sie Wirkung, - ähnlich wie in Märchenbildern die goldene Kugel des Froschkönigs vermögen sie eine elementare Sinnzufuhr zu stiften. So repräsentiert auch die Kugel in der Hand von Jesus - ebenso mit einem Kreuz darauf - das Reich im Himmel und auf Erden oder wird zur Insignie des Kaiser- und Königtums als Reichsapfel. Über diese Grundformen kann sich ein symbolischer Tausch (vgl. Baudrillard 1982) vermitteln, der einen Einheitsbezug von Natur und Kosmos zu aktivieren vermag. Der ursprüngliche Referenzbezug mag verloren gegangen sein, aber in der symbolischen Aneignung können innerpsychische Erlebensformen aktiviert werden, die etwas Ganzheitliches anzusprechen vermögen.

Literatur

Adolf Wölfli-Stiftung (Hrsg.) (1985). Adolf Wölfli. Von der Wiege bis zum Graab. Oder, Durch arbeiten und schwitzen, leiden, und Drangsal bettend zum Fluch. Schriften 1908 - 1912, Bde. 1+2, Frankfurt a.M.: Fischer. (1991). Geographisches Heft No. 11. Schriften 1912-1913. Stuttgart: Hatje. (1998). Adolf Wölfli. Schreiber. Dichter. Zeichner. Componist. Basel: Wiese.

Baudrillard, J. (1982). Der symbolische Tausch und der Tod. München

Böckmann, G./Herbst, A. (1986). Modus Vivendi. Wiesbaden: Museum.

Gercke, H./Heidelberger Kunstverein (2004). Micha Ullmann - Echo. Heidelberg: Kunstverein.

Grunberger, B. (1982). Vom Narzißmus zum Objekt, Frankfurt a. M.: Suhrkamp.

Hampe, Ruth (1990). Bild-Vorstellungen. Eine kunst- und kulturpsychologische Untersuchung bildlicher Formgebungen, Ammersbek b. Hamburg: Verlag an der Lottbeck.

- (1995). Zur Sonnen- und Sternsymbolik in den bildnerischen Gestaltungsformen Adolf Wölflis. In: Jahrbuch für Symbolforschung. Bd. 12. P. Gerlitz (Hrsg.). Frankfurt a.M.: Lang. S. 165-184.

- (1996). Adolf Wölfli und die Narrengestalt. In: Musik-, Tanz- und Kunsttherapie. 7. Jahrg. Heft 1. S. 20-33.

- (1999). Metamorphosen des Bildlichen. Bremen: Univ.

Kandinsky, W. (2004). Über das Geistige in der Kunst (1911/12). Bern: Benteli.

Kato, Sh. (1992). Geheimnis Japan. Köln: Bertelsmann.

König, M.E. (1981). Am Anfang der Kultur. Frankfurt a.M.: Ulstein.

Ottmann, K./Hollein, M. (2004). Leben, Liebe und Tod. das Werk von James Lee Byars. Frankfurt a.M.: Hatje.

Raphael, M. (1979). Wiedergeburtsmagie in der Altsteinzeit. Sh. Chesney/I. Hirschfeld (Hrsg.). Frankfurt a.M.: Fischer.

Torbrügge, W. (1987). Kunst im Bild: Europäische Vorzeit. München: Naturalis.

Abbildungen

Charlotte Kollmorgen

Ich als Bild - Dialogische Lebensentwürfe

„ ICH - habe sehr viel über mich gelernt.
ICH - habe bei der Arbeit (in der Collagen-Therapie, d. Verf.) meine innerliche Ruhe und Entspannung gefunden.

Ich bin jetzt ICH, und das tut mir gut."

Diese Worte schrieb mir erst vor ein paar Tagen eine ehemalige Patientin auf einer Postkarte nach ihrem Reha -Aufenthalt in der Rehabilitationsklinik Seehof in Teltow. Auf der anderen Seite stand gedruckt: ICH BIN ICH und hoffe, es immer zu werden.

„Ich hätte nie gedacht, dass ich mich in der Collage so ausdrücken kann!" schrieb mir eine andere Patientin erst kürzlich wieder ins Anwesenheitsbuch, in das jeder Teilnehmer an der Collagen-Therapie, die ich 1981 als Malerin in der Klinik Wannsee der BfA, heute Rehabilitationsklinik Seehof in Teltow, konzipiert und entwickelt habe und bis heute dort dreimal zwei Stunden in der Woche praktiziere, in das jeder Patient seinen Namen unter das Tagesdatum schreiben muss und seine Gedanken und Gefühle schreiben kann, wenn er will!

Wie gut und wichtig das eigene schöpferische Schaffen ist, das erlebe ich von Geburt an in meinem Lebensentwurf - ich bin ein Siebenmonatskind. Das erlebe ich jedoch besonders als freie Malerin, die ihre Bilder in verschiedenen Ländern ausstellt. Mir tut es gut, mit meinem ICH in einen kreativen Dialog zu kommen und dadurch Verbindung zu meinem inneren und äußeren DU, zum WIR, zu mir - zu meinen Bildern; uns allen hat es bestimmt gut getan im Gespräch mit unserem Teddy oder unserer Puppe unsere kreativen Kräfte zu spüren, wenn Sie sich erinnern können. Keiner hat uns gesagt: „So musst du es machen!" Dieses Wissen liegt in uns.

Sich ein Bild machen, sein Bild *in* sich ansehen, empathisch in einem kreativen Gespräch mit sich selbst - voller Sinne und Sinnlichkeit, sinn-voll im Schutz des Symbols, der Farbe, der Punkte, Linien und Flächen, im Schutz der äußeren Bilder. Beispielsweise als Malerin, als Betrachter meiner Bilder und/oder im eigenen Bildgestalten auch als „Laie" mit der Methode der Collagen-Therapie. Spontan kann ich hier ein Bild, eine Collage so gestalten, wie ich es will, aus dem Material von Magazinen und Zeitschriften. Auch als ungeübter Laie muss ich nicht an handwerklichem Unvermögen scheitern. Ich kann mir Mut machen, Freude daran haben und dadurch einen Dialog mit meinen Lebensbildern, Lebensentwürfen, aufnehmen.

Ein Leitsatz der Collagen-Therapie und ihres Ansatzes lautet: *„Alles ist gut, was Sie in der Collage machen, weil es gut für Sie ist!"* Angeregt von einer Malerin, von mir, die auch den Betrachtern ihrer eigenen Malerei Mut macht und sagt: *„Ich wünsche mir, dass die Betrachter sich beim Anblick meiner Bilder auf ihre eigene Wahrnehmung und Empfindung, auf ihre eigenen Gefühle und Gedanken einlassen. Ich wünsche mir einen kreativen Dialog, ausgelöst durch den Anblick meiner Bilder und die individuellen Betrachtungsweisen. Dadurch könnten meine Bilder zu* *weiterführenden Prozessen auch beim Betrachter anregen. Dann bliebe der kreative Kreislauf zwischen uns allen im Fluss.*"

Der Kreislauf vom Künstler zum Betrachter scheint gelungen, scheint im Fluss zu sein. *„Ich will in mich hineinschauen, mich mit mir selbst auseinandersetzen. Das Bild, das ich klebe, kommt aus mir heraus. Ich schaue es an, und es zeigt mir, was in mir ist.*

Habe ich Angst vor diesem Experiment?
Was ist, wenn nichts aus mir herauskommt, gar nichts?
Was ist, wenn mir das, was herauskommt, nicht gefällt?
Was mache ich, wenn andere es sehen und darüber lachen?"

Ich will kreativ sein. Ich will meine Gefühle nach außen, ins Bild bringen und dann lernen, mit dem, was vor mir ist und aus mir entstanden ist, umzugehen."

Das sind die Worte einer Betrachterin ihrer Bilder und einer Frau, die vom Wort herkommend, sich in einen Dialog mit ihrem ICH über das Bild, die Collage, nach der Methode der Collagen-Therapie begab. Sie drückt aus, was wohl für uns alle gilt - in Wort und Bild, wenn wir der Kraft eines kreativen Dialoges noch nicht trauen, gleich, ob im Bild oder Wort, ob gesund oder krank, ob als Malerin oder als Collagistin. Sie hat gerade als Wahlberlinerin und ehemalige Unternehmerin mit über siebzig Jahren eine erste Ausstellung *„Seelenlandschaften - Collagen*" in ihrer Heimatstadt Kulmbach und ist voller Zukunftspläne.

In der Collagen-Therapie gilt tatsächlich: *„Ich bin, ich will, ich kann - ich kann, ich will, ich bin.*" Alles ist in der Collage erlaubt. Jeder kann also in der Collage ausdrücken, was er will - ohne an künstlerische Ansprüche zu denken!

Mit Neugier und Freude sein Bild suchen, es gestaltend finden, sein Lebensbild. Mit Mut seine Lebensentwürfe entwickeln, sich weiterbilden, sich nicht in Visionen verzehren, sondern sie als Antriebskraft für gestaltendes Weiterentwickeln realisieren, das kann geübt werden auf dieser Meta-Ebene. In seinem Leben sein ICH aus dem inneren Bild befreien und nach außen bringen, bereit zum sichtbaren Dialog mit sich und den anderen, immer wieder neu kombinieren, komponieren, wachsen lassen im Bild und Wort, im sinnvollen Handeln. Das wünsche ich mir.

VON A WIE ANGST BIS Z WIE ZUVERSICHT betitelte Eva E. ihre Collagenausstellung in der Klinik Seehof in Teltow, die Sie noch in diesen Tagen bis zum 19. Oktober 2004 betrachten konnten.

Eva E. traf als Patientin auf die Kunsttherapeutin, auf mich - Charlotte Kollmorgen, die als Malerin die Collagen-Therapie konzipiert und entwickelt hat. Eine Kunsttherapie, die ursprünglich von mir speziell für Herzinfarktpatienten als Druckentlastung entworfen worden ist.

Eva E. gestaltete ihre ersten Collagen 1991 in der Klinik nach einer zweiten Bypassoperation, auf die in kurzer Zeit eine dritte Operation folgte. Von A wie Angst bis Z wie Zuversicht: *„Ich liebe nun mal Schwarz*": sagt Eva E. heute anlässlich ihrer Ausstellung. *„Im Schwarz sind alle Farben*", sage ich, die Malerin Charlotte Kollmorgen. Eva E. macht im Laufe der Jahre mehrere Collagenausstellungen von Collagen, die sie nach wie vor im Raum der Collagen-Therapie in der Klinik gestaltet, in Anwesenheit der Patienten.

13 Jahre nach dem Beginn ihrer Bekanntschaft, ihres Dialoges, malt die Malerin Charlotte Kollmorgen die ehemalige Patientin, die immer noch ausführende Filmschaffende und „Collagistin". Vor ein paar Tagen rief sie mich an und fragte, ob sie wieder einmal in die Klinik kommen könne, um Collagen zu gestalten.

Zuerst möchte ich Ihnen jetzt ein paar Dias von ihren Collagen zeigen, die anfangs manchen von Ihnen teilweise bekannt sind und deren Dialoge Sie in den vergangenen Tagungsbüchern nachlesen können. Ich beginne mit Collagen, in denen Eva E. in den ersten Tagen nach ihrer Bypassoperation sich mit ihrem „Schwarz" auseinandergesetzt hat, dem Sie auf fast jeder Collage wieder begegnen werden.

Zu einer Collage schreibt Eva E. mir folgendes Gedicht.

HERZOPERATION
Die schwarzen Vögel bringen Unheil
Sie stürzen sich gierig auf etwas Rotes
Auf mein Herz

Einige haben schon Teile rausgehackt und
Fliegen damit davon
Die Vögel umgeben die Klinik
Warnend kleben sie an den großen Scheiben,
um andere Vögel vom Flug in den Glastod abzuhalten.
Mich ängstigen diese Klebevögel vom ersten Tag an.

Viel später denke ich, dass die schwarzen Vögel
Nicht unbedingt die Herzchirurgen sein müssen.
Sie könnten auch Menschen meiner Umgebung sein -
Etwa Freunde, die sich um mich balgen und aufeinander
Eifersüchtig sind.
Und mich zerhacken."

Bestimmt spüren auch Sie in Ihrem Leben und gerade jetzt, beim Anblick der Bilder/Collagen immer wieder, wenn Sie darauf achten - nicht nur theoretisch - wie intensiv jeder - auch Sie selbst jetzt in diesem Augenblick - wie jeder sich sein eigenes Bild vom Bild macht, in sich und außerhalb. Wie viel auch Ihre Phantasie im Zusammenhang mit Ihrem Denken und Fühlen zu tun hat, ob Sie sich erschrecken, ob Sie wütend sind, Angst haben oder ruhig abwägen, ob Sie sich freuen, ob Sie wissend oder unwissend sind.

Ungefähr sechs Wochen gestaltete Eva E. ihre ersten dialogischen Bildentwürfe in der Klinik Wannsee, unterstützt durch einen kreativen Dialog, eine kreative Reflexion mit mir, der Kunsttherapeutin *und* in der Öffentlichkeit stehenden freien Malerin. Danach entstehen die anderen Collagen in den Räumen der Klinik während der Collagen-Therapie, doch selbständig im Dialog mit sich selbst. Eva E. ist e i n Pol, und die Patienten und ich sind der andere Pol. Und dazwischen entsteht ein kreativer Raum, ein kunst-therapeutischer Raum in seiner Ursprünglichkeit. Sie sehen also Lebensbilder, Lebensentwürfe in den Collagen, die sich über 14 Jahre hinziehen. Sie sind begonnen worden in der Collagen-Therapie, die ich als MALERIN konzipiert und entwickelt habe, einer Kunsttherapie mit dem Ansatz „Kreativität pur", einer Therapie, in der „die Kunsttherapeutin das ganze Potential kreativer Lebensgestaltung provoziert - und mit den Mitteln der Kunst kreativ nach dem gesund machenden Bildern sucht.".

Für mich ist in der Collagen-Therapie die Kunsttherapeutin der eine Pol in mir und die freie Malerin der andere, zwischen denen die Energien im kreativen Dialog fließen.

„Bild und Collage geben mir das Gefühl, dass ich mich auf diese Weise ausdrücken kann - mir bisher unbekannt - ohne mich erklären zu müssen", sagte einmal eine Seminarteilnehmerin.

In ihrer Collagenausstellung „Von A wie Angst nach Z wie Zuversicht", in der Collagen gezeigt wurden, entstanden in einem Zeitraum von 1991 bis 2004, erklärte Eva E.: *„Ich liebe nun mal Schwarz."* Hat sie ihre Farben - alle Farben im Schwarz entdeckt? In ihrer Liebe zu Schwarz entdeckte Eva E. auf ihrem Weg von „A wie Angst nach Z wie Zuversicht" ihre Farben. Im Laufe der Jahre brachte sie Farben in ihre Collagen, brachte Form und Linie in zuversichtlichen Bildern zum Ausdruck, geht mir durch meinen Sinn, wenn ich ihre Worte zu ihrer Ausstellung in Einklang mit ihren Bildern bringe.

Wie weit wir uns mit den unterschiedlichsten Situationen, Lebensentwürfen, arrangieren können, das liegt also auch an unserem Wissen um unsere Phantasie - und wie wir sie nutzen - es liegt auch an unserer Fähigkeit, jederzeit unser Ich im Dialog zu unserem Du zu ermutigen, innen und außen. Je mehr wir um die Kraft unserer Kreativität, um unsere sinnvolle Gestaltungskraft wissen, auch als Kunsttherapeutin und Malerin, umso mehr entwickeln wir Selbstbewusstsein. Dann können wir diese Energien empathisch nutzen, innen und außen, zwischen unseren Polaritäten, und uns erfolgreich unser Bild im Bild gestalten und begreifen.

Kandinsky sagt: *„Bilder können wie Spiegel sein. Können uns nicht nur die Botschaft der Künstler übermitteln, sondern auch über uns selbst einiges mitteilen."*

Abschließend und ergänzend sehen Sie jetzt zwei Dias von zwei Ölgemälden, zwei Portraits, die ich voriges Jahr von Eva E. gemalt habe.

Eines Tages, vor zwei Jahren, kam Eva E. wieder einmal in die Klinik zur Collagen-Therapie. Sie war auf für mich ungewohnte Art gekleidet. In Schwarz, ein schwarzes Tuch um den Kopf, kaum sichtbar ihr sonst aufmerksam machendes rotes Haar, fast ungeschminkt, empfand ich sie als die Ur-Frau der Menschheit. Eine Eva oder Erda, eine Frau, auf deren Gesicht sich die Geschichte unserer Erde, unserer Menschheit, unseres Menschseins für mich widerspiegelt. Ich war fasziniert. Und ich fragte sie, ob ich sie malen dürfe. „Kannst Du es aushalten, dass ich Dein Gesicht wie eine Landschaft male?" „Ja." - „Ich will Dein Gesicht als Eva E. malen und auch als Ur-Frau. Erwarte kein Portrait", baute ich vor, um nicht zu verletzen. Ich kann mich noch gut an meine Studienzeit erinnern. Es ist immer beeindruckend, sein Bild zu sehen, von außen, von einem anderen - einem Fremden - gemalt oder gezeichnet.

Nachdem sie ihren beiden Portraits zum ersten Mal begegnet war und sie eine lange Zeit betrachtet hatte, sagt Eva E. zu mir, ihre Worte später in einem Brief an mich fixierend:

„Zuerst zeigtest du mir das Bild, auf dem ich die bin, die ich bin; alt, voller Trauer. Diese Trauer spiegelt sich in meinen Augen wider - so wie du sie siehst, empfindest und auch gemalt hast. Trauer, die ich zu verbergen versuche ... dann sah ich eine Eva in ihrer eher für sie typischen Aufmachung - mondän ... Und siehe da, sie lächelt, ihre Augen gucken neugierig und leicht ironisch in die Welt ... Ich würde dieses Bild Eva nennen."

Es liegt an Ihnen, Ihre Dialoge als Betrachter zu finden. Sich zu fragen, welches Bild - welche dialogischen Lebensentwürfe Sie in Ihren Bildern in diesem Augenblick sehen und erkennen. Wo Sie sich in diesem Augenblick im Einklang finden oder wo Sie Abstand nehmen. Morgen aus der Erinnerung heraus anderes Neues entdecken. Dann ist der kreative Kreislauf im Fluss.

Hier hat eine Malerin und Therapeutin eine Patientin angeregt, sich ihre eigenen Bilder zu gestalten - in einem Zeitraum von nun 14 Jahren. Diese Patientin, aus dem Schutzraum der Klinik wieder zurück in der Welt, bekennt sich ihrerseits zu ihren eigenen Werken/Collagen, zu ihrem ICH im Bild, ihren Lebensentwürfen, und übernimmt eines Tages öffentlich Verantwortung dafür. Sie regt ihrerseits die Malerin an, zwei Portraits zu malen, die ihrerseits auch in der Öffentlichkeit die Verantwortung in ihren Ausstellungen dafür übernimmt, die zu ihrem ICH und ihren Lebensentwürfen steht.

Kandinsky sagt in seinem Buch „Über das Geistige in der Kunst": „In jedem Bild ist geheimnisvoll ein ganzes Leben eingeschlossen, ein ganzes Leben mit viel Qualen, Zweifeln, Stunden der Begeisterung und des Lichts".

Schließen Sie auf. Leben Sie. Lassen Sie Ihr Ich mit Ihrem Du in einen kreativen Dialog kommen. Versuchen Sie, schöpferisch ihre Erda mit Ihrer Eva auf einer Ebene zum Wir zu bringen - in Ihre dialogischen Lebensentwürfe.
Danke für Ihre Aufmerksamkeit.

Literatur

Charlotte Kollmorgen „Collagen-Therapie/Bildnerische Arbeit mit Herzinfarktpatienten in der Rehabilitationsklinik, (Mahrhold 1988), 2. Aufl. Hans Huber Verlag, Bern, 1989

Karl-Heinz Menzen: „Grundlage der Kunsttherapie", Reinhardt, München, 2001

Kandinsky: „Über das Geistige in der Kunst", 10. Aufl. Benteli Verlag, Bern, 1952

J. Ph. Furtwängler

Von der Weisheit, über Gott zu schweigen

„Wovon man nicht sprechen kann, darüber muss man schweigen." Diese Sentenz hat uns Ludwig Wittgenstein in seinem Tractatus logico-philosophicus hinterlassen. Dem steht die Redewendung von „Gott und der Welt" gegenüber, mit der wir in unserer Umgangsprache zum Ausdruck bringen, dass wir uns über alles Mögliche unterhalten haben, wenn wir die Frage: „Na, worum ging's denn?" mit: „Ach, um Gott und die Welt!" beantworten. Geht es aber nicht nur um beiläufiges Geplauder, sondern darum, sich ernsthaft Gedanken über Gott und Welt zu machen, dann könnte uns Wittgenstein – beim Worte genommen - zwar in einige Verlegenheit bringen, aber dennoch zu Hilfe kommen. Von der Welt lässt sich gewiss auch Wittgensteins halber sprechen. Darüber wissen wir ja einigermaßen Bescheid, denn die „Welt" ist unsere Erfahrungswelt. Die „Welt", das sind wir.

Aber müssen wir über Gott eigentlich nicht schweigen? Denn von Gott „wissen" wir nichts, jedenfalls nicht in jenem *naturwissenschaftlich* strengen Sinne, den Wittgenstein für sein Schweigegebot voraussetzt[1]. Nicht von ungefähr verbindet sich mit dem Ersten Gebot (in den abrahamistischen Religionen) ein Bilderverbot: Wir sollen uns kein Bildnis Gottes machen, vielleicht deswegen, weil wir es einfach nicht **können**. Gott lässt sich mit den beschränkten Mitteln nicht dingfest machen, die uns zu dem Zweck zu Gebote stehen, die Welt zu begreifen und uns darin zurechtzufinden. Jeder Versuch in dieser Richtung – und sei es selbst im Rahmen neuzeitlicher Theodizee-Projekte - wird immer nur **unvollkommene** Ergebnisse zeitigen. Deswegen müssen die Fragen danach, ob Gott existiert und jeder Versuch eines „Beweises" seiner Existenz (oder des Gegenteils) *nolens volens* ins Leere laufen, ebenso wie jeder Versuch, Gott irgendwelche (menschlichen) Beschaffenheiten nachzuweisen, z. B.: ob er nun ein „gütiger" oder „strafender" Gott-„Vater" sei usw. Vermutlich sind wir mit Wittgenstein gut beraten, wenn wir über Gott selbst schweigen, weil wir *gewissen Zeichen in unseren Sätzen* über Gott *keine* (gottgerechte) *Bedeutung* zu geben vermögen[2].

Die Welt und Gott: vom Aberglauben an die Magie der Macht

Anders ist es um **das Verhältnis** von Gott und der Welt bestellt. Davon lässt sich zumindest insofern sprechen, als dabei von **unserer Beziehung zu Gott** die Rede ist. Dass Gott unerachtet unseres Unvermögens, ihn zu beweisen, dennoch für die menschliche Erfahrung vernehmbar zu sein scheint, verdankt sich der Fähigkeit des Menschen, zu **glauben**, d. h.: unserer Fähigkeit, uns für unsere Orientierung im Leben (und darüber hinaus) nicht nur auf Überprüftes zu verlassen, sondern auch auf unüberprüfte Gegebenheiten, ja, sogar auf Bedingungen oder Verhältnisse, die sich jeder Möglichkeit einer Überprüfung durch den Menschen entziehen. Die Befähigung des Menschen, zu glauben, ist sozusagen seine Blindflugeinrichtung

---

[1] *„Die richtige Methode der Philosophie wäre eigentlich die: Nichts zu sagen, als was sich sagen lässt, also Sätze der Naturwissenschaft - also etwas, was mit Philosophie nichts zu tun hat - , und dann immer, wenn ein anderer etwas Metaphysisches sagen wollte, ihm nachzuweisen, dass er gewissen Zeichen in seinen Sätzen keine Bedeutung gegeben hat. Diese Methode wäre für den anderen unbefriedigend – er hätte nicht das Gefühl, dass wir ihn Philosophie lehrten – aber **sie** wäre die einzig streng richtige."*

[2] Diese Skrupel hat übrigens die BILD-Zeitung nicht: „Den lieben Gott gibt's wirklich" titelt die BILD- Zeitung vom 6. April 2004 auf ihrer letzten Seite (S. 20 der Hamburger Ausgabe). Zu 67 % habe die Wissenschaft „bewiesen": Es gibt Gott ... Dieser wissenschaftsgestützte Gottesbeweis ist vermutlich der Oster-Gag der Bildzeitung: Theodizee a la BILD

für das Leben. Der Glaube kann biblischer Überlieferung zufolge bekanntlich Berge versetzen - auch in Gestalt architektonischer Gebirge, wie der des WTC oder des Pentagons. Der 11. September 2001 hat es der Welt vor Augen geführt.

Nun mag gerade dieses Datum dem einen oder anderen auf den ersten Blick zur Illustration unseres - des Menschen - Verhältnisses zu Gott denkbar ungeeignet erscheinen, wenngleich sich nicht übersehen lässt, dass in diesem Zusammenhang versucht wird, die Untaten des 11. September und allen Terror, der ihm mittlerweile gefolgt ist, aus einem bestimmten Verhältnis zu Gott und der Welt zu legitimieren.

Wenige Tage nach dem 11. September 2001 fragte mich mein Sohn (34) ziemlich verzweifelt, ob ich eine Erklärung für die Ereignisse in den USA wüsste und was sich daraus für die Zukunft erkennen ließe. Ich habe seine Frage nach dem: „Warum?" und **„Wozu?"**, die wir uns immer wieder gegenüber allem stellen, was uns fassungslos macht, in die Form der Frage: **„Worum geht's?"** gekleidet. Meine Antwort: **Es geht um die Macht** - keineswegs nur um rein physische Überlegenheit, sondern es geht vor allem darum, **wer auf der Welt das „Sagen" hat**. Philosophisch ausgedrückt, geht es sowohl um die Physis - die Herrschaft über die Welt der (seienden) Dinge - als auch um die Meta-Physis. Das aber ist wörtlich übersetzt: alles, was jenseits der Dingwelt existiert bzw. was wir dort vermuten - oder woran wir glauben. Es ist die Welt der „nicht-seienden" Dinge, der Bedeutungen zumal. **Macht hat, wer imstande ist, den Dingen eine Bedeutung - und damit vermeintlich auch „Sinn" - zu geben.**

In der Welt das „Sagen" zu haben, heißt: bestimmen zu können, was „wahr" oder „falsch", damit in der Regel gleichbedeutend: was „gut" oder was „böse" ist, was „recht" oder was „unrecht, „wert" oder „unwert" und, last but not least, darüber bestimmen zu können, was „mein" oder „dein" ist. Macht wurde so zum Synonym von Wohlstand, alias Glück, alias „Sinn", alias Lebenserfolg, ja zum Synonym des Überlebens-Erfolges. **Wo es um die Macht geht, geht es letzten Endes um's Überleben.** Macht gilt in diesem Kontext als Garant der Sicherheit für das Überleben: je mehr Macht, desto sicherer das Überleben. Wachsende Machtfülle steigert aber unter Umständen weniger die Überlebenssicherheit, sondern vielmehr das Bedürfnis nach Sicherheit. Hinter jedem Sicherheitsbedürfnis steht im Grunde Angst: **Je größer die Macht, desto größer die Angst.** Aus diesem Nexus von (Überlebens)Angst und Macht entspringen sowohl Gewalt als auch Kultur. Vor allem aber hat die im Spannungsfeld dieser Faktoren abgelaufene „kulturelle Evolution" ein äußerst problematisches Menschenbild hervorgebracht, das nicht mehr ein „Ebenbild Gottes" widerspiegelt, sondern den Menschen in die Tierwelt einreiht und - *homo hominis lupus* - die animalischen, wenn nicht gar bestialischen Wesenszüge der menschlichen Natur betont. Das Leben reduziert sich unter dieser Perspektive auf den „Kampf um's Dasein", in dem das „Recht des Stärkeren" gilt - und was der vulgärdarwinistischen Metaphern mehr sein mögen. Kein Geringerer als Karl R. Popper sprach in diesem Zusammenhang von einer Ideologie: dem „Irrglauben an die Bösartigkeit", der selbst bösartig sei: „Er entmutigt junge Menschen und verführt sie, in Zweifeln und Verzweiflung, bis hin zur Gewalttätigkeit ..."[3]

---

[3] Popper, Karl R.: Auf der Suche nach einer besseren Welt, Serie Piper 699,, R. Piper GmbH & Co. KG München 1989, S. 25

Obwohl sich nun der neuzeitlich aufgeklärte Mensch zumindest in der westlich-abendländischen Hemisphäre weltbildlich aus der früheren „Unmündigkeit" seiner Rückbindung an Gott - der *religio* - entlassen glaubt, erleben wir gegenwärtig unter den Menetekeln eines angeblichen „Clash's of Zivilizations", dass Kriege religiös gerechtfertigt werden sollen, das keineswegs nur von islamischer Seite aus[4].

Wie der gegenwärtig amtierende Präsident der USA es in seiner Antrittsrede verkündete, sieht er es als seine Aufgabe an, *„gelenkt von einer Macht, größer als wir selbst, die uns nach ihrem Bilde schuf"*, das eigene Herrschaftsmodell auf alle Völker dieser Welt zu übertragen. Hinter diesem, geradezu durch missionarischen Eifer motivierten Zivilisationsprojekt steht im Grunde das atavistische Überlebensmodell von der Magie der Macht mit seinem primitiv-kämpferischen Menschenbild. „THE BATTLE BELONGS TO THOSE WHO POSESS A WARRIOR'S SOUL" Mit diesem Menschenbildklischee pries unlängst eine amerikanische Automobilfirma mit einer ganzseitigen Anzeige in US TODAY ihre Produkte an. Wir neigen dazu, jene machtversessene Überlebens-(Kämpfer-)mentalität nebst dem daran geknüpften Menschenbild quasi als eine naturgesetzlich fixierte Gegebenheit hinzunehmen. Die „Kollateralschäden" dieser Überlebensstrategie zählen nicht, Irrwege und Fehlentwicklungen werden nicht rechtzeitig erkannt oder ignoriert.

Immerhin schon 1969 hat Gregory Bateson darauf hingewiesen, dass wir erst anfangen, *„einige der erkenntnistheoretischen Trugschlüsse der abendländischen Zivilisation[5] zu sehen." […]* Wir lernen durch bittere Erfahrungen, dass: ***„das Lebewesen, das im Kampf gegen seine Umwelt siegt, sich selbst zerstört."*** Diese Erkenntnis dürfte sich, denkt man an das Schicksal Hitler-Deutschlands, ohne weiteres auch auf das moderne Kriegswesen anwenden lassen, einschließlich der modernen „Religionskriege". Bateson sah unsere Zivilisation gerade in ihrem Verhältnis zur Umwelt von Ideen beherrscht, die in ihren virulentesten Formen aus der Ära der industriellen Revolution und aus dem Darwinismus stammen. Bedingt durch den technologischen Fortschritt, die Weltbevölkerungsentwicklung und bedingt durch bestimmte Irrtümer im Denken und in den Handlungen der abendländischen Kultur („Unsere „Werte" sind falsch") sah er ökologische Krisen heraufbeschworen, die das **Überleben der Menschheit** bedrohen.

<u>Gibt es eine „kopernikanische Wende" in der Überlebensfrage?</u>

Dabei zeichnet sich **eine kopernikanische Wende in der (ökologischen) Überlebensfrage** eigentlich längst in der Erkenntnis ab, dass sich unsere bis dato anscheinend so überwältigend erfolgreichen, **machtorientierten Überlebensstrategien** inzwischen nicht nur radikal gegen unsere Umwelt, sondern auch direkt gegen die Menschheit selbst richten. Dreh- und Angelpunkt dieser „kopernikanischen Wende" ist unser Menschenbild als die zentrale Vorstellung, die wir uns von uns selber, von unserer Stellung in der Welt und zu Gott machen. Nur ein Wandel die-

---

[4] Dr. Karl-Heinz Ludwig in der FAZ vom 23. 04. 2004, S. 11. *„In einem derart religiös begründeten Staatsverständnis wie dem des Führers des gegenwärtig militärisch stärksten Landes der Welt, das von diesem und der Mehrheit seiner Bevölkerung nicht verstanden wird als ‚civitas' im Sinne der ‚Vereinigung einer Menge von Menschen unter Rechtsgesetzen' (Kant, Metaphysik der Sitten §45), sondern als Zentrum der zivilisierten Welt schlechthin, sind die Handlungssphären des Politischen und des Religiösen nicht zu unterscheiden: Recht und Moral fallen zusammen in der Dreieinigkeit von Gott, Volk und Präsident"*.

[5] Bateson, G.: Ökologie des Geistes, suhrkamp taschbuch wissenschaft 571, Frankfurt am Main, 1981, S.620: In Übereinstimmung mit dem allgemeinen geistigen Klima in England um die Mitte des neunzehnten Jahrhunderts entwickelte Darwin eine Theorie der natürlichen Selektion und der Evolution, in der die Einheit des Überlebens entweder der Stammbaum oder die Spezies, Subspezies oder etwas dieser Art war. Heute ist aber ziemlich offenkundig, dass dies nicht die Einheit des Überlebens in der realen biologischen Welt ist. **Die Einheit des Überlebens besteht aus *Umwelt* plus *Organismus*.**

ses komplexen „inneren Bildes" kann zum Ausgangspunkt dafür werden, den Dilemmata der ökologischen Krise der Gegenwart mit Aussicht auf ein auskömmliches Überleben zu entgehen. Nur so - ob nun „kopernikanische Wende" oder Preisgabe des Größenwahns vom „kleinen Gott der Welt"- werden wir eine neue Erkenntnistheorie hervorbringen können, die ein **neues Verständnis des Geistes, des Selbst, der menschlichen Beziehungen** und **der Macht** umfasst. Denn darauf käme es an: ein Menschenbild zu kreieren, das den Menschen aus der verhängnisvollen Spirale herausführt, in die ihn seine Überlebensangst und sein Aberglaube an die Magie der Macht getrieben haben.

Wo für einen derartigen Wandel in unserem Menschenbild ein Vorbild zu finden wäre, dürfte im Kontext unseres Tagungsthemas eigentlich auf der Hand liegen, denn wie ließe sich die Bereitschaft, Macht zu teilen, ja, die Bereitschaft, auf die unbedingte Machtausübung zu verzichten, eindrucksvoller symbolisieren, als durch die Gestalt des Gottessohnes, der auf einem Leidensweg ohnegleichen die Passion bis zu seinem Kreuzestod geschehen lässt, ohne dagegen das Schwert zu erheben oder sich gar mit seines allmächtigen Vaters Hilfe seinem Elend zu entziehen[6]. Wohl hat das Christentum stets die Ideale der „Nächsten- und der Feindesliebe" propagiert - die Symbolkraft von Jesu' Bereitschaft zum Machtverzicht - „meine Macht ist nicht von dieser Welt" - kam jedoch in letzter Konsequenz nie wirklich zu voller Geltung. Im Gegenteil erhob sich das Christentum zu einer der machtvollsten religiösen **Welt**bewegungen und stürzte sich dabei von den Kreuzzügen über den Dreißigjährigen Krieg bis zum Nord-Irland-Konflikt usw. in grausamste Religionskriege, in denen es unentwegt um nichts anders ging, als um die Macht - und zwar durchaus um Macht „von dieser Welt"...

Davon, ein neues Verständnis des Geistes, des Selbst, der menschlichen Beziehungen und der Macht zu entwickeln, also ein Menschenbild, das es zulässt, unser Dasein nicht als „Kampf" zu gestalten, sondern es für ein auskömmlicheres Überleben in den Rahmen einer universalen Kommunikationsgemeinschaft Natur als Mitglied unter anderen (auch nicht-menschlichen) Mitgliedern dieser universalen Kommunikationsgemeinschaft einzufügen, davon sind wir so weit entfernt, dass uns, wie Martin Heidegger in seinem letzten SPIEGEL-Interview es ausgedrückt hat, vermutlich nur ein Gott helfen kann.

---

[6] Vgl.: Dr. K.-H. Ludwig („Bush und Dornbusch") a. a. O.: „Am Anfang wie am vorläufigen Ende der Geschichte der Vereinigten Staaten stehen [somit] alttestamentarische Heils- und Rechtsvorstellungen, die mehr mit den Geboten des zornigen, rächenden Herrn Zebaoth gemein haben, als mit den Lehren des sanftmütigen Jesus der Bergpredigt, dessen Opfertod gerade dadurch möglich wurde, dass seine Anhänger eben nicht für ihn kämpften ..."

Heinz Dietrich

Die schöne Lüge und der schöne Selbstbetrug der Hysterie

Vor zwei Jahren hielt ich bei der DGPA in München einen Vortrag mit dem Thema: „Hysterie, die heimliche Idee unserer Zeit". Mit den spezifischen Mechanismen der Hysterie, wie Verdrängung, Wichtigtun und Selbstlob lässt sich ein relativ glückliches Leben im Sinne des Hedonismus unserer Zeit ermöglichen. Zu diesen Mechanismen gehören auch Lüge und Selbstbetrug. Wie K. Leonhard meint, sind sie sogar die wichtigsten Symptome der Hysterie.

Schön meine ich, sind sie, um die Lüge und die Schattenbilder der Selbsttäuschungen, wenn wir ihrer bewusst sind, zur Not akzeptabel zu machen. Völlig ungemischt ist die hysterische Lüge nie. Die *misera* Durchschnittsklasse Mensch, die von sich reden macht, braucht trotz ihrer Tendenz zum uneingeschränkten Hedonismus eine Menge bürgerlicher Tugenden, auf denen ihr Selbstgefühl ruht, wie Titel, Nichtrauchen, eine schöne Wohnung, zumindest ein schön poliertes Auto. Die Art des Schönheitsideals ist nicht das klassische Johann Joachim Winckelmanns, eher das der Zeit Wilhelm II. der Gründerjahre, die auch eine Zeit der Geltungssucht waren, also der Ringstraßenpaläste, der Malerei Hans Makarts und Klimmts in Wien, der barocken Stuckfassaden der Arbeiterhäuser im Bezirk Prenzlauer Berg und des Doms am Lustgarten hier in Berlin. Es ist eine Mischung aus Kunst und Verlogenheit, die wir heute, weil wir die Maxime der Hysterie wieder bejahen, auch wieder schön finden. – Soviel zur Schönheit der Lüge!

Wissenschaftliche Fachausdrücke benutzen gern den griechischen oder lateinischen Wortschatz. Die Gebärmutter, ist, obwohl verborgen, ganz ungeeignet für eine schöne Lüge. Dort ist vielmehr die grausame Wahrheit: Man ist entweder schwanger oder nicht; ein bisschen schwanger gibt es nicht, wie der Volksmund sagt. Was sich die griechischen Ärzte bei der Namensgebung der Krankheit gedacht haben, weiß ich nicht.

Hysterie müsste m. E. Prosopie heißen, denn im Gesicht, gleichbedeutend mit dem lateinischen persona, tritt Hysterie, auch ihre Lüge, am deutlichsten in Erscheinung. Die hysterische Wesensart ist nicht etwas, was hinter ihren Erscheinungen steht, sie selbst ist Phänomen im phänomenologischen Sinne.

Als intuitiver Diagnostiker habe ich mir vor anderen Befunden immer die Gesichter meiner Patienten angeschaut. Mit der angeborenen und apriorischen Einsichtsfähigkeit in die Ausdrucksformen der Gesichter vermag bekanntlich schon der Säugling zu erkennen, wen er vor sich hat. Sehen wir uns also mit intuitiven Augen die Gesichter in der Zeitung und im Fernsehen an: Bei den Sonntagsgottesdiensten gibt es keinen mageren Zarathustra. In der Politik sieht man an der Mimik von Gerhard Schröder, Westerwelle und Frau Merkel, was eine schöne Lüge ist. In der Wirtschaft haben mich besonders die lächelnden Mienen von Chris Grant und Klaus Esser bei der Fusion von Vodafone und Mannesmann beeindruckt, alles schöne Lügen. Lüge ist nicht nur Täuschung mit Worten, sie gehört zu uns, ontisch und ontologisch, wenn wir an die Öffentlichkeit treten. Den Gesichtern mancher Kollegen in der Wissenschaft sieht man ihre zeitlich befristete Klugheit und Berechnung an, mit denen sie Karriere und Geldverdienen ankurbeln. - Soviel Prosopie, meiner inoffiziellen Bezeichnung der Hysterie!

Diagnostische Bezeichnungen ändern sich mit der Mode. Der moderne Ausdruck für hysterisch ist histrionisch, was von *histrio* oder *hister* kommt, der Schauspieler. Im Theater, übrigens eine griechische Erfindung, handeln Personen; sie arbeiten nicht, stellen nichts her, sondern sich dar, mehr oder weniger demonstrativ. So auch in den Medien, unserem großen Vorbild. Auf den Brettern, die die Welt bedeuten, werden die Dramen der Macht und Politik gespielt, gefährliche und risikoreiche Spiele, weil die Einsätze immer hohe sind und die Imponderabilien nicht voraussehbar. Aber, wer nichts wagt, gewinnt nichts, und Risikofreude ist ein altes hysterisches Symptom.

Das Gegenteil der Lüge ist die Wahrheit, der schönen Lüge die hässliche Wahrheit. Griechisch heißt Wahrheit das Unverborgene. Wenn wir das bekannte Höhlengleichnis aus Platons *Politeia* zur Erklärung wieder bemühen wollen, so sitzen wir gefesselt in der Höhle, betrachten die Schattenspiele der Wirklichkeit an der Wand gegenüber und wollen gar nicht aus unseren Täuschungen und Gewohnheiten herausgerissen und zum Leben an der Sonne der absoluten Wahrheiten und der Ideen befreit werden. Die freudig ergriffene Täuschung und Selbsttäuschung ist für uns Hedonisten, kleine Sünder und Pharisäer in der Höhle optimal. Mit ihr lebt es sich am bequemsten und, mit einer Frührente im Rücken, auch lukrativ und in Entwicklungsländern billig. Ist das übertrieben und einseitig?

Sicher, es gibt die anderen, denen das Glück nicht hold ist. In der Praxis des Psychiaters, in den Reha-Kliniken und Ayurveda-Hotels auf Ceylon findet man sie: Die Demutsstarre der Gehemmten, Ängstliche, die ihre private Höhle mit Sicherheitsabstand zu den Gefahren des Lebens, zu Kampf, Mobbing und lauten Menschen benötigen. Es gibt dort die Paranoiden mit den schmalen Lippen, die ihre Feindseligkeit nicht offenbaren und subdepressive Frauen, die ihr Selbstbewusstsein früher zu sehr auf die stumpf werdenden Waffen der Aphrodite gesetzt haben. Aber, wie werden sie therapiert? Nicht mit Tugenden und Liebe zur Weisheit (Philosophie), sondern mit aufgemöbelten äußeren Reizen und Ablenkungen aus den Fitness-Rezepten der Animatoren, Beschäftigungstherapeutinnen und Physiotherapeuten. Die Ärzte verschreiben das Glück, an das sie selber glauben. Und es ist richtig: Hysterie ist eine Panacee, ein Heilkraut gegen Krankheiten und andere Übel, wie Langeweile und Depression, allein durch ihren Aktionismus, der keine Zeit zum Grübeln lässt.

Wenn Hysteriker krank werden, dann wollen sie etwas. Hysterie ist die einzige Krankheit, die ein Ziel hat. Das Ziel ist ganz normal: Eigenliebe, die unser Tun lenkt. Um eine Rente zu bekommen, gehen selbst Männer zum Nervenarzt. Außer Frührenten ist Anerkennung des Selbst das Ziel. Anerkennung in dem zufälligen So-Sein, in das man geboren ist, etwa als Spengler in Detmold. Wie Christian Grabbe sagt: „Einmal auf der Welt und dann ausgerechnet als Klempner in Detmold". Grabbe selbst war aus Detmold. Der Fachausdruck für Anerkennung lautet Geltung. Dieser Wunsch nach Selbstanerkennung, der bei den Männern immer noch stärker ist als bei den Frauen, der mit schwindender Fremdanerkennung im Alter zunimmt, kommt nie ohne Selbstbetrug aus; auch er ist ein schöner Selbstbetrug.

In bunten Bildern wenig Klarheit,
viel Irrtum und ein Fünkchen Wahrheit,
So wird der beste Trank gebraut,
Der alle Welt erquickt und auferbaut.

(J. W. Goethe: Faust, 1. Teil, Vorspiel auf dem Theater, Vers 170)

Berta Klement

Musische Arbeitsgemeinschaft, Wien
Wir haben einen „Gedenkstein" gesetzt!

„Warum tut Ihr - eine mittellose Selbsthilfegruppe - Euch so etwas überhaupt an?!! Einen „Gedenkstein" setzen - justament in Unter-Laa, so ganz am menschenleeren Süd-Ost-Ende der Stadt Wien?! Dort seid Ihr auf verlorenem Posten - neben einer uralten Kirche samt Mauerresten, die heute fast niemand mehr kennt!"

Derartige Meinungsfetzen konnten jedoch unsere innere Zielstrebigkeit im Glauben an den rechten Platz für unser Werk nicht stören. Natürlich wissen auch wir in der MUSISCHEN ARBEITSGEMEINSCHAFT, wo in der Stadt die Rummelplätze moderner „Kunst-Events" Lärm schlagen und möchten nach vollbrachtem „Schwimmen gegen den Strom" auch der Öffentlichkeit mitteilen, was für uns gerade diesen Platz besonders wertvoll gemacht hat.

Unser „Gedenkstein des Jahres der Behinderten 2003" steht ausdrücklich abseits der populistischen „Kultur-Szene" nächst der uralten kleinen Johannes-Kirche in Unter-Laa. Für manche ein „Niemandsland, das auf manchen Landkarten gar nicht mehr eingezeichnet ist. Wer aus der Linie 67 bei der Station Rothneusiedel in den Autobus 17a umsteigt, kommt direkt auf der Klederingerstraße zu unserem abseits gelegenen Ort. Man könnte schon beim „Brückenwirt" aussteigen und den bequemen, breiten Weg am rechten Ufer des Liesingbaches wenige Minuten weiter gehen, um alsbald einen schlanken Kirchturm zu sehen, auf dessen Spitze im Licht etwas flimmert. Wer nicht genau sehen kann und auch zu wenig weiß, könnte hier einen Stern aus der Türkenzeit vermuten. Wir haben da oben jedoch das Kreuzzeichen der Johanniter vor uns, welches später auch die Malteser weiter trugen. Warum aber sind hier die Kreuzbalken strahlenartig an den Enden geöffnet? Uns wurde gesagt, dass man im Mittelalter auch hier voll geistiger Regsamkeit darüber nachgedacht hat, wie man es symbolisch zum Ausdruck bringen könnte, dass mit der Auferstehung das Kreuz zu einem Überwindungszeichen auch der Liebe geworden ist. Nicht mehr hart abgeschlossene Balken, sondern strahlengleich sich öffnend könnte diese Kreuzesform auch unsere Herzenshärte überwunden darstellen und so unmittelbar näher zu Gott führen.

Geleitet durch dieses strahlende Zeichen sind wir den Liesingbach weitergegangen. Am linken Ufer breiten sich weite Felder aus, und auf einmal plätschern und schnattern eine Unmenge von Wildenten im Wasser, glücklich über die Renaturalisierung des vorher betonierten Flusslaufes. Natur darf hier wieder Natur sein. Ein immer wohligeres Gefühl erfüllt den Wanderer.

Der Blick rechts über die Klederingerstraße hinaus trifft auf ernsthaft und sorgfältig in einem Acker grabende Menschen. Dies sind Spurensucher im Dienste der Archäologie. Wir befinden uns auf einem uralten Siedlungsboden, und ein kleines Museum nächst der Kirche zeigt wissenschaftlich geordnet Funde vor allem aus der Kelten- und Römerzeit. Wir befinden uns heute auf einem Grundbesitz der Gemeinde Wien. Nur der Standort der Johanniter-Malteser-Kirche gehört seit dem späten Mittelalter dem „Souveränen Malteserritterorden" an. Auch dieser hat wohlwollend ein Zeichen gesetzt und das Schindeldach der Kirche gründlich ausbessern lassen. An Ort und Stelle kamen Abgeordnete der zuständigen

Magistratsabteilungen zusammen und gaben nach auch gründlichen handwerklichen Übereinkünften die Erlaubnis, mit unserer Aufstellungsarbeit zu beginnen. Wir haben ermutigt aufgehorcht als man meinte, dass hier „ein Platz der inneren Ruhe, der Besinnung und Andacht" durch unser Werk angereichert werden solle.

Wir haben sogleich mit dem Erdaushub für den Sockel begonnen. In 60 cm Tiefe fanden wir einen Schlüssel - wer weiß, zu welchem Haus? Wir haben ihn gesäubert und auf einem Serpentinstein gefestigt zum Andenken, dass unsere Plastik aus diesem Material geformt worden ist. Dementsprechend haben wir unseren Fund dem kleinen Museum am Ort übergeben, vor allem auch, weil bei Führungen auch unser Gedenkstein beachtet wird.

Während der Aufstellungsarbeit hat es zwischendurch immer wieder herbstlich kalt geregnet. Mit stiller Bewunderung habe ich beobachten können, mit welch freudiger Durchhaltekraft freiwillig meine Helfer humorvoll zielstrebig durchgehalten haben. Es war eben mehr als „Arbeit", es war „unser Anliegen". Natürlich haben wir uns immer wieder in einem kleinen Dorfwirtshaus aufgewärmt. Bei herzhaftem Schmaus erzählte ich, was ich über diesen besonderen Platz zu berichten weiß sowie über die inneren Beweggründe unserer Bemühung.

Draußen wetterte und goss es in Strömen, und wir stellten uns vor, wie viel, viel früher Menschen hier in Wohngruben hausten und - nach den Funden zu schließen - kaum älter als 25 Jahre werden konnten. Haben sie Tiere, wohl auch Menschen geopfert? Sicherlich war ihr urtümliches Empfinden auch den heute geomantisch feststellbaren Strahlungen ganz besonders ausgeliefert. Wer hat diese Urbevölkerung ausgelöscht? Kelten und Römer sollen ein weit verzweigtes anpassendes Handelsleben hier geführt haben. Germanische Stämme, welche längst am linken Donauufer sich sammelten, setzten über! Weil ihre individuell-heldenhafte Kampfesweise in der sumpfigen Aulandschaft der römischen exakten Disziplin, die hier kein „Aufmarschgebiet" vorfand, überlegen war, konnten sie einen entscheidenden Sieg fast erringen - hätte ihnen in Form eines schrecklichen Donnergrollens ihr Gott Thoar nicht geboten, sich zurückzuziehen.

Endlich hat auch hier das junge Christentum die Wahrheit unseres Leitspruches auf dem Sockel missionierend vorgelegt: „Und immer rettet die Güte!" Immer wieder hat es hier furchtbare Leidenszeiten für die Bevölkerung gegeben. Hier war ein Durchzugs- und Besatzungsgebiet für Hunnen, Awaren, Ungarn, Kuruzzen, Franzosen, Russen ...!

Nach oftmaligen Zerstörungen wurde immer wieder „unser Kirchlein" auf Trümmern wieder aufgebaut. Die Johanniter bauten ein Hospital an, so dass Kranke samt ihrem Lager direkt zur Teilnahme am Gottesdienst in den Kirchenraum hinein geschoben werden konnten. Dazu verpflichtete sie ihre Ordensregel, stets mindestens für sechs hilfsbedürftige, erschöpfte Wanderer hilfreich zu sein an Leib und Seele. Die heutige Klederingerstraße hielten zurzeit der Kreuzzüge viele ortsunkundige Pilger von weit her als einen Weg direkt ins „Heilige Land". Nach dem der hochgemute Impuls, wie er uns auch aus den Dichtungen Walter von der Vogelheide überliefert ist, zu Ende ging, wandelten sich in der Not auch manche fromme Pilger zu „Pülchern", wie der Volksmund heute noch Kriminelle verklagt. *Diese sündhaften Umstände mögen auch besonders dazu beigetragen haben,* dass man nicht nur offene Wunden heilte, sondern auch nach Zusammenhängen zwischen körperlichen Leiden und seelisch-geistigen Zusammenhängen menschlichen Elends forschte. Wir zogen Vergleiche auch mit den Bemühungen der heutigen Psychosomatik.

So wurden auch die Schlechtwetterpausen im Wirtshaus sinnvoll für die Einstimmung zu unserem dennoch fortschreitenden Werk genutzt. Als wir wieder einmal an die Arbeit gingen - an die Formung des Betonsockels - stand da ein Gärtner des Stadtgartenamtes. Er schaute uns freundlich zu und meinte endlich, man wäre im Zweifel gewesen, ob so eine „seltsame Partie" auch wirklich und vorschriftsgemäß arbeiten könne. Nun aber sei man von uns überzeugt, und das Stadtgartenamt werde als Sichtschutz zur Klederingerstraße hier Sträucher pflanzen. Diese Ankündigung beflügelte unseren Eifer, und alsbald stellten wir die Plastik auf den Sockel. Wir hatten ein unvergessliches kameradschaftliches Erlebnis: Als wäre in den Gartenarbeitern ein besonders Feingefühl und Liebe zu ihrer Mitwirkung erwacht, mühten diese sich, eine reichliche Bepflanzung in der Linienführung mit der Formensprache unseres Denkmals in Einklang zu bringen. Wenn sie vorbei zu ihrer Hauptarbeit fuhren, grüßten unsere neuen Freunde mit einem kräftigen „Hallo!" herüber. Diese Verständnissinnigkeit ersetzt uns heute noch jedes bloße Kunst-Geschwätz.

Am 2. November 2003 fand die Enthüllung statt. Der Herr Pfarrer von Ober-Laa gab seinen Segen, und auch die Malteser hatten eine repräsentative Abordnung gesendet. Auch die Stadtverwaltung war vertreten. Es war ein herzliches Fest, und Besucher unserer Selbsthilfegruppe Musische Arbeitsgemeinschaft/Wien ließen es ausklingen mit sehr feierlichen, alten Jodlern. Zuletzt haben wir allen Anwesenden - nach altem Brauch - auch Gedenkblättchen an dieses Erlebnis mitgegeben. Wer selbst noch ein solches haben möchte, könnte sich an uns wenden in unserem

Studio der
Musischen Arbeitsgemeinschaft
Buchengasse 170
A-1100 Wien, Tel.: 0043-1-6076338

Renate und Gerald Spitzner

Wenn Gottes Vertreter in dieser Welt psychisch Leidende ausgrenzen

Ein Tatsachenbericht auf der Suche nach Herberge unter der Patronanz eines Vertreters Gottes. Der nun folgende Bericht zeigt das Bemühen einer Musikgruppe über mehrere Jahre, die psychisch hilfsbedürftigen Menschen die Möglichkeit gibt, sich künstlerisch auszudrücken, um Gott damit zu loben.

Die Personen sind entweder in ständiger ärztlicher Betreuung oder - wie nicht selten - Personen, die die Geborgenheit unseres Ensembles von selbst aufsuchen.

Das musisch-soziale Projekt, so trat die Gruppe offiziell unter der Patronanz des Rektors und Camillianerpaters Pater Franz Lachinger zu den Gottesdienstgestaltungen auf, konnte sogar Personen mit körperlichen Behinderungen, wie etwa Rollstuhlfahrer ,integrieren.

Psychisch leidende Personen wurden herzlich aufgenommen und konnten mit den Heimbewohnern des Geriatriezentrums am Wienerwald lebendige Begegnungen haben. Die musikalischen Auftritte des Ensembles wurden in Wien immer bekannter, und man konnte sehen, wie von Mal zu Mal behinderte Personen sogar aus fremden Pfarren den weiten Weg zur Heimkirche quer durch Wien nicht scheuten und mehr und mehr strömten.

Durch das plötzliche Ableben von Pater Franz Lachinger in Medjugorie verlor das Ensemble mit einem Schlag auch seinen Platz im Gottesdienst. Der nachfolgende Rektor wollte die Gottesdienste nicht wie Pater Franz Lachinger weiterführen. Nun war das einzige Auffangnetz das musisch-soziale Kulturzentrum, das 2001 seinen 50-jährigen Bestand hätte feiern können, wenn es nicht einen Monat vorher aufgelöst worden wäre (siehe unser DGPA Beitrag Thema „Sünde").

Nun musste schnell ein Verein gegründet werden, damit die musisch-sozialen

Projekte und die Integration von psychisch leidenden Menschen weiter existieren konnten. Der Verein Venite ist gemeinnützig und will psychisch leidende Menschen in musisch-soziale Projekte integrieren. Er realisiert dies mit professionellen Musikern und Musikliebhabern.

Die Superiorenkonferenz ist uns behilflich mit der Aussendung an alle Pfarren, in der um eine Beteiligung zur Rettung dieser musisch-sozialen Projekte gebeten wird. Im Gegenzug sollen die Pfarren in den Genuss kommen, Sakralmusik von hohem Niveau zum Gottesdienst mit ehrenamtlich arbeitenden namhaften Künstlern zu erhalten. Das Bittschreiben wird dreimal wiederholt versendet und bleibt bis zu dem heutigen Tage bis auf drei Ausnahmen unbeantwortet! Infolgedessen spricht man im Herzen Wiens beim Pfarrer vor:

„Mit Behinderten haben wir schon schlechte Erfahrungen gemacht, die Leute beschweren sich schon bei einer sehbehinderten Person; es ist besser, wenn Sie mit Ihrem Ensemble in die Außenbezirke gehen.", so der junge Pfarrer. Gesagt getan, das Ensemble versucht, in etlichen Randbezirkspfarren heimisch zu werden. Dies sollte aber aus verschiedensten Gründen nicht gehen; verbale Ausflüchte wie diese setzte man uns vor:

„Wir haben ja eh´ einen Chor, der immer singt." - „Die Messen müssen kurz gehalten werden." „Wir singen nur aus dem Kirchengesangbuch." „Zur Herz Jesu Andacht stört die Musik, wir wollen Stille." „Wir haben eh schon wen´, der Orgel spielt." „Unsere Gemeinde will alleine singen.", heißt es bei mehreren Pfarren unabhängig voneinander.

Diese und ähnliche Reaktionen zeigen, wie wenig man sich mit den Anliegen und Zielen der musisch-sozialen Projekte beschäftigt hat. Hier will man einfach nicht wahrnehmen, dass der „geringste" Mitbruder ja der am meisten ausgegrenzte ist, nämlich der psychisch Leidende. Wie sollte man sonst auf die seltsame Verwechslung verfallen, die Bitte um die Integration unseres musisch-sozialen Projektes mit dem Angebot, Orgel ersatzweise zu spielen und diese Tätigkeiten als ein und dieselbe Sache gleichzusetzen. Man spricht sogar persönlich beim Domkapellmeister von St. Stephan vor, gibt ihm Notenmaterial, das eigens für diese musisch-sozialen Projekte komponiert wurde, gibt ihm schriftliche Unterlagen über die Projekte, ja sogar Informationsmaterial über die DGPA.

Bis zum heutigen Tage gibt es weder eine Reaktion zu den Projekten noch zu den Kompositionen. Bei den Pfarren, bei denen sowohl die Vorsprache als auch das probeweise Gestalten eines Gottesdienstes nicht im Vorhinein abgelehnt wurde, sollte ebenfalls keine „bleibende Stätte" gefunden werden. Persönliche Begrüßungen mit Worten wie „jetzt seids Ihr schon wieder da" oder „was wollen die mit ihren Behinderten" können psychisch Leidende kränken und den Zugang zu Gottesdiensten seelisch versperren.

Der Organist und Großneffe des Komponisten Anton von Webern litt seelisch sehr stark unter der demütigenden Bürokratie in Wiens Kirchen und verstarb stark gekränkt im 34. Lebensjahr. Viele Ensemblemitglieder litten unter der ignoranten Umgangsart, und wir konnten Folgendes beobachten, das seelisch leidende Musiker schwer verkrafteten:

* unfreundlicher Umgangston vor den Gottesdienstvorbereitungen
* fehlende Begrüßung des Ensembles innerhalb des Gottesdienstes durch den Zelebranten
* fehlende Ankündigungen der Auftrittstermine bei der Gemeinde und in den Schaukästen
* beleidigende Kommentare, die durch Missverständnisse hervorgerufen wurden
* mangelnde Unterweisung der Pfarrmitarbeiter

* fehlende Bereitschaft, die Kirchenbesucher anzuhalten, nicht auf die Ensemblemitglieder aggressiv zuzugehen
* die Gruppe vor verschlossenen Türen warten zu lassen - dadurch sind Ensemblemitglieder aus Nervenschwäche einfach vor der Aufführung davongelaufen
* mangelnde Bereitschaft, den ehrenamtlichen künstlerischen Beitrag der Gruppe durch einige öffentliche Dankesworte zu beachten
* liebloser Umgang
* Verbot, das WC zu benützen
* Verbot, die vorhandenen Notenpulte der Kirche zu verwenden – man muss 30 eigene Pulte selbst bringen
* organisatorische Kooperationsverweigerung, frei nach dem Motto: „mit de Deppn machma uns koa Arbeit, den Lichtschalter müssns selber finden!"
* unterschwelliges Intrigieren einzelner Pfarrangehöriger gegen das Ensemble, das zur Ausgrenzung aus der Gemeinde führte, ja sogar bei vier Pfarren bis zum Singverbot führte, obwohl die Mehrheit der Gemeindemitglieder unsere musikalischen Beiträge sogar hochgradig schätzten und der Pfarre Geld spendeten als Dank für die ausgezeichnete künstlerische Bereicherung (dies erfuhren wir meist später nach der jeweiligen „Ausgrenzung")
* Pfarren, die einen Pfarrerwechsel hatten, nützten die Situation zur Ausgrenzung des musisch-sozialen Projektes, wobei die jeweiligen neuen Pfarrer diesen Umstand schweigend tolerierten
* die Gemeinde willkürlich auf die Kranken loslassen – keine schützenden Maßnahmen gewähren

Mitten in der römischen Zivilstadt des Militärlagers Vindobona versuchten wir auch einige Male, in der Pfarre sesshaft zu werden, aber ohne weitere Zusage. Es wurde stets ein Grund gesucht, um das Ensemble so rasch wie möglich aus der jeweiligen Pfarre herauszubefördern, dies änderte sich auch nicht, als wir bei höherer kirchlicher Ebene vorsprachen.

Bedenkt man, dass wir im Ensemble sogar einen Fall haben, der einst als Junge von Benediktinermönchen im Stift Göttweig sexuell missbraucht wurde und es bis heute nicht wagt, an die Öffentlichkeit zu gehen, aber heute noch schwer psychisch leidend ist, so ist es grotesk, festzustellen, dass ausgerechnet Benediktinermönche nicht zu einer hilfreichen Zusammenarbeit bis zum heutigen Tage bereit sind und sogar das musisch-soziale Kulturzentrum ein Weiterbestehen in seinen eigenen Klostermauern nicht ermöglichten.

Hat doch der Hl. Benedikt befohlen, wandernde Pilger aufzunehmen und als besondere Gäste zu behandeln, als ob es der Heiland selbst wäre? Der kirchlichen Lehre folgend, ist ja Jesus der ärmste, der schwächste, der ausgegrenzte, der „geringste unter euren Brüdern"! Jesus wird von seinen Mönchen aus dem Kloster vertrieben und aus dem Gottesdienst ausgeschlossen. Dabei sollen doch Menschen gefischt und nicht fortgejagt werden.

Es ist ein tiefes Bedürfnis für einen seelisch leidenden Menschen, seine Religiosität lebendig ausdrücken zu können. Leider wird das Künstlerische in den Gottesdiensten stark unterdrückt und die beamtische Seite einer Feier – ist die Bezeichnung Feier nicht schon ein Verpflichtung an sich? – in den Vordergrund gerückt. War Jesus perfekter Beamter? Spontaneität und Kreativität werden stark durch akribische Perfektion verdrängt.

Gemeinsam mit Jugendlichen einer Schule wollten wir zum Gedenken des Widerstandskämpfers Kaplan DDr. Heinrich Maier eine musikalische Gedenkfeier gestalten und wendeten uns an die Pfarre des Hinrichtungsopfers. Von dort heißt es in einem Brief „Die Pfarre NN steht für die Aufführung des Heinrich Maier-Oratoriums nicht zur Verfügung". Ausgrenzung trotz wichtigen Schulprojektes. Nun versuchen wir, einen kirchenmusikalischen Bezug zu einer anderen Pfarre herzustellen und spielen und singen dort ehrenamtlich zum Gottesdienst.

Der damalige päpstliche Nuntius schreibt dem Pfarrer der Wiener Karlskirche und legt ihm ans Herz, sich um das Heimischwerden der Venite-Gruppe in seiner Pfarre zu bemühen. Sein Bittschreiben wandert direkt in den Papierkorb. Für die Projektarbeit zu den Gottesdiensten in der berühmten Wiener Karlskirche vervielfältigt die Superiorenkonferenz auf eigene Kosten eine Venite-Informationsbroschüre. Diese lässt der Pfarrer vor dem Gottesdienst vom Messner absammeln. Nun haben die Kirchenbesucher keine Gelegenheit, über Zweck und Ziele der Gruppe informiert zu werden.

Leider wird auch in der Karlskirche gegen dieses Ensemble gearbeitet und gegen den Willen der vom Kunstgenuss begeisterten Kirchenbesucher ausgegrenzt. Fast so berühmt wie die Karlskirche ist die Piaristenkirche - auch in punkto Ausgrenzung. Dort soll nach dem Gottesdienst ein Gedenkstück für Kaplan DDr. Heinrich Maier mit dem Projektensemble uraufgeführt werden. Leider gingen die Patres nach dem Gottesdienst aus der Kirche hinaus und ließen ein Postludium vom hauseigenen Organisten spielen. Dadurch standen einige Kirchenbesucher automatisch auf und verließen die Kirche. Nicht nur, dass kein kirchlicher Vertreter nun bei diesem Gedenken zuhörte, sondern der Pfarrer, unsere Ansprechperson, war überhaupt gar nicht da. Die Pfarre hat bis heute zu diesem Vorfall nicht Stellung genommen, was sie aber müsste, da eine von uns betreute Person eben genau Mitglied dieser Pfarre ist.

Noch eine andere Ausgrenzungs-Begebenheit: Der Rektor der kleinen Nepomukkapelle bestellt schriftlich beim Komponisten Gerald Spitzner eine Johannes Nepomuk-Messe und bittet freudig um dessen Aufführung zum Gottesdienst. Mit großem Publikumsbeifall spielt das Projektensemble die frisch komponierte und einstudierte Messe. Einige Tage später lässt der Rektor uns wissen, dass wir nie wieder in dieser Kapelle auftreten dürfen. Es stellte sich heraus, dass einer der Organisten der Kapelle gegen das Heimischwerden der Gruppe war - auch hier geduldete Ausgrenzung.

Bis zum heutigen Tag hat man von leitender kirchlicher Stelle in Österreich unsere Integrations-Anliegen nicht ernst genommen, und es obliegt den ehrenamtlichen freiwilligen Helfern des Vereins, ob psychisch Leidende sich musikalisch-künstlerisch ausdrücken dürfen oder nicht.

Die Vertreter Gottes verbieten dies zwar nicht, aber sie ermöglichen es auch nicht (siehe unsere fehlgeschlagenen Versuche zum Tag der Kranken am 11. Februar jeweils einen musikalischen Krankengottesdienst mit psychisch Leidenden in Wien zu organisieren).

Auch bekommt der Verein von den Vertretern Gottes auf Erden keinerlei Anerkennung, ja die katholische Sozial-Akademie hat folgenden offiziellen Standpunkt: Man ist nicht bereit, die musisch-sozialen Projekte geistig oder materiell zu unterstützen.

Die katholische Sozial-Akademie will sich mit dem Thema psychisch Leidende und deren Ausgrenzung am praktischen Beispiel nicht beschäftigen?

Wir wenden uns an das Referat für Kirchenmusik, dort ist man von offizieller Seite her mit diesem Thema der Integration von psychisch Leidenden und musisch-sozialen Projekten fachlich nicht kompetent, und man teilt uns mit, dass es keinerlei Möglichkeiten von Seiten der Kirchenmusikstelle gibt, diese Projekte einzubinden. Man sagte uns, man möge sich doch an andere Religionsgemeinschaften wenden und auch mit staatlichen Institutionen zusammenarbeiten.

Wir wenden uns an andere Religionsgemeinschaften, jedoch ohne Erfolg:

Das Vorspielen im evangelischen Bereich fiel nicht auf positives Echo der Verantwortlichen. Besprechungen mit einem orthodoxen Bischof in Wien ergeben, dass unsere Gruppe nur singen dürfte und nur nach vorgeschriebenen Liturgieangaben, also keine freie Instrumentalmusik machen dürfte, wobei wir etliche Personen dann ausschließen müssten.

In Moscheen ist uns der musikalische Zutritt nicht gestattet. Bei den Jüdischen Synagogen herrschen eigene Gesetze, also auch hier kein Platz für unsere Venite-Gruppe.

Die von uns betreuten Rumänen haben uns sogar zu den Pfingstlern gebracht, die allerdings auch unsere musikalische religiöse Aussage nicht wahrnehmen konnten, trotz sehr persönlicher Einladung (auch zum Essen etc.).

Die Altkatholischen nahmen uns nur insoweit wahr, als wir ihnen als musikalische Lückenbüßer dienten, genauso wie wir es bei den Evangelischen feststellten, damit der Fernsehgottesdienst nicht ohne Musik sei, erwähnten aber dort nicht unsere musisch-sozialen Intentionen, für Kranke da zu sein, auch nicht das seelische Bedürfnis der Leidenden, sich religiös-künstlerisch ausdrücken zu wollen.

Die rumänischsprachige griechisch-katholische Gemeinde mit byzantinischem Ritus meinte, wir sollen nach dem Gottesdienst bei ihnen spielen. Dies taten wir des Öfteren als ehrenamtliches Kirchenkonzert, jedoch ohne soziale Einbindung der Gruppe in die Gemeinde, die selber jede Menge Hilfe braucht.

Nun sprachen wir auch bei anderen Religionsgemeinschaften vor und fanden dort auch keine bleibende Stätte für unser Ensemble. Was für die katholische Sozial-Akademie zu künstlerisch ist, ist dem Referat für Kirchenmusik zu sozial. Also bleibt uns nur mehr die Schlussfolgerung, die Kunst ist frei, auch für psychisch Leidende, die sie ausdrücken möchten, und sprechen bei dem Kunstreferat der Erzdiözese Wien vor.

Hier will der Zuständige ebenfalls nur auf schriftlicher Basis verhandeln und bekommt die Unterlagen sowie Ton-Hörproben der künstlerischen Gottesdienstbeiträge des musisch-sozialen Projektes. Er lässt dann Zeit verstreichen und zeigt durch indirekte Ausweichtechniken, dass der sich mit diesem Thema nicht beschäftigen will.

Zum UNO-Jahr der Freiwilligen werden wir 2001 mit dem 1. Preis für Kultur durch die Republik Österreich überrascht. Ein weltweites Zeichen! Ein uns unbekannter Journalist berichtete über den 1. Preis in einer namhaften Wiener Tageszeitung mit dem Kommentar: „Schade, dass diese wertvollen musisch-sozialen Projekte von der Kirche nicht gefördert werden", was zur Folge hat, dass ein Rundbrief mit dem Artikel von kirchlicher Seite versendet wurde und diese Projekte dadurch unterdrückt wurden.

Heute, drei Jahre später, wird von verantwortlicher Seite in Österreich auf höher gestellter Ebene von den Vertretern Gottes auf Erden unverändert nicht Stellung genommen zur Situation des künstlerischen Ausdrucksbedürfnisses von psychisch Leidenden.

Man will sich dem Thema nicht stellen!

Wir stellen zum Abschluss fest, dass die Ausgrenzungsvorgänge, die wir beobachteten und erlebt haben, kein Glaubensproblem darstellen, sondern die typische Reaktion von geschlossenen Gruppen (Pfarren) auf von außen kommende Fremdlinge ist. Ähnlich einem Termitenstaat, in dem sich ein paar Ameisen verirrt haben.

Die Erfüllung der Forderung Jesu, die schwachen, armen und ausgegrenzten Menschen mit- und anzunehmen in der Praxis, am Beispiel der psychisch Leidenden bleibt für uns schaffende Künstler weiterhin ein Thema!

So haben wir am 2. Oktober 2004 ein elfjähriges Projekt namens „Sonnengesang, Cantico delle creature - Gesang über die Geschöpfe" zum Abschluss gebracht. Das Musikstück wurde in diesen Jahren mit Kinderdorfkindern, Berufsmusikern und Patienten einstudiert. Doch leider haben die uns umgebenden Verhältnisse zu einer Schwächung der Projektarbeit geführt.

Im Lauf der Zeit, wie wir es in dieser Arbeit ein wenig aufzuzeigen versucht haben, wurde schrittweise die tragende Substanz zerstört, was sich ja für die Patienten negativ auswirkte und diese nicht mehr dazu überredet werden konnten, bei diesen Projekten weiter mitzumachen, also die Hilfsbedürftigen auch den Glauben an die Sache verloren und sich ängstlich zurückzogen.

So wurde die Uraufführung des „Sonnengesanges" zum Gottesdienst in der Franziskanerkirche ohne Sänger und Sängerinnen und ohne Patienten nur mit Berufsmusikern unter tobenden Beifall des Publikums aufgeführt.

Abschließend möchten wir die Stellungnahme unseres neuen Bundespräsidenten zitieren: „Auftragsgemäß bestätige ich den Eingang Ihres E-Mails vom 13. Oktober 2004, in dem Sie um ein persönliches Gespräch mit dem Herrn Bundespräsidenten gebeten haben. Der Herr Bundespräsident hat Ihr Schreiben aufmerksam gelesen und versteht Ihre schwierige Situation, er bittet jedoch um Verständnis dafür, dass ihm im Rahmen seines durch die Österreichische Bundesverfassung festgelegten Wirkungsbereiches im Zusammenhang mit der von Ihnen vorgebrachten Problematik keine direkten Veranlassungen möglich sind. Im Hinblick darauf erscheint ein Gesprächstermin mit dem Herrn Bundespräsidenten nicht zielführend." (Zitat Ende)

Somit ist der absolute Todespunkt der musisch-sozialen Projekte durchschritten, und wir hoffen auf die Auferstehung.

Susanne Bengesser und Gerhard Bengesser

Über den derzeitigen Zustand der Welt
Eine bescheidene Analyse und ein Plädoyer für Abrüstung

Es mag paradox erscheinen, wenn man in einer Zeit weltweiter Beunruhigung für Abrüstung plädiert. Zur Untermauerung sei ein Blick in die Vergangenheit gestattet: Hatte noch Sparta eine gewisse objektive Notwendigkeit, sich gegen Athen zu rüsten und vice versa, desgleichen Lokri gegen Kroton in der Graeca Magna, so ist spätestens seit 1989 für unsere Breiten -und das sind die reicheren Staaten der Welt - eine solche Notwendigkeit, wenn überhaupt, nicht mehr erkennbar. Die Wahrscheinlichkeit, dass die Schweiz Österreich angreift, liegt bei 10 hoch minus 3o, selbst für den Fall, dass ein desäquilibrierter Schweizer unseren neu gewählten Bundespräsidenten umbringt! Eine Binsenweisheit ist - um ein aktuelles Problem anzugehen - dass im Krieg gegen den Terror konventionelle Kriegsführung (im Jargon des Militaristen ist als Gegensatz dazu etwa atomarer Krieg gemeint -dies natürlich nicht hier) und konventionelles Kriegsgerät untauglich sind. Wozu dann allerorts die hochgezüchteten Heere, wenn daneben 8oo Millionen Menschen hungern und verhungern?). Es ist daher notwendig, die psychologische Seite des Problems zu beleuchten. Nun, die Romantizität des „Zaubers der Montur" dürfte wohl in der Habsburger Monarchie am ehesten ihre Liebenswürdigkeit hervorgestrichen haben.

Man verzeihe den Autoren diese nostalgisch-patriotische Bemerkung. Es ist aber nicht uninteressant, zur Durchleuchtung eben dieser Glorifizierung der Verteidigungsbereitschaft in der Geschichte abermals weiter zurückzugehen. Nun, der Europäozentrismus vergangener Epochen ist soweit zurückgegangen, dass man etwa in Thales von Milet nicht etwa den Anfangspunkt der Philosophiegeschichte, sondern nur mehr den der europäischen sieht. Allerdings hatten die jonischen Naturphilosophen, im Wesentlichen die Milesier, vorwiegend die Kosmologie im Auge - erst Sokrates wandte sich vorwiegend zur Psyche hin und Platon auch zur Politik. (Der Insider der Philosophie weiß, dass Platon auch eine enge Analogie zwischen der Dreiteilung des ersteren Bereiches mit der Dreiteilung seiner „Polis" als Kernmerkmal vorschwebte!). Dass aber Platon die Glorifizierung der Verteidigungsbereitschaft ebenso inaugurierte wie manch anderes, ist nicht unbedingt eine böswillige Interpretation. (So hat Platon - man verzeihe das Abschweifen vom Thema - auch als erster in der Geistesgeschichte für die unehrenhafte Bestattung des Suizidanten plädiert: „Weit außerhalb der Stadtmauern".

Gott sei Dank hat im zwanzigsten Jahrhundert Erwin Ringel diese Gepflogenheit in unseren Breiten wieder rückgängig gemacht!). Gewiss, die Philosophenkönige - in späten Werken Platons ist der Ausdruck verschwunden und auch ein mehr pragmatischer Geist eingekehrt - stehen noch höher, aber stets haben sie die Wichtigkeit der Wehrhaftigkeit im Geiste. Somit könnte man eine Glorifizierung über die objektive Notwendigkeit hinaus schon hier erblicken. Die Älteren unter uns sind schon im Gymnasium dazu erzogen worden, Platon als den Humanisten schlechthin zu sehen. Sein negatives Urteil über die Sophisten strahlt über die Gymnasien noch auf Studenten der Philosophie und Theologie aus; Platon wurde gleichsam als Precursor Christi gesehen. (Das würde auch nahtlos in die Theorie des Karl Jaspers passen, dass nämlich in diesem ersten Jahrtausend, der so genannten Achsenzeit, der Mensch - nicht in anthropologischer Sicht, sondern mental gesehen - geboren wurde, mit dem wir heute leben würden.). Nur muss der Jesus Christus der Bergpredigt als völlig gegensätzlich gesehen werden!)

Karl Popper - selbst von jenen Österreichern, die ihn nicht mögen, recht wohlwollend apostrophiert, gleicht er doch ein Defizit, welches wir Österreicher gegenüber unserem großen Bruder haben, recht erfreulich aus (ein Defizit ,das wir im Bereich der Komponisten nicht kennen) – hat in den siebziger Jahren unseres Jahrhunderts die philosophische Welt schockiert mit der Meinung ,dass Platon der „Vater der Konzentrationslager" sei.

Der Zweitautor – damals ein Fernstudium der Philosophie absolvierend – hat diese Wortmeldung nur mit einem Schmunzeln und dem Gedanken „Na, da übertreibt der Alte Sir Karl aber gehörig ..." abgetan. Erst die Notwendigkeit des Quellenstudiums für Vorträge der DGPA hat ihn eines Besseren gelehrt; Platon schreibt – auch Altphilologen wurden zur Sicherheit bemüht – vom Wegsperren der Behinderten und Ärgerem .... Ein größerer Sprung über Jahrtausende sei gestattet, nämlich zu Immanuel Kant, der ja zu vollem Recht heuer am 200. Jahrestag seines Todes in unseren Blick drängt. Man hatte bisher meist seine erste Version des kategorischen Imperativs im Auge und meinte, er würde das autoritäre Moment der Staatspolitik zementieren. Wenn aber nun seine dritte Version dieses Imperativs bedacht wird, welche besagt, dass der Mensch nie Mittel zum Zweck, sondern Selbstzweck sein müsse, wird die humanistische Position dieses Philosophen klar. Während die Politologin auch seine Schrift „Zum ewigen Frieden" immer schon gut gekannt hat (sie ist ja auch in die Grundlinie der Vereinten Nationen eingegangen), war dem Durchschnittsintellektuellen eher der epistemologische Kant, mit der Unterscheidung von Noumenon und Phänomen (ersteres besser bekannt als Ding an sich) das Hervorstechende.

Seine Bemerkung, der Einzelne sei verpflichtet, das Wohlergehen, wörtlich die Glückseligkeit jedes anderen zu fördern, unterstreicht die humanistische Grundlinie. Dennoch wäre es überzogen, Kant als Pazifisten und astreinen Demokraten hinzustellen. (Seine Einstellung zur Todesstrafe ist bedenklich und hindert Rattner daran, ihn als Humanisten zu sehen.). Dennoch, als Durchgangsstufe - allerdings durch Hitler und Stalin grell unterbrochen - muss er als Positivum gesehen werden. Die Tatsache, dass Kant bei guter Stimmung das Bonmot von sich gab: „Freunde, es gibt keine Freunde" sollte als Korruptionsprophylaktikum jedem Politiker ins Stammbuch geschrieben werden.).

Wer sich mit der Philosophiegeschichte auseinandergesetzt hat, wird folgende merkwürdige Eigenheit beobachtet haben: Während Hegel vorwiegend zur Polarisierung beitrug, hat Kant eher im politisch gemäßigten Lager Anhänger gefunden. So gab es die – heute zu vollem Recht völlig vergessene - Hegelsche Rechte um Gabler und Hinrichs und die besser bekannte Hegelsche Linke um Karl Marx. Kants Anhänger sind meist der politischen Mitte zugehörig.

Natürlich könnten auch psychologische Analysen zur Entschärfung der Extreme beitragen. Eine wichtige Schlüsselfunktion kommt dem verstorbenen österreichischen Autor Friedrich Hacker zu. Er meint, dass in allen totalitären Regimen ein Mechanismus nachweisbar sei: zuerst dem Opfer moralische Inferiorität anzudichten, so dass dann die darauf folgende Aggression legitimiert erscheinen würde. Der skandinavische Nervenarzt und Opfer eines Konzentrationslagers der Nazis, Leo Eitinger, hat dies in sehr allgemeinen Worten so ausgedrückt: „Faschismus jeder Art ist das Überwiegen der Ideologie über die konkrete Menschlichkeit." Heute, in einer Zeit, in der die politische Landschaft längst das Links-Rechts-Schema verlassen hat und völlig unüberschaubar geworden ist, gilt dies mehr denn je!

Auch die Frage, ob die Vorstellungen, die zu diesen Unmenschlichkeiten führen, wie das Bild vom bösartigen Juden oder dem halbkriminellen Zigeuner oder Ausländer schlechthin, etwa im kollektiven Unbewussten - natürlich nicht als Archetyp - gespeichert werden und dann über Generationen vererbt würden, ist zumal zu diskutieren. (So mancher junge Mensch, der nie einen Juden gesehen hat, wird lauthals einstimmen, wenn es um die Bösartigkeit der Juden geht.).

KONKLUSION

Wie immer, mit einer Stärkung der Kantschen Sicht und einer entsprechenden Verstärkung der UNO - über die man nur hämisch herzieht, wenn sich ihre Schwäche erweist, übersehend, dass sie nicht wenig an humanitärer Kleinarbeit leistet - müsste es möglich sein, doch bis zum Verglühen der Sonne, vielen Menschen ein nachhaltiges Glück zu ermöglichen. Dann wäre wieder der liebe Gott am Zug. Er sollte aber bei einem zweiten Durchgang der Evolution nicht so oft auf Urlaub gehen, damit es nicht wieder zu Gulag und Holocaust käme. Mittelfristig muss aber an die Politiker appelliert werden, zugunsten der 800 Millionen Hungernden endlich die Hochrüstung schrittweise herunterzufahren. Nach hundert Jahren ist wohl der Slogan der Berta von Suttner am Platze: Endlich die Waffen nieder!!

Literatur

Bengesser, G (1999): Antisemitism and Aggression.European Journal of Psychiatry. Vol. 13: 122-123

Bengesser, G (1980,1872): Wechselbeziehungen zwischen Psychiatrie, Psychologie und Philosophie. Peter Lang. Bern-Frankfurt-New York

Bengesser, G.: Die Nachwehen des Selbstmordes. Peter Lang 21 ISBN 3531 - 364377. Mit einem Vorwort von H. Hinterhuber und einem Nachwort von M. Wolfersdorf

Bengesser, G.: Arts, philosophy and Politics. In: Jacab: Psychopathology and Expression. Boston.

Picker, R. (2001): Zusammenrottungen. Va Bene Klosterneuburg-Wien

Samaras, R (2001): Plato on democracy. Peter Lang New York ISBN 8204 5681 06

Wimmer, F. M., Batz, u. Polylog Editorial 1998-2002

Nicole Liwon

Die Rivalität zwischen Bernini und Borromini im barocken Rom - Architekten römischer Sakralbauten

Gian Lorenzo Bernini (1598-1680)

Francesco Borromini (1599-1667)

1. Die Zeit der Gegenreformation und des Barock

Beginnend mit dem tridentinischen Konzil (1545-63) versuchte die katholische Kirche, ihre ehemalige Macht mehr oder weniger gewaltsam wieder zu gewinnen. Die durch Gottes Gnadentum legitimierte weltliche und kirchliche Macht drückte sich künstlerisch und architektonisch im Stil des Barock aus. Beides - Gegenreformation und der barocke Baustil - gingen von Rom aus. Das Wesen des Barock ist rauschhaft in seiner Inbrunst zum Jenseitigen, Repräsentation kirchlicher und weltlicher Macht, Zurschaustellung von Luxus und Lust an Fülle, Gegenpol zur reformatorischen Kargheit.

Bereits in der Renaissance entwickelte sich die Idee eines umfangreichen Sanierungsprojekts der inzwischen maroden Bausubstanz der Stadt Rom. Die Gebäude, auch die Kirchen, waren wie die Kanalisation in katastrophalem Zustand. Die Päpste des barocken Zeitalters sahen in der Sanierung bestehender Kirchen und dem Neubau weiterer zum einen die Möglichkeit, die wieder erstarkte Macht der katholischen Kirche im barocken Stil optisch deutlich zu machen, aber auch durch die Sakralbauten, Plätze und Brunnen in der Stadt Rom ihren Namen unvergänglich zu machen.
Die aufkommende Bauwut führte dazu, dass namhafte aber auch junge, aufstrebende Architekten nach Rom zogen, unter anderem auch Bernini und Borromini als ca. 20-Jährige.

Bernini und Borromini lernten sich beim Bau von St. Peter kennen. Carlo Maderno - ein Onkel Borrominis war der wichtigste Baumeister und nahm seinen Neffen, der zeichnerisch als genial beschrieben wird, unter seine Fittiche.

2. Die Rivalität von Bernini und Borromini

Borromini, geboren am Luganer See, absolvierte 1608-1613 die Scuola Grammatica in Mailand, machte dann eine Lehre zum Steinmetz und zog zu einem Verwandten nach Rom, der ihm ein Arbeitsverhältnis an der St. Peterskirche verschaffte. Er machte mit hervorragenden Zeichnungen auf sich aufmerksam und avancierte schnell zum Assistenten von Carlo Maderno, dem wichtigsten Baumeister von St. Peter. Unter Maderno schulte er systematisch seine architektonischen Kenntnisse. Nach Madernos Tod übernahm aber Bernini die Bauleitung aufgrund besonderer Protektion vor allem des römischen Adels. Bernini war, geboren 1598 in Neapel, 1606 mit seiner Familie nach Rom gekommen. Von seinem Vater wurde er zum Bildhauer ausgebildet und dem damaligen Papst als künstlerisches Wunderkind vorgestellt. Etwa 1618 avancierte er zum Marmorbildhauermeister und wurde 1621 aufgrund seiner künstlerischen Leistung in den Adelsstand gehoben. Bereits 1623 wurde Bernini zum künstlerischen Direktor Roms ernannt und mit Michelangelo verglichen. Er wurde Maderno zur Innenausstattung von St. Peter zugeordnet, befasste sich auf Weisung von Papst Urban VIII mit Architektur und Malerei. Sukzessive weitete er seine Zuständigkeit mit Hilfe seiner Protektoren aus. Borromini assistierte ihm, zeichnete verantwortlich für die architektonischen Aufgaben, mit denen Bernini überfordert war, da er von seiner Grundausbildung mehr Maler und Bildhauer war und ihm die statischen Kenntnisse fehlten. In dieser Zeit arbeiteten die beiden freundschaftlich zusammen, und vor allem Bernini profitierte von Borrominis Fähigkeiten als Architekt.

Borromini schied aus den gemeinsamen Bauprojekten aus, da mehrere Bauherren und auch weitere künstlerische Kompetenzen die ursprünglichen Pläne veränderten. Als der Baldachin in St. Peter enthüllt wurde, war Borromini bereits nicht mehr im Team. Bernini unterschlug die maßgebliche Beteiligung Borrominis am Entwurf und der Ausführung und erhielt allein die großzügige Gratifikation. Auch bei der Errichtung des Barberini Katafalks wurde ausschließlich Bernini geehrt, obwohl Borromini federführend war. Bernini wird sogar mit den Bürgerrechten der Stadt Rom geehrt. Weitere Gründe für Borrominis Ausscheiden waren wohl die mangelnde Entwicklungsmöglichkeit unter der Leitung Berninis, der selbst in architektonischen Dingen weniger begabt war, und ein gewachsenes Selbstvertrauen. Zum endgültigen Bruch kam es, nachdem Bernini seine Versprechungen bezüglich besserer Bezahlung und Beteiligung an der Anerkennung nicht eingehalten hatte. Bernini war zunächst unangefochtener künstlerischer Direktor Roms. Beim Papstwechsel - Innozenz X Pamphili löste Urban VIII Barberini ab - fiel Bernini als Barberini-Günstling in Ungnade, und Borromini erhielt die folgenden Bauaufträge und Restaurierungsarbeiten. Seinerzeit bekam er den päpstlichen Adelsrang verliehen. Möglicherweise nahm er damals die Gelegenheit war, sich für die Schmähungen von Bernini zu revanchieren. 1644-1646 war Borromini mit der Untersuchung der

Bauschäden, den der vom Einsturz bedrohte südliche Glockenturm von St. Peter von Bernini angerichtet hatte, beauftragt. Borromini kritisierte öffentlich Berninis technische Fehler. 1646 wurde der Turm abgebrochen, und Bernini erhielt zunächst nur noch private Aufträge. Auf der Piazza Navona wurde zunächst Borromini mit einem Brunnenbau beauftragt. Seine Brunnenentwürfe sahen den Obelisken in der Mitte und rund herum die Darstellung der vier Weltströme vor. Bernini legte 1648 Papst Innozenz künstlerisch überzeugendere Pläne mit der gleichen Idee vor, woraufhin der Papst Borromini den Auftrag entzog und ihn Bernini erteilte. Beide erstellten Gutachten über den technisch problematischen Kuppelbau von San Ignazio, wobei Bernini lediglich ein nicht umsetzbares Neukonzept vorlegte, Borromini seine technische Kompetenz und Erfahrung zeigte. Papst Innozenz X legte Einspruch dagegen ein, dass sein Architekt Borromini eine große Kirche für das Jesuitennoviziat erbaue. Bernini bekam nun den Auftrag. Unter Alexander VII erhielt Borromini keine Aufträge mehr, nachdem Bernini den Papst davon überzeugte, dass Borrominis Stil deshalb so merkwürdig sei, weil er nichts anderes als gotisch wäre, was zu dieser Zeit sehr verpönt gewesen war. Sabine Baumann führte dazu aus: „Im Pontifikat des Chigi-Papstes nahm Bernini seine Rolle als Intendant der päpstlichen künstlerischen Vorhaben wieder auf." Die Rivalität der beiden endete erst Anfang August 1667, als Borromini nach einer selbst zugefügten Schwertverletzung verstarb.

3. *Die Bedeutung der Psychopathologie für diese Rivalität und die Kunstgeschichte*

Bernini war ein Lebemann, klüngelte mit dem Adel, zeigte diplomatisches Geschick. Es gelang ihm, trotz fehlerhafter Arbeit die Gunst der Päpste immer wieder zu gewinnen. Daneben beutete er seine Mitarbeiter, unter ihnen auch Borromini, zu jener Zeit finanziell aus. Unter Alexander VII dagegen zeigte er sich äußerst großzügig, evtl. um die Handwerker dauerhaft an sich zu binden.

Borromini, der einen eigenen neuen Baustil bewegter Architektur entwickelte, die sich vor allem in der Auflösung der Wand als träger Fläche auszeichnete, zeigte psychopathologische Auffälligkeiten. Er wird in den Quellen als eigenbrödlerisch, jähzornig und launisch beschrieben. Ab dem Tod von Papst Innozenz X, mit dem er fast freundschaftlich verbunden war, verdüsterte sich seine Stimmung. Sedlmayr, der die Architektur Borrominis in den 30er Jahren des letzten Jahrhunderts analysierte, fand Quellen über ein Nervenfieber, nervöse Zustände, begleitet von Zittern und Stimmungseinbrüchen. Es ist aktenkundig, dass sich Borromini zunehmend zurückzog, nur noch selten auf seinen Baustellen zu sehen war. Es wird erzählt, er habe einen Assistenten, der auf einer Baustelle ein Werkstück zerstörte, so sehr schlagen lassen, dass dieser an den Folgen verstarb. Kurz vor seinem Tod erlebte er noch einen schweren Verlust, ein enger Freund verstarb ca. zwei Wochen bevor Borromini sich mit einem Schwert verletzte. An den Folgen dieser Verletzung verstarb er einige Tage später. Vor seinem Tod schrieb er sein Testament neu, und dem Protokollanten diktierte er den freien Entschluss zu seinem Suizid nach seiner langen Erkrankung.

Sedlmayr beschreibt Borrominis Arbeit als `schizothyme Kunst´ und verweist auf die Strukturtypen von Malern nach Kretschmer (1928). Unter anderem benennt er als Beleg seiner Theorie die altmodische Kleidungsweise von Borromini sowie seinen Arbeitseifer. Das von Sedlmayr so angeprangerte Anders-Sein-Wollen beschreibt wohl eher die Ablehnung des ernsthaften und korrekten Borromini, des von ihm empfundenen „Geckentums" Berninis und weniger eine psychische Störung. Der Arbeitseifer erklärt sich unter anderem durch den Profileifer der damaligen Päpste und die damit verbundene Häufung der Bauaufträge.

Dagegen wird in den Quellen von hypochondrischen Ideen Borrominis berichtet. Das Verlusterleben eines Freundes, auch seine Todesfurcht, führte möglicherweise in eine Depression, die letztendlich in der zum Tode führenden Selbstverletzung gipfelte. Gegen die Annahme Sedlmayrs einer beginnenden Schizophrenie spricht sicher die überlieferte Klarheit von Borromini im Bericht über Selbstverletzung und die Bestätigung der Suizidabsicht gegenüber dem herbeigerufenen Arzt.

Sedlmayr behauptet, dass das Innovative von Borrominis Architektur ausschließlich auf seine Persönlichkeit bzw. Störung zurückzuführen und aus der kunsthistorischen Entwicklung nicht erklärbar sei, was zweierlei Bedeutung haben kann. Zum einen könnte es heißen, dass ihm kunsthistorisch auch wenig Bedeutung gebührt, weil es „Spinnerei" eines Einzelnen wäre. Andererseits könnte daraus auch gefolgert werden, dass, wie andernorts auch vermutet, nur eine bestimmte Persönlichkeit in der Lage war, aus dem zur damaligen Zeit favorisierten Baustil auszubrechen. Sich nämlich gegen den Einfluss anderer zu wehren, seine Vorstellung auch gegen die Vorlieben der Auftraggeber durchzusetzen, auch auf die Gefahr des Verlustes der persönlichen Unterstützung und der allgemeinen, gesellschaftlichen Anerkennung. Borromini wünschte sich zwar Anerkennung, vor allem von seinen Auftraggebern, aber nicht um jeden Preis. Er verlangte unbedingte Autorität des Architekten, achtete penibel auf gerechte Behandlung und korrekte Abrechnungen, galt als unbestechlich. Dies machte ihn in einem Klima der Selbstdarstellung und wohl auch Eitelkeit zu einem sicher schwierigen Partner. Wurde ihm geforderte Aufmerksamkeit und Respekt nicht zuteil, konterte er mit Desinteresse und Sabotage der Bauarbeiten durch Nichterscheinen auf den Baustellen oder Verweigerung von Bauplänen. Letztlich kann der Hypothese Sedlmayrs nicht zugestimmt werden, dass Borromini schwer gestört gewesen sei und sich dies in seinem Baustil widerspiegelt.

Literatur

Borromini, Francesco. Opus Architectonicum. Zürich: Niggli. 1999.

Burbaum, Sabine. Die Rivalität zwischen Francesco Borromini und Gianlorenzo Bernini. Oberhausen: Athena. 1999.

Sedlmayr, Hans. Die Architektur Borrominis. Hildesheim: Georg Olms. 1986.

Manfred P. Heuser

Über Gott und die Welt ...
und über die DGPA
Rückblick

Am 16. Oktober 1986 übernahm ich in Hemer in Westfalen am Geburtsort von Hans Prinzhorn von meinem Vorgänger Dr. O. G. Graf zu Sayn-Wittgenstein die Geschäftsführung der DGPA.

Mein erstes Anliegen war eine Satzungsänderung, um die DGPA gleichberechtigt und unabhängig im Kreis der SIPE-Jünger vertreten zu können.

Mit Ausnahme der Jahre 1990 und 2003 - als wir uns der Internationalen Tagung der SIPE in Athen anschlossen - wurde jährlich ein Kongress veranstaltet, wobei wir durch die deutschsprachigen Lande wanderten, meist in Anlehnung an eine Psychiatrische Universitätsklinik oder ein Landeskrankenhaus.

21. Jahrestagung Hemer, 17.-19.10.1986, Prinzhorns sprechende Bilder.

22. Jahrestagung Basel, Psychiatrische Universitätsklinik, 25.-28.06.1987, Angst, Depression und ihre Bewältigung.

23. Jahrestagung Baden bei Wien, Kongreßhaus, 16.-19.06.1988, Mythologie, Romantik und Realität.

24. Jahrestagung München - Akademie der Bildenden Künste - Psychiatrische Klinik der Universität München, 26.-29.10.1989, Gestalt - Gestaltwerdung - Gestaltzerfall.

25. Jahrestagung Innsbruck, Univ.-Klinik für Psychiatrie, 31.10.-03.11.1991, Liebe und Depression.

26. Jahrestagung Weimar, Univ.-Klinik für Psychiatrie und Neurologie Jena, 29.10.-01.11.1992, Sehnsucht.

27. Jahrestagung Basel, Psychiatrische Universitätsklinik, 29.-30.10.1993, Heilkunde - Heilkunst.

28. Jahrestagung Graz - Universitätsklinik für Psychiatrie, 13.-16.10.1994, Mensch - Macht - Maschine.

29. Jahrestagung Bremen, Zentrum für Psychiatrie und Psychotherapie, Zentralkrankenhaus Bremen-Ost, 19.10.-22.10.1995, Kränkung, Angst und Kreativität.

30. Jahrestagung Kilchberg (Zürich) - Psychiatrische Privatklinik Sanatorium Kilchberg, 10.10.-13.10.1996, Das Spiegelbild.

31. Jahrestagung Brixen, Medizinische Fakultät der Leopold-Franzens-Universität, Univ.-Klinik für Psychiatrie Innsbruck, 30.10.-02.11.1997, Grenzgänger.

32. Jahrestagung Traben-Trarbach a. d. Mosel, 29.10.-1.11.1998, Seelen.
33. Jahrestagung Basel, Psychiatrische Universitätsklinik, 28.10.-31.10.1999, Die ewige Jugend.

34. Jahrestagung Göttingen, Klinik für Psychiatrie und Psychotherapie, 26.-29.10.2000,Träume.

35. Jahrestagung München, Psychiatrische Klinik der Ludwig-Maximilians-Universität - 25.10.-28.10.2001, Die Sünde.

36. Jahrestagung Innsbruck, Leopold-Franzens-Universität, Univ.-Klinik für Psychiatrie Innsbruck, 24.10.-27.10.2002, Des Menschen Bild.

37. Jahrestagung Berlin, Psychiatrische- und Nervenklinik, Charité, 28.-31.10.2004, Über Gott und die Welt.

Betrachten wir die Themen einmal in der Retrospektive, so lässt sich der berühmte rote Faden erkennen, wenn wir uns die jeweiligen Leitmotive noch einmal vor Augen führen. Die Themen waren stets "abgehoben", d.h. nicht einem einzigen Symptom, einer Krankheitsdiagnose oder einer speziellen Kunstrichtung gewidmet. Es handelte sich um philosophische Themen, geistige oder sprachliche Oberbegriffe, fast immer mit einem religiösen Bezugspunkt.

Nanogramm und Deziliter, Mikrovolt und Doppelhelix, NMR und PET, all die modernen Themen lassen sich sicher auch schöngeistig darstellen, wurden bei uns bisher jedoch bewusst noch nicht aufgerufen.

Dennoch unterstützte uns die Industrie gelegentlich sehr großzügig. Mit ihrer Hilfe und mit großherzigen Spenden von Einzelpersonen gelang es, alle Jahrestagungen jeweils in Form eines Buches zu dokumentieren, ausgenommen "Das Spiegelbild" von 1996, das jedoch in Boston bei der amerikanischen Gesellschaft, American Society of Psychopathology of Expression ASPE, 2001 zumindest in einer Zusammenfassung erschien.

Ausblick
Die Zukunft der DGPA liegt nun in Händen von Herrn Professor Dr. med. Hans Förstl, Direktor der Klinik und Poliklinik für Psychiatrie und Psychotherapie der Technischen Universität München. Professor Förstl beschäftigt sich seit Jahren engagiert mit Kunst und Philosophie und hat ein großes Herz auch für die Anliegen der niedergelassenen Kollegen. So freuen wir uns sehr, dass er das Amt übernommen hat.

Wissenschaftliche Gesellschaften sind allemal Gesellschaften auf Zeit, dies sagt nichts über ihre Bedeutung bzw. ihren Wert aus. Denken wir an <Die Horen>, die Schiller zusammen mit seinem wichtigsten "Mitarbeiter" Goethe herausgegeben hatte. Nach zehn bedeutungsvollen Jahren wurden sie eingestellt.

Persönlich bin ich der Meinung, dass die Untersuchungen zur Psychopathologie in der Psychiatrie, in der Kunst, in der Religion, in der Wissenschaft und in der Politik einen Eigenwert besitzen und als solche auch in Zukunft ihre Bedeutung behalten werden. Die Untersuchungen zur Psychopathologie sind gewissermaßen das Lordsiegel der DGPA.

Die Internationale Gesellschaft, SIPE, Société Internationale de Psychopathologie de l'Expression et d'Art-Thérapie, hat sich nach heftiger und langer Diskussion dazu entschlossen, die Kunsttherapie mit in ihren Titel zu integrieren. So begrüßenswert der alsbaldige Mitgliederzuwachs und deren gesteigerte internationale Präsenz und Aktivitäten hierdurch auch waren, so ist doch das ursprüngliche Anliegen von Professor Dr. R. Volmat und seinen Mitstreitern und Gründungsmitgliedern damit nicht unwesentlich verändert worden.

Die Gründungsmitglieder der DGPA waren Dr. Alfred Bader, Dr. R. Battegay, Dr. Manfred in der Beeck, Dr. Wolfgang Müller-Thalheim, Dr. Leo Navratil, Dr.C.P. Rode, Dr. Walter Th. Winkler, Dr. Ottokar Graf zu Sayn-Wittgenstein. Ein besonderer Impetus bei der Gründung der DGPA und für die Gründungsmitglieder war es auch, die deutschstämmigen und deutschsprachigen jüdischen Kollegen international anzusprechen und ihnen möglichst eine Mitgliedschaft in der DGPA zu vermitteln. Besonders genannt seien in diesem Zusammenhang das Ehepaar Dres. Brauner in Paris, Professor Dr. Otto Billig, Nashville USA, Professor Dr. I. Hárdi, Ungarn, Professor I. Jakab, Boston, USA.

Das ärztliche, insbesondere das psychiatrische Primat, die universitäre Ausrichtung und das Leitmotiv allgemeiner Untersuchungen zur Psychopathologie sollten gewahrt werden. Psychoanalytisches Denken - im klassischen Sinne - und die Einbindung herausragender Künstler der Moderne wie z. B. Alfred Hrdlicka, Günter Nitsch, Arnolf Rainer, Edda Seidl-Reiter und Erwin Reiter in die Gesellschaft könnten verloren gehen, wenn sich die Gesellschaft zu einer reinen Interessenvertretung der Kunsttherapie entwickeln würde.

Kunst und Künstler, Kunsttherapie und Patient sind nicht dasselbe. Wir haben jedoch ein Sonderreferat "Kunsttherapie" im Vorstand der DGPA geschaffen, auch um die enge Beziehung zur Hans Prinzhorn-Sammlung in Heidelberg weiter zu festigen. Herr Dr. Axel-Uwe Walther hat erstmals das Referat Kunsttherapie übernommen.

München, den 30. Juni 2005

Autorinnen und Autoren

Dr. Dr. Rolf AHRENS
Sudetenstraße 25
D-37085 Göttingen

Susanne BENGESSER
Prim. Dr. Gerhard BENGESSER
Kremstalstraße 15
A-4053 Haid

Erik BOEHLKE
Facharzt für Neurologie und Psychiatrie
Vorstandsvorsitzender des GIB e. V.
Tuchmacherweg 8/10
D-13158 Berlin

Professor Dr. med. Heinz DIETRICH
verstorben

Dr. med. Christian DONALIES
Facharzt für Neurologie und Psychiatrie
Rosa-Luxemburg-Straße 38
D-16909 Wittstock

Dr. Thomas FLIERL
Senator für Wissenschaft, Forschung und Kultur
Brunnenstraße 188/190
D-10119 Berlin

Professor Dr. Dr. med. Johannes M. FOX
Otterweg 9
D-50859 Köln

Dr. med. Jürgen Ph. FURTWÄNGLER
Nervenarzt
Saseler Weg 5a
D-22359 Hamburg

Priv.-Doz. Dr. phil habil. Ruth HAMPE
Hartwigstraße 34
D-28209 Bremen

Dr. phil. Sabine HANNESEN
Südendstraße 12
D-12169 Berlin

Professor Dr. Andreas HEINZ
Dr. Christine WINTER
Klinik für Psychiatrie und Psychotherapie, Charité-Universitätsmedizin
Schumannstraße 20-21
D-10117 Berlin

Professor Dr. med. Manfred P. HEUSER
Präsident der DGPA
Theatinerstraße 44
D-80333 München

Professor Dr. med. Hartmann HINTERHUBER
Univ.-Klinik für Psychiatrie
Anichstraße 35
A-6020 Innsbruck

Dr. med. Bernd van HUSEN
Ärztlicher Direktor St. Josefs-Hospital
Axstraße 33a
D-44879 Bochum

Dr. med. Hans KAYSER
Spezialarzt Psychiatrie, Psychotherapie FMH
Seestraße 59
CH-8002 Zürich

Berta KLEMENT
Musische Arbeitsgemeinschaft Wien
Buchgasse 170
A-1100 Wien

Dr. Ulrich KOBBÉ
Universität Duisburg-Essen
Fachbereich 2
Universitätsstraße 2
D-45117 Essen

Dipl.-Des. Charlotte KOLLMORGEN
Sondershauserstraße 65
D-12249 Berlin

Professor Dr. Roland KUHN
Rebhaldenstraße 5
CH-8596 Scherzigen

Dipl.-Psych. Nicole LIWON
Asamstraße 10
D-81541 München

Professor Dr. Andreas LOB-HÜDEPOHL
Rektor der Katholischen Hochschule für Sozialwesen
Köpenicker Allee 39
D-10318 Berlin

Dr. Guy ROUX
Präsident der Société Internationale de Psychopathologie de l'Expression et d'Art-Therapie
27, Rue Maréchal Joffre
F-64000 Pau/Frankreich

Dipl.-Psych. Dr. Anna SCHOCH
Böcklinstraße 50
D-80638 München

Dr. Hermann SIMON
Direktor des Centrum Judaicum
Oranienburger Straße 28/30
D-10117 Berlin

Professor Renate SPITZNER
Gerald SPITZNER
Inzersdorferstraße 64/17
A-1100 Wien

Professor Dr. med. Hans STOFFELS
Schlosspark Klinik
Chefarzt der Abteilung Psychiatrie
Heubnerweg 2
D-14059 Berlin

Dr. med. Axel-Uwe WALTHER
Psychiatrische Klinik der LMU
Klinikum Innenstadt
Nußbaumstraße 7
D-80336 München

Dipl.-Psych. Dr. Joachim WEBER
Forensischer Psychologe
Psychiatrische Klinik der Universität München
Nußbaumstrasse 7
D-80336 München

Dr. med. Peter M. WEHMEIER
Rübenberg 2
63477 Maintal-Wachenbuchen

Professor Dr. Hans-Georg ZAPOTOCZKY
Ehm. Vorstand der Universitätsklinik für Psychiatrie
Wenisbucherstraße 9
A-8044 Graz

DEUTSCHSPRACHIGE GESELLSCHAFT FÜR KUNST UND PSYCHOPATHOLOGIE DES AUSDRUCKS E. V.

DGPA

SIE können Mitglied werden!
Wir behandeln Kunst und Psyche.
Kultur ist die Tantieme.

Professor Dr. Hans Förstl
Klinik und Poliklinik für Psychiatrie und Psychotherapie
Ismainger Straße 22
81675 München

Tel.: 00 49-(0)89-41 40 420
Fax: 00 49-(0)89-41 40 48 37